特大型城市耕地保护体系建设与实践

胡国俊　主编

復旦大學出版社

主　编： 胡国俊

副主编： 高　魏　张洪武

编　者： 邵一希　许　伟　朱　蕾　曹　操　汪燕衍

郭淑红　王寒梅　施玉麒　饶良伟　赵君琳

张　群　王莉莉　叶天羽　谢萌秋　朱冬奇

刘　雯　吕　珊　夏　晨　闫文晓

序

上海作为一个人口高度集中、土地资源非常稀缺、环境容量十分有限的现代化国际大都市，经济社会发展对土地资源的刚性需求与土地资源紧缺的矛盾非常突出。上海为贯彻党中央和国务院精神，坚持最严格的耕地保护制度，在耕地保护的体制机制设计、保护目标设定、管控措施制定等方面一直积极探索创新和实践。本书的编者是长期从事上海耕地保护工作的科研、实践和管理人员，本书是他们在总结提炼多年工作成果基础上完成的。纵观全书，有三个鲜明特点：

一是视角新颖。该书深刻认识到对于上海这样的特大型城市来说，耕地不仅是日常需求的农产品生产基地、农民生计的重要来源、农耕文明的物质支撑，还是优化城市空间格局形态、改善城市生态环境的重要生态系统。书中明确提出，在未来经济发展和人口增长对耕地非农化压力持续加大、补充耕地的潜力越来越小的总体趋势下，要改变传统的耕地保护观念和耕地利用方式，统筹考虑耕地的数量、质量、生态和文化"四位一体"的建设目标，应更加注重发挥耕地在城市空间形态塑造、应急生产、生态保育和休闲游憩等方面的功能，全面提高特大型城市耕地保护工作的综合效益。

二是逻辑体系严密。本书着重于耕地保护体系的研究。目前，国内关于耕地保护的研究常见于模式、制度等方面，而本书从耕地保护的体系构建及完善的视角进行研究，既包含耕地保护的理念提升和技术方法的创新，又包括政策制度设计的创新探索，最后还以实践案例进行验证，研究内容丰富、系统性强。

三是实践操作性强。本书对上海近年来在耕地保护和管理方面的实践探索进行了系统总结，其中不乏创新做法：例如在耕地质量评定中，如何考虑土壤地球化学调查成果在农用地分等定级和新增耕地认定等日常管理中的应用；又如在土地利用规划中，如何分层次分类别落实永久基本农田控制线，发挥耕地和基本农田的多种功能；再如在管控措施上，对如何完善生态补偿机制、设施农用地分类管理等方面也提出了建议和设想；同时，本书还对上海在郊野公园建设中土地综合整治进行了总结。

总的来看，本书条理清晰、资料翔实，鲜明地提出了新的耕地保护观念和保护方式，不失为一本耕地保护领域的研究参考书和工作指引书。希望本书的出版能为上海今后深化耕地保护工作提供借鉴，也相信本书的出版可以在全国发挥引领作用，为全国特别是特大城市提高耕地保护工作水平发挥积极作用。

2016年9月

目　录

第一章
我国耕地保护以及特大型城市耕地保护概述

第一节 耕地及耕地保护

一、耕地的内涵

耕地是耕地保护的客体，要准确理解特大型城市的耕地保护工作，必须首先认清耕地和耕地保护的内涵以及特大型城市耕地保护面临的压力，这也是特大型城市建立耕地保护体系的基础。

在英文中，跟耕地相关的表述有三种：Arable land、Farmland 和 Cultivated land。Arable land 指种植短期作物的土地，供割草或放牧的短期性草场，供应菜市的菜园和自用菜所用的土地及温室，以及休耕或闲置不超过五年的土地；Farmland 包括种植农作物的土地、牧地、果园等农业用地，可以说是农场范围土地的总称；Cultivated land 包括 Tilled land 和 Grass land 两部分，Tilled land 指种植农作物的土地、果园、花卉、葡萄园等用地，Grass land 是指牧草地。

我国的耕地概念则主要是从耕地的用途和利用类型来考虑的，即耕地首先是指人类能在上面耕作劳动，且能够种植农作物的土地。上海辞书出版社 1979 年出版的《辞海》中把耕地定义为："经过开垦用于种植农作物并经常进行耕耘的土地，包括种有作物的土地，休闲地，新开荒地和抛荒未满 3 年的土地"。商务印书馆 2002 年版《新华词典》对耕地的解释则为："土地利用的类型之一，指用来耕作并种植农作物的土地。一般分为水田和旱地(包括水浇地)两类"。

我国正式文件首次提出耕地概念是 1984 年的《土地利用现状调查技术规程》。该规程在"土地利用现状分类及含义"中把"耕地"定义为"种植农作物的土地，包括新开荒地、休闲地、轮歇地、草田轮作地；以种植农作物为主，间有零星果树、桑树或其他树木的土地;耕种3年以上的滩涂和海涂;还包括南方宽小于1米,北方宽小于2米的沟、渠、路和田埂”,同时该规程将耕地细分为灌溉水田、望天田、水浇地、旱地、菜地等5个二级类别。

2002年实施的《全国土地分类》(试行)在按照《土地管理法》三级分类的基础上,维持了1984年规程中的耕地类别划分办法。2007年国家质量监督检验检疫总局、国家标准化管理委员会发布了国家标准《土地利用现状分类》(GB/T 21010-2007)并对耕地的概念进行了详细而精确的界定。该分类中把耕地定义为种植农作物的土地,包括熟地、新开发、复垦、整理地,休闲地(轮歇地、轮作地);以种植农作物(含蔬菜)为主,间有零星果树、桑树或其他树木的土地;平均每年能保证收获一季的已垦滩地和海涂。耕地中还包括南方宽度<1.0米、北方宽度<2.0米固定的沟、渠、路和地坎(埂);临时种植药材、草皮、花卉、苗木等的耕地,以及其他临时改变用途的耕地。同时,该分类还把我国的耕地类型划分为水田、水浇地、旱地3种类型。这可以说是国内关于耕地概念最权威的定义。而且2008年《土地调查条例》也明确把《土地利用现状分类》国家标准作为土地调查基准分类采用。

可见,无论哪种定义的耕地,一个共同的本质的特征,就是用以种植农作物的土地,这是耕地与其他类型土地的根本区别之所在。也就是说耕作后的土地是否能够种植农作物是判断土地是否为耕地的重要条件。根据《中华人民共和国水土保持法》,禁止在25°以上陡坡地开垦种植农作物,因此坡度大于25°的陡坡地不应当包含在耕地范围以内。另外,由于风蚀、水土流失致使耕作层非常薄的土地和土壤污染达到国家限定标准的土地也不应当包含在耕地资源范围之内。

国家为了满足一定时期人口和社会经济发展对耕地上农产品的需求,对耕地实行了特殊的保护政策,这也是我国乃至世界上其他国家耕地保护最初的由来。

二、耕地的特点

(1) 耕地资源肥沃程度和位置优劣的差异性

耕地本身的位置和肥力条件以及相应的气候条件存在差异,因而造成耕地的质量也存在巨大的自然差异性,这种差异是耕地级差生产力的基础,也是耕地具有不同质量等级和地租的来源。这种差异性要求人们因地制宜地合理利用各类耕地资源,确定耕地利用的合理结构和方式,以取得耕地利用的最佳综合效益。

(2) 耕地资源利用的可持续性

一般来说,资源从可否再生角度可分为可再生资源和不可再生资源。再生资源即在人类参与下可以重新产生的资源。不可再生资源指经人类开发利用后，在相当长的时期内不可能再生的自然资源。耕地如果得到人类合理的利用及保护，不仅可以永远和反复利用，它的肥力还会不断得到提高，不断为人类提供新的农产品，从这个角度讲耕地为可再生资源。马克思也说过："土地的优点是，各个连续的投资能够带来利益，而不会使以前的投资丧失作用。"耕地资源在利用上的这种可持续性，为人类合理利用和保护耕地提出了客观的要求与可能。

(3) 耕地面积的有限性和供给的稀缺性

耕地是自然的产物，在一定区域内它的面积是有限的。人类虽然能够移山填海和异地开垦，但不能从根本上改变耕地面积有限性这种特性。耕地面积的有限，迫使人们必须节约、集约地利用耕地资源。

在面积有限的同时，人类对耕地及耕地上的农产品及其他功能的需求是无限的，因此从供需角度而言，耕地资源具有稀缺性。这种稀缺性不仅表现在数量上，还表现在由于耕地肥力和区位的差异性导致某些地区在优质耕地上的稀缺。

(4) 耕地非农使用后的难以逆转性

土地在利用用途上有多种可行性，特别是耕地有多种适宜的用途。耕地不同用途的转变在种植农产品或大农业使用上相对容易，但一旦耕地由农业使用转为非农业使用，即建设用地后，再想恢复为耕地，则相当困难。即便是利用某些生物和工程措施可以恢复耕作，但由于农业生产对土、肥、水的特殊要求，也很难将被建设占用的耕地恢复到之前的耕作生产水平。此外，有的时候耕地被灾害或污染破坏了原有性质，也会变得难以逆转和恢复。因此，在耕地保护中要特别注重对耕地用途变换的关注和限制。

三、耕地保护

耕地保护是一种特殊自然资源的保护。尽管现代资源保护运动开始于 19 世纪早期，但耕地资源的保护直到 20 世纪六七十年代才逐渐被各国接受和重视。在世界范围内，耕地保护得到重视的首要原因是二战后人口数量剧增，人均耕地面积减少；其次是自然灾害和环境污染引起农田损毁和土地退化；更深层次原因是，耕地面积及其质量关系到粮食供应及粮食价格，影响各个国家在国际粮食市场上的地位。但就目前而言，国外耕地的保护范围一般比国内更广，一般称为农地保护，且更关注耕地被破坏后的环境影响。

在我国，对耕地保护的认识主要有以下几种观点：① 耕地保护主要是为提高地力，如林培(2000)指出，耕地保护的实质就是保护农业生产力，努力实现我国 21 世纪养活 16 亿中国人的目标，这也是我国各界目前比较认可的观点。② 耕地保护是为实现代际公平。如毕宝德(2005)认为，土地保护是指通过对土地的合理利用和经营，使当代人得到最大的持续效益，并能保持土地的潜力以满足后代的需要。刘维新(2005)认为，保护耕地就是通过一定的手段使得耕地的生产力不要被破坏，而且不但要保护耕地的价值，还要保护耕地生产出来的产品的价值。③ 耕地保护是一种关系中国经济和社会可持续发展的全局性战略问题。如朱德举(1997)认为，我国的耕地保护可表述为：采取有力措施和行为、稳定和扩大耕地面积、维持和提高耕地的物质生产能力、预防和治理耕地的环境污染，以满足我国经济、社会可持续发展对耕地利用产品数量和质量不断增长的需求。

综合以上耕地保护定义来看，我国学者对耕地保护的观点也从原来仅关注耕地上的农产品，逐渐过渡到关注耕地数量、质量和生态环境，从仅关注目前对耕地的需求转移到还关注未来对耕地的需求上来。

第二节　我国耕地保护制度的目标和发展历程

一、我国耕地保护的目标

(1) 第一轮土地利用规划中的耕地保护目标

1993 年 2 月，国务院批准的第一轮土地利用规划(1986—2000 年)中，提出了切实保护耕地，保障必要的建设用地，努力改善生态环境，提高土地利用率和生产力等目标。但是由于没有具体规定土地的审批以什么规划、哪个部门批准为依据，因此，该时期耕地保护目标并没有得到很好的执行，即没有起到应有的作用。

(2) 第二轮土地利用规划中的耕地保护目标

1997 年国土资源部制定，并于 1999 年经国务院批准实施的《全国土地利用总体规划纲要(1997—2010 年)》可以称为“真正的第一轮规划”。该规划是在中央 11 号文件《关于进一步加强土地管理切实保护耕地的通知》和《土地管理法》(1998 年修订)确立了土地利用总体规划的法律地位，强化了土地利用总体规划对城乡土地利用的整体调控作用后制定的。《土地管理法》(1998 年修订)明确提出了耕地保护上省、自治区、直辖市人民政府要严格执行土地利用总体规划和土地利用年度计划，采取措施，确保本行政区域内耕地总量不减少。这一条也延续到现行土地管理法中。

总体目标上，《全国土地利用总体规划纲要(1997—2010 年)》提出：在保护生态环境前提下，保持耕地总量动态平衡，土地利用方式由粗放向集约转变，土地利用结构与布局明显改善，土地产出率和综合利用效益有比较显著的提高，为国民经济持续、快速、健康发展提供土地保障。土地利用的基本方针上，该轮规划指出：要把保护耕地放在土地利用与管理的首位；坚持供给制约和需求引导；坚持“一要吃饭，二要建设”的方针等。

具体指标上，该轮规划提到的四个指标有三个与耕地有关：① 农用地特别是耕地得到有效保护和综合整治。2000 年，耕地总面积保持在 12 933 万公顷(19.40 亿亩)以上；2010 年，耕地总面积保持在 12 801 万公顷(19.20 亿亩)以上，其中基本农田面积 10 856 万公顷(16.28 亿亩)以上，占现有耕地总面积的 83.5%以上。此外，要加强中、低产农用地改造，使耕地总体质量有所提高。② 土地整理全面展开，未利用地得以适度开发。1997—2010 年，全国土地整理和未利用地开发增加耕地面积 440.8 万公顷(6 612 万亩)以上，增加其他农用地 2 152 万公顷(3.23 亿亩)以上。③ 土地生态环境有比较明显的改善，改造坡耕地 670 万公顷(1.0 亿亩)等。

可见该轮规划明显表现出要以耕地保护为重心，规划实施上则主要以分配指令性控制指标为特征。由中央确定耕地保有量、基本农田保护率、建设占用耕地量、开发整理补充耕地量等指令性控制指标，层层分解下达到乡镇，各级政府都按指标制定规划，并以一套高度集权的、复杂的行政审批制度保证这套指标的实施。这种实施方式，在一定程度上有效地提高了耕地保护效果，控制了非农建设占用耕地速度，全国大部分地区基本农田面积保持稳定。

但在规划具体执行中，难度重新出现。一方面，由于规划管制措施的制定未能够与区域的条件相适应，未能取得应有的效果。另一方面，一些地方在城乡建设和经济发展的指导思想上与中央的要求还有一定的距离，片面理解发展经济的内涵，为追求政绩，好大喜功，乱占滥用土地，影响了规划的严格实施。有的地方不仅不依规划办事，还存在违反规划批地、用地的现象，这些擅自或变相修改规划的做法，影响了规划的法律效力。

(3) 第三轮土地利用规划中的耕地保护目标

2005 年，第三轮《全国土地利用总体规划纲要(2006—2020 年)》修编拉开序幕，此时国务院更加重视耕地保护工作。尽管 2006 年 7 月国土资源部按时完成

《全国土地利用总体规划纲要(2006—2020 年)》的编制工作,并于当年 9 月正式上报国务院。但由于规划中有些指标并不能令中央满意,国务院第 149 次常务会议作出了暂缓批准的决定,并从可持续发展的战略高度,分析判断了我国耕地保护面临的严峻形势,要求进一步严格保护耕地,节约集约用地,并明确提出全国耕地不少于 18 亿亩的目标。2 年后,在 2008 年 8 月 13 日国务院总理温家宝主持的第 22 次常务会议上,终于审议并原则通过了《全国土地利用总体规划纲要(2006—2020 年)》。新一轮的《全国土地利用总体规划纲要(2006—2020 年)》展现出了鲜明的耕地红线意识、资源节约意识、统筹协调意识和共同责任意识,对规划期内我国土地开发、利用和保护作出了科学、合理的安排和部署。

《全国土地利用总体规划纲要(2006—2020 年)》的指导思想是坚持节约资源和保护环境的基本国策,坚持保护耕地和节约集约用地的根本指导方针,实行最严格的土地管理制度。指导原则的第一条仍然是严格保护耕地。按照稳定和提高农业基础地位的要求,立足解决农村民生问题,严格保护耕地特别是基本农田,加大土地整理复垦开发补充耕地力度,提高农业综合生产能力,保障国家粮食安全。

具体指标上包括:① 守住 18 亿亩耕地红线。全国耕地保有量到 2010 年和 2020 年分别保持在 12 120 万公顷(18.18 亿亩)和 12 033.33 万公顷(18.05 亿亩)。规划期内,确保 10 400 万公顷(15.6 亿亩)基本农田数量不减少、质量有提高。② 土地整理复垦开发全面推进。田水路林村综合整治和建设用地整理取得明显成效,新增工矿废弃地实现全面复垦,后备耕地资源得到适度开发。到 2010 年和 2020 年,全国通过土地整理复垦开发补充耕地不低于 114 万公顷(1 710 万亩)和 367 万公顷(5 500 万亩)。③ 土地生态保护和建设取得积极成效。农用地特别是耕地污染的防治工作得到加强。

主要任务上在严格保护耕地的前提下统筹安排农用地。实行耕地数量、质量、生态全面管护,严格控制非农建设占用耕地特别是基本农田,加强基本农田建设;加大土地整理复垦开发补充耕地力度,确保补充耕地质量;统筹安排各类农用地,合理调整农用地结构和布局。

在本轮规划中的 6 项约束性指标中有 4 项涉及耕地保护。包括耕地保有量、基本农田保护面积、新增建设占用耕地规模、整理复垦开发补充耕地义务量。其中耕地保有量和基本农田保护面积两项总量指标作为耕地保护目标责任制的重要考核指标,明确在目标年必须保有的耕地规模和在任何时点都必须保持的基本农田保护面积;新增建设占用耕地规模和整理复垦开发补充耕地义务量是相互关联的指标,体现耕地占补平衡法人责任制的政策要求。规划期内新增建设占用耕地规模要控制在指标确定的规模以内,不得突破,突出强调各项建设应尽量减少对耕地的占用。

(4) 现阶段的耕地保护目标

现阶段,虽然国家严格土地利用规划和土地用途管制,加强耕地保护管理,取得了积极成效,但我国耕地保护的形势仍十分严峻。

尽管第二次全国土地调查数据显示,2009 年全国耕地 13 538.5 万公顷(203 077 万亩),比基于第一次调查逐年变更到 2009 年的耕地数据多出 1 358.7 万公顷(20 380 万亩),但这主要是受调查标准、技术方法改进及农村税费政策调整等影响。目前我国耕地整体情况是:一方面,人均耕地少、耕地质量总体不高、耕地后备资源不足的基本国情没有改变。全国人均耕地 0.101 公顷(1.52 亩),较 1996 年一次调查时的人均耕地 0.106 公顷(1.59 亩)有所下降,不到世界人均水平的一半。还有 1.49 亿亩耕地位于东北、西北林、草地区及河流湖泊最高洪水位控制线内或 25 度以上陡坡。另一方面,为适应生态文明建设的需要,对二次调查查明的陡坡耕地、中重度污染耕地等,还要根据国家政策实行退耕还林、还草、还湿和耕地休养生息、整治修复。第三,我国粮食总进口大于总出口、产需不平衡格局没有改变。根据调查,我国适宜稳定利用的耕地也就 18 亿亩多一点,粮食生产的实有耕地面积并未增加,耕地占补平衡难度加大,绝不能仅凭耕地数量增加就盲目乐观。

综合考虑现有耕地数量、质量和人口增长、发展用地需求等因素,2014 年国土资源部发布〔2014〕18 号文件《关于强化管控落实最严格耕地保护制度的通知》。通知指出:要将保护耕地作为土地管理的首要任务,坚决落实最严格的耕地保护制度和节约用地制度,坚持耕地保护优先、数量质量并重,全面强化规划统筹、用途管制、用地节约和执法监管,加快建立共同责任、经济激励和社会监督机制,严守耕地红线,确保耕地实有面积基本稳定、质量不下降。可见耕地保护依然是我们现阶段土地管理的主要目标。

二、我国耕地保护制度的建立和发展

(1) 新中国成立初期对耕地问题的重视

新中国成立以来,我国各级领导人就十分重视耕地资源保护的问题。周恩来总理早在 1963 年 10 月谈到我国资源问题时指出,我国资源有两个很大的弱点,其中一个就是耕地的问题。周总理指出:我国耕地少,不到 16 亿亩,在全国土地总面积中不到 12%;将来要扩大到 20 亿亩时,我国的人口又要增加到 10 亿左右了。

所以，我们教育青年，除了首先要使他们知道我们这个江山来之不易，还要教育他们上山下乡，爱护耕地，爱护山林，发展农业，发展畜牧业，并且努力造林，发展辅助食品，木本油料以及其他各种经济作物的生产。

20 世纪 50 年代，随着土地改革在全国范围内基本完成，我国在逐步以农田增产增收为目的加强了农田灌溉水利建设。到改革开放后，随着经济社会建设的发展，政府更加重视耕地的保护工作，并逐渐建立起耕地保护法规和制度。

(2) 改革开放时期耕地保护制度的建立

这一阶段是我国农村经济体制改革和市场经济建立和发展的初期阶段。经过农村制度的改革，家庭联产承包制度已经建立，确立了新型的耕地产权关系和农村经济关系。一些地区尤其是沿海经济发展地区和大城市周边地区非农产业得到迅速发展，而且由于国家对城市建设的重视和政策倾斜，一段时间内我国各地基本建设事业均发展迅速。但由于 1982 年以前，我国实行的是城乡土地分割、用地部门分散管理的体制。这段时期出现耕地大量被占用的现象，从而导致了耕地面积的大量减少。直到 1982 年以后，农业部成立了土地管理局，形成了农村土地由农业部管理，城市土地由建设部管理的格局，耕地保护才逐渐趋于法制化。此后，党中央、国务院也更加重视耕地保护工作，先后制定了一系列重大方针、政策，一再强调要加强土地管理，切实保护耕地。

1986 年 3 月，中共中央、国务院发布的〔1986〕7 号文件《关于加强土地管理，制止乱占耕地的通知》中指出，“十分珍惜和合理利用每寸土地，切实保护耕地，是我国必须长期坚持的一项基本国策”。同年 6 月 25 日，我国正式颁布实施了《土地管理法》。第一部土地管理法将重点放在了严格保护耕地，并规定由直属国务院领导的国家土地管理局统一管理全国城乡土地。

土地管理法出台的同时，国家土地管理局也于 1986 年成立，当时出任局长的王先进指出目前首要任务是建立以划定基本农田保护区为主要内容的耕地保护制度。三年后的 1989 年，这一制度在国家土地管理局和农业部组织召开的全国第一次基本农田保护工作会议上，得以正式确定。随后，1994 年国务院颁布《基本农田保护条例》将这一制度上升为法律，并对基本农田的划定、保护、监督等具体政策问题做了规定。在此期间，1987 年 4 月还出台了《耕地占用税暂行条例》，1992 年 11 月 18 日国务院颁布了《关于严格制止乱占、滥用耕地的紧急通知》，这些法律法规为耕地保护提供了根本性的制度保障。

1997 年 4 月 15 日中共中央、国务院颁发的《关于进一步加强土地管理切实保护耕地的通知》确立了实现耕地总量动态平衡的战略目标，通知指出：“我国的土地管理特别是耕地保护措施必须是十分严格的"，"保护耕地就是保护我们的生命线"，要求采取治本之策，"进一步严格建设用地的审批管理"，"对农地和非农地实行严格的用途管制"，"各省、自治区、直辖市必须严格按照耕地总量动态平衡的要求，做到本地耕地总量只能增加，不能减少，并努力提高耕地质量"。由于耕地减少趋势日益加重，1997 年 5 月 20 日，国家土地管理局发布了临时的《冻结非农业建设项目占用耕地规定》。1997 年 3 月 14 日，全国人大八届五次会议还通过了《刑法》修订案，增设了"破坏耕地罪""非法批地罪"和"非法转让土地罪"。

1998 年 8 月 29 日，国家对土地管理法进行了修订，新《土地管理法》首次以立法形式确认了土地基本国策的法律地位，这不仅表明土地管理在国家行政管理中的重要地位，而且还表明作为基本国策的耕地保护方针具有长期性和稳定性。新《土地管理法》确立了四条基本原则：耕地总量只能增加不能减少，土地用途管制，国家对土地集中统一管理，加强土地执法监察。贯穿这些原则的主线就是合理利用土地和切实保护耕地。此外，新《土地管理法》提出的耕地占补平衡制度以及新增建设用地使用费制度等也使用至今，意在抑制建设占用耕地和加大耕地补充力度。同年 12 月 24 日，国务院第 12 次常务会议通过并发布了新的《基本农田保护条例》，确立了一系列严格保护耕地的制度：一是国家严格控制耕地转为非耕地的制度；二是国家实行占用耕地补偿制度；三是国家实行基本农田保护制度。1999 年和 2000 年国土资源部还先后下发一系列文件，落实"耕地总量动态平衡"。

这一阶段，国家出台的各项法律和规章都在严格控制各部门占用耕地，但由于各地更加重视经济建设，而耕地保护的规划，执行和监督力量还相对薄弱，所以耕地被乱占滥用的现象仍没有受到有效控制。2000 年左右，耕地面积的减少量突然加大，且生态环境受到严重的破坏。随着我国工业化、城市化发展的迫切要求，各地纷纷提前占用 2005 年乃至 2010 年以前的耕地占用指标。有的地区甚至因为各类产业与建设对土地需求持续上升，非法转用和占用耕地，导致耕地流失情形严重。

(3) 21 世纪深化"最严格"的耕地保护制度

由于耕地保护的逐渐失控，国家重新调整了政策目标，加强耕地保护已成为中央决策层的共识。党中央、国务院和各级党委、政府高度重视并且采取了更多较为强硬的措施。首先是 2003 年 9 月，国土资源部发出《关于严禁非农业建设违法占用基本农田的通知》提出，要进一步加强基本农田保护工作，坚决遏止各类非农业建设违法占用基本农田，强调严禁擅自调整土地利用总体规划占用基本农田。

随后，胡锦涛总书记在 2003 年 10 月 14 日的中共中央十六届三中全会上明确指出："要实行最严格的耕地保护制度"。2004 年中央人口资源环境工作座谈会上胡锦涛总书记讲话时也提到:“国土资源工作要落实最严格的耕地保护制度,坚决遏制乱占耕地现象”。此后,党中央、国务院多次重申要实行最严格的耕地保护制度。其中,“最严格”的内涵十分丰富,既包括横向与当今世界各国相比是最严格的,又包括纵向同我国各个历史时期相比也是最严格的。

为了落实最严格的耕地保护制度,2004 年上半年,国务院严把土地审批,基本冻结了新增产业建设项目、基础设施项目和房地产项目等的审批,审查各地的开发区和大学城建设的土地占用和项目实施情况。同年 10 月 13 日,温家宝总理主持召开国务院常务会议,讨论《国务院关于深化改革严格土地管理的决定》,部署加强和改进土地管理工作。并重申:要实行最严格的土地管理制度,是由我国人多地少的基本国情决定的,是贯彻落实科学发展观带有长期性、根本性的重大举措。要求各地切实保护基本农田,全国现有基本农田总量不能减少,用途不能改变,质量不能下降,基本农田要落实到地块和农户,严禁擅自改变和占用。严格执行耕地占补平衡制度。强化耕地保护和土地管理责任制,进一步明确土地管理的权力和责任,地方各级政府要对本地区耕地保有量和基本农田保护面积负责。抓紧建立耕地保护责任考核体系,把保护耕地作为考核政绩的重要内容。严格土地管理责任追究制度等。2005 年国家又发布了《关于坚决制止以租代征违法违规用地行为的紧急通知》要求各地加强租赁土地之管理,防止擅自将出租之农用地转为建设用地,以租代征。同年发布《省级政府耕地保护责任目标考核办法》进一步规范省级政府应确保其辖内耕地保有量及基本农田保护面积,各级首长为负责人。并规定自 2006 年起,由中央单位会同有关单位进行考核,每五年一期。由于国家的重视和制度的日趋严厉,从 2004 年开始,我国耕地面积减少的比例开始逐步下降。

为了从规划的途径切实加强对耕地的保护,2008 年,国家发布了全国土地利用总体规划纲要(2006—2020 年),提出将 18 亿亩耕地、15.6 亿亩基本农田保护面积作为约束性指标和耕地保护的红线,分解下达到各省、自治区、直辖市,并要求在新一轮土地利用总体规划编制时严格落实,不得突破。之后党的十七大、十八大报告专门就耕地保护的问题分别进行了阐述。十七届三中全会还指出:“坚持最严格的耕地保护制度,层层落实责任,坚决守住 18 亿亩耕地红线。划定永久基本农田,建立保护补偿机制,确保基本农田总量不减少、用途不改变、质量有提高。”

随着新一轮土地利用总体规划(2006—2020 年)编制的全面开展,最严格的耕地保护制度得到深化和完善。国家也更加重视对基本农田的保护,2009 年国土资源部、农业部联合下发了《关于划定基本农田实行永久保护的通知》(国土资发

〔2009〕167 号)，要求“按照‘依法依规、确保数量、提升质量、落地到户’的要求，根据新一轮土地利用总体规划确定的基本农田保护目标，科学划定永久基本农田，努力实现基本农田保护与建设并重、数量与质量并重、生产功能与生态功能并重。”2010 年《关于加强和完善永久基本农田划定有关工作的通知》(国土资发〔2010〕218 号)，详细规定了划定永久基本农田的工作任务、工作程序和工作要求，包括落实基本农田地块、健全图表册、设立统一标识、落实保护责任和建立基本农田数据库五项内容。2011 年，又先后出台了土地管理行业标准《基本农田划定技术规程》和《基本农田数据库标准》。

2010 年 12 月 28 日，国家督察机构建立了《在线土地督察系统》，监督土地的流向及质量等动态情况以提高管控效能，并利用违规查处，发挥国家土地督察的监督作用。2011 年国土资源部、农业部、监察部、审计署、国家统计局联合下发《关于开展 2006—2010 年省级政府耕地保护责任目标考核工作的通知》。明确将省级政府耕地保护之结果如耕地数量、耕地质量等，作为政府部门年度考核及考绩的依据。

2012 年 2 月 28 日，国土资源部发布《关于严格土地利用总体规划实施管理的通知》，请各级国土资源管理部门确实依据地方各级上报的《土地利用总体规划》审查各类土地使用及建设规划，并严格依据规划划定及保护基本农田，以确保土地利用总体规划的有效实施。

新的时期，我国国家领导人对最严格耕地保护理念的理解也发生了变化。2014 年，习近平总书记、李克强总理等中央领导同志，在听取土地二次调查汇报时，在党的十八届三中全会之后的中央经济工作会议、城镇化工作会议、农村工作会议上，都对耕地保护工作发表了重要意见。习近平总书记在讲话中，不仅指出“耕地是保障国家粮食安全的根本”，更提出“耕地红线要严防死守，现有耕地要基本稳定，耕地质量要不断提高。要像保护文物，甚至像保护大熊猫那样保护耕地”。李克强总理也指出“粮食安全的根基在耕地，守住耕地要多管齐下”。在这样的背景下，2014 年 2 月，国土资源部下发了《关于强化管控落实最严格耕地保护制度的通知》(国土资发〔2014〕18 号)，再次强调“按照国家新型城镇化发展要求，依据第二次全国土地调查成果，合理调整土地利用总体规划，严格划定城市开发边界、永久基本农田和生态保护红线”。

截至目前，我国制定的与耕地保护相关的政策法规和规范性文件已有上百个，内容涵盖规划、用途管制、调查、监督、违法责任等多个方面，基本建立了世界上最严格的耕地保护制度框架。

表 1-1 耕地保护主要法规政策

时间(年)	法规政策名称
1981	《国务院关于制止农村建房侵占耕地的紧急通知》
1983	《国务院关于制止买卖、租赁土地的通知》
1986	《土地管理法》(2004 年重新修订)
	《关于加强土地管理制止乱占耕地的通知》(中央〔1986〕7 号文件)
1987	《耕地占用税暂行条例》(国发〔1987〕27 号文件)
1988	《土地复垦规定》(国务院令第 19 号,后由土地复垦条例替代)
1992	《关于严格制止乱占、滥用耕地的紧急通知》(国发明电〔1992〕13 号)
1993	《农业法》(主席令第六号,2012 年修订)
1994	《基本农田保护条例》(国务院令第 257 号)
1997	《刑法》增设"破坏耕地罪""非法批地罪""非法转让土地罪"
	《关于进一步加强土地管理切实保护耕地的通知》(中央〔1997〕11 号文件)
	《冻结非农业建设项目占用耕地规定》(国家土地管理局、国家计划委员会令第 6 号)
1998	《土地管理法实施条例》(国务院令第 256 号,2011 年修订)
1999	《土地利用年度计划管理办法》(国土资源部 2 号令,2004 年、2006 年两次修订)
	《建设用地审查报批管理办法》(国土资源部 3 号令,2010 年修订)
	《关于印发全国土地利用总体规划纲要的通知》(国办发〔1999〕34 号)
	《关于加强土地转让管理严禁炒卖土地的通知》(国办发〔1999〕39 号)
2003	《关于清理整顿各类开发区加强建设用地管理的通知》(国办发〔2003〕70 号)
2004	《关于坚决制止占用基本农田进行植树等行为的紧急通知》(国发明电〔2004〕1 号)
	《关于尽快恢复撂荒耕地生产的紧急通知》(国办发明电〔2004〕15 号)
	《关于深化改革严格土地管理的决定》(国发〔2004〕28 号)
2005	《省级政府耕地保护责任目标考核办法》的通知(国办发〔2005〕52 号)
	《关于坚决制止以租代征违法违规用地行为的紧急通知》(国土资发〔2005〕166 号)
2006	《关于建立国家土地监察制度有关问题的通知》(国办发〔2006〕50 号)
2007	《关于加强土地调控有关问题的通知》(国发〔2006〕31 号)
	《违反土地管理规定行为处分办法》(监察部、人力资源和社会保障部、国土资源部第 15 号令)

续表

时间(年)	法规政策名称
2008	《关于印发全国土地利用总体规划纲要(2006—2020年)的通知》(国发〔2008〕33号)
	《关于切实做好征地统一年产值标准和区片综合地价公布实施工作的通知》(国资发〔2008〕135号)
2009	《关于划定基本农田实行永久保护的通知》(国土资发〔2009〕167号)
2010	《关于加强和完善永久基本农田划定有关工作的通知》(国土资发〔2010〕218号)
2011	《基本农田划定技术规程》(TD-T 1032-2011)
	《关于开展2006—2010年省级政府耕地保护责任目标考核工作的通知》(国办发〔2005〕52号)
	《土地复垦条例》(中华人民共和国国务院令第592号)
2012	《关于严格土地利用总体规划实施管理的通知》(国土资发〔2012〕2号)
	《关于发布实施〈全国土地整治规划(2011—2015年)〉的通知》(国土资发〔2012〕55号)
	《关于提升耕地保护水平全面加强耕地质量建设与管理的通知》(国土资发〔2012〕108号)
2014	《关于强化管控落实最严格耕地保护制度的通知》(国土资发〔2014〕18号文件)

第三节　现阶段特大型城市耕地保护面临的挑战

一、特大型城市的定义和特征

联合国将2万人作为定义城市的人口下限,10万人作为划定大城市的下限,100万人作为划定特大城市的下限,这种根据城市聚居人口大小区分城市规模的分类反映了部分国家城市的惯例。

我国在城市统计中也制定了城市分类的相关标准,《中国城市分类标准》依据城市社会消费品零售总额、国内生产总值、市区人口和职工工资三个方面因素确定城市类别,其中:① A类(特大型)城市:社会消费品零售总额在1 000亿元以上,GDP在2 000亿元以上,市区人口在550万以上,职工年平均工资在16 000元以上；② B类(大型)城市：社会消费品零售总额在300亿—1 000亿元之间,GDP在500亿—2 000亿元之间,市区人口在200亿—550万之间,职工年平均工资在8 000元以上；③ C类(中型)城市：社会消费品零售总额在100亿—300亿元之间,GDP在100亿—500亿元之间,市区人口在100万—200万之间,职工年平均工资在7 000元以上；④ D类(小型)城市：社会消费品零售总额在50亿—100亿元之间,GDP在50亿—100亿元之间,市区人口在50万—100万之间,职工年平均工资在6 000元以上；⑤ E类(其他)城市：社会消费品零售总额在50亿元以下,GDP在50亿以下,市区人口在50万以下,职工年平均工资在6 000元以下。根据上述标准,上海、北京、广州和深圳四个城市属于A类(特大型)城市。

1990年施行的《城市规划法》,明确国家实行严格控制大城市规模、合理发展中等城市和小城市的方针,促进生产力和人口的合理布局。大城市是指市区和近郊区非农业人口50万以上的城市;中等城市是指市区和近郊区非农业人口20万以上、不满50万的城市;小城市是指市区和近郊区非农业人口不满20万的城市。

2014年,国务院《关于调整城市规模划分标准的通知》(国发〔2014〕51号)对原有城市规模划分标准进行了调整,明确了以城区常住人口为统计口径的城市规模划分标准,将城市划分为五类七档。城区常住人口50万以下的城市为小城市,其中20万以上50万以下的城市为Ⅰ型小城市,20万以下的城市为Ⅱ型小城市;城区常住人口50万以上100万以下的城市为中等城市;城区常住人口100万以上500万以下的城市为大城市,其中300万以上500万以下的城市为Ⅰ型大城市,100万以上300万以下的城市为Ⅱ型大城市;城区常住人口500万以上1 000万以下的城市为特大城市;城区常住人口1 000万以上的城市为超大城市。2014年底,上海中心城和周边连绵发展地区人口约1 500万人。按常住人口统计,超大型城市分别是北京、上海、天津、重庆、广州、深圳;符合特大城市标准的有10座城市。中国超大城市数量不多,为了增强研究的可比性,本书将上海作为特大型城市暨超大型城市(统称“特大型城市”)来研究。

二、建设用地的蔓延和挤占

特大型城市具有集聚人口、集聚产业和规模经济的优势。长三角、珠三角、京津冀三大城市群,以2.8%的国土面积,集聚了18%的人口,创造了36%的国内生产总值,成为带动我国经济快速增长和参与国际经济合作与竞争的主要平台。但是，目前城市群，特别是特大城市建设规模扩张过快，部分城市建设用地增长速度超过人口导入速度，盲目“摊大饼”问题十分突出。据遥感监测，1990—2012 年，全国 20 个城市群城市建设用地规模由 15 400 平方公里扩展至 79 008 平方公里，增长 4.13 倍；其中，最大的长三角城市群 2012 年约 13 310.1 平方公里，为 1990 年的 10.4 倍；特大型都市上海 2012 年城市建设用地约 2 640 平方公里，为 1990 年的 6.8 倍。这样的城市化进程和城市规模扩张速度，造成了城市对建设用地需求的大量增加。特大型城市对建设用地的需求不仅包括各项基础设施和公共服务设施，还要求比较发达的交通系统和交通网络用地，以及越来越多居民的住宅用地。

由于我国耕地资源分布的不均衡，建设用地占用耕地压力大的特大型城市反而是耕地质量比较优良的地区。我国东部拥有全国 90%的耕地，其中长江流域及其以南地区水田面积更是占全国总面积的 90%以上。高产耕地(一等耕地)主要分布在东北、华北及长江中下游地区。由于优质耕地与城镇建设高速发展区域在空间上高度重叠，城市用地规模的过度扩张，占用了大量良田沃土，势必对特大型城市的耕地保护和国家粮食安全的保障构成巨大威胁。据 1996 年和 2009 年两次全国土地调查，13 年间，全国城镇用地从 6 698 万亩增加到 1.09 亿亩，增长 62%，占用的大多是优质耕地，仅广东、江苏、浙江、福建、上海五个东南沿海省市就减少水田 1 798 万亩，相当于减掉了福建全省的水田面积。尽管特大型城市可以利用科学技术改进耕作和播种技术、提高复种指数与提高机械化水平和实现高效管理等方法，过度开发和利用那些未被占用的耕地，但这样的开发并不能完全弥补优质耕地被占用的损失。所以，特大型城市如果没有节制地扩张建设用地面积，将会使耕地资源遭受巨大的损失。

三、耕地土壤污染问题

土壤污染是指由于人类活动产生的有害、有毒物质进入土壤，积累到一定程度，超过土壤自身的自净能力，导致土壤性状和质量变化，构成对农作物和人体的影响和危害的现象。随着城市化和工业化的发展，不仅大量耕地资源变化为建设用地，而且耕地的总体质量也明显下降，受污染、退化情况相当严重。特别是特大型城市发展过程中，城市人口大量增加，城市人口经济活动日益广泛，城市环境问题突出，很容易造成土壤污染问题，从而影响耕地的可持续利用。例如，大量城市生活垃圾堆放、工业“三废”在不经处理或粗放处理的情况下，都将排放大量有害物质,造成土壤、地表水乃至地下水的污染。城市基础设施建设过程中挖高填低所造成的大面积裸露地表和大量的各种外缘松散堆积物极易遭受侵蚀,会造成严重的水土流失问题。由于城市用水和农业用水的严重需求,会造成地下水的过度开采,部分城市甚至已经超出水资源承载能力,出现地下漏斗和地面沉降现象。

目前,全国城市区域地表水污染普遍比较严重,并呈恶化趋势,在全国监测的136条流经城市的河流中,符合地面水Ⅱ类标准的仅有18条,50%流经城市的河流已经无法用于农业灌溉,这直接导致可灌溉耕地面积大量减少。根据国土资源部发布的《土地整治蓝皮书》(2014年5月),我国耕地受到中重度污染的面积约5 000万亩,由污染导致的土地废弃和退化情况严重。尤其是在大城市周边、交通主干线及江河沿岸的耕地污染更重,耕地污染问题已经影响到粮食安全。

根据2014年环境保护部和国土资源部发布的《全国土壤污染状况调查公报》显示:全国土壤环境状况总体不容乐观,部分地区土壤污染较重,耕地土壤环境质量堪忧,工矿业废弃地土壤环境问题突出。工矿业、农业等人为活动以及土壤环境背景值高是造成土壤污染或超标的主要原因。从污染分布情况看,南方土壤污染还要重于北方;长江三角洲、珠江三角洲、东北老工业基地等部分区域土壤污染问题较为突出。这些被污染的土地大多不宜耕种,对农产品质量安全和人体健康都构成了严重威胁。耕地的主要污染物为镉、镍、铜、砷、汞、铅、滴滴涕和多环芳烃。典型地块中重污染企业用地超标点位占36.3%,主要涉及黑色金属、有色金属、皮革制品、造纸、石油煤炭、化工医药、化纤橡塑、矿物制品、金属制品、电力等行业。工业废弃地超标点位占34.9%,主要污染物为锌、汞、铅、铬、砷和多环芳烃,主要涉及化工业、矿业、冶金业等行业。工业园区超标点位占29.4%。其中,金属冶炼类工业园区及其周边土壤主要污染物为镉、铅、铜、砷和锌,化工类园区及周边土壤的主要污染物为多环芳烃。固体废物集中处理处置场地超标点位占21.3%,以无机污染为主,垃圾焚烧和填埋场有机污染严重。干线公路两侧超标点位占20.3%,主要污染物为铅、锌、砷和多环芳烃,一般集中在公路两侧150米范围内。而这些地区都是特大型城市发展中需要更加重视的区域。

从保护耕地土壤环境质量角度考虑,应尽快改变受污染区的种植类型,从以农业生产功能为主导转向以发挥生态保护功能为主,通过植物修复改善土壤环境质量。这一点也是我国特大型城市耕地保护面临的挑战和需要解决的重要问题之一。

四、现代农业发展中的耕地非粮化

在特大型城市发展过程中，随着城乡人均收入的普遍提高，种植粮食与经济作物的收入差距越来越大，农民种粮与出外打工的收益差距也越来越大，因此大量农村劳动力向城市转移。另外，随着特大型城市对发展现代农业的需求，以及特大型城市居民对农产品消费结构、休闲和观光等生活习惯的变化，也导致大城市周边耕地利用类型的变化和调整。特大型城市范围内原本用作种植粮食的耕地被流转为养殖业、花卉业、生态农业、观光休闲农业使用，甚至直接变为建设用地。再加上一些农村地区为了发展，盲目引入工商资本，这些都加剧了特大型城市周边耕地的无序流转和非粮化现象加剧。

但越来越多的非粮化现象不仅会使粮食产量下降，还可能会使土地肥力下降。随着一些田间水利设施和灌溉系统改变，土壤层会受到破坏。有些地区片面强调设施农业建设比例，强行下达设施农业建设指标，而不顾耕地保护，特别是基本农田保护的基本要求，大量占用耕地，违规占用基本农田。有些地区为了吸引市民，特别是城市的退休职工，将观光农业直接变成了星级宾馆或别墅。

要指出的是，尽管这几年国家粮食连续创造了“十连增”的奇迹，但必须看到，全国生产净调出的省份在不断减少，粮食与其他重要农产品的进口数量也在持续攀升，产需缺口不断加大。我国粮食进口量已经连续三年增加，2012 年贸易依存度已上升到 21%，并且从过去的一两个品种到去年小麦、玉米、水稻三大主粮首次全部出现进口的状况，这些苗头信号都值得警惕。未来随着人口增加和城镇化发展，粮食需求还将刚性增长，粮食供求平衡紧张很可能是一个长期态势。

因此，特大型城市的耕地保护除了要兼顾现代农业的发展需要，还要通过基本农田制度、各种土地流转用途的监管措施来保障粮田面积，提高耕地的生产效率。可见，如何平衡好耕地保护和发展现代农业中非粮化的关系，也是特大型城市耕地保护面临的主要挑战之一。

第四节　特大型城市耕地综合保护的意义

特大型城市作为区域发展的核心城市和城市群联动的龙头城市，是某一区域内政治、经济、文化的中心城市，其经济发展和城市化进程较快，城市建设用地扩张速度也最快，在我国恰好同时也是优质耕地分布最广泛的区域。耕地产生的农产品为特大型城市带来的市场价值或许相对较少，但却提供了其他资源无法带来的巨大文化和生态价值。如乡村文化、开放空间、农业景观、净化环境等价值。

第一，自然功能，主要包括农业生产和生态服务等耕地基本功能。粮食、蔬菜、副食等农产品是人类生存所必需的刚性需求食品，耕地是最适宜生产粮食的土地资源，是不可替代且有限的。对于特大型城市这样一个特殊的耕地资源稀缺和生态环境问题严峻的地区来说，粮食和基本副食品本区域自给规模十分有限，对外依存度较高，一旦宏观市场供求关系紧张，或出现自然灾害、战争、食品污染等突发事件，将会影响城市安全运转。特大型城市耕地着重从数量和质量上保障一定时期内城市农产品特别是生鲜农产品的安全保障，有利于从田头到餐桌可溯源的地产农产品生产监管，发挥着调控和稳定市场的作用，因此，特大型城市保留并保护好一定规模的耕地、提升农业生产功能是必要的。同时，耕地作为重要的生态系统和生态空间，对调节气候、保护生物多样性、控制污染、防止土地退化、地下水补给、减少温室效应等具有重要作用。耕地作为重要生态空间，其生态隔离和景观营造功能对优化特大型城市空间格局具有重要作用，在城市化快速发展时期，由于人们对生活质量和居住环境的追求，对居住用地、交通设施、商务办公、公共服务、休憩娱乐、工业用地等需求剧增，建设用地规模仍有扩张趋势，严格保护耕地红线对于隔离、控制特大型城市的城市蔓延以及控制建设用地供应量具有重要的作用，有利于特大型城市建设用地的集约利用，提高存量建设用地的利用质量和绩效。

第二，社会经济功能，主要包括社会保障、产业发展和休闲观光功能。耕地不仅是特大城市中农民的生产要素和经济来源中的重要组成部分，而且为农民的生存承担着社会保障功能，目前和今后一个时期，农业仍然是吸纳农村剩余劳动力，甚至是吸纳部分城市劳动力的主要途径，既保证了大部分农民的温饱和基本收入，又是保障广大农村地区社会稳定的重要基础。此外，耕地具有重要的经济支撑功能，保护耕地为特大型城市第一产业、观光农业以及城市其他产业发展提供了最基础的资源和原材料，发展优势特色农业，支持发展餐饮服务、休闲观光等新型业态，树立农产品品牌，同样也能提高农业附加值，使农业成为吸纳农民就业、促进农业增收的重要产业载体。

第三，生活文化功能，主要包括农耕文明传承、休闲体验功能。耕地的生活文化功能是一种不可替代的区域性文化景观资源，现代城市居民聚居在钢筋水泥建筑中，普遍怀有回归自然、舒缓身心的需求。耕地能够提供给人们亲近自然、健康养生、多元文化体验的重要场所，保护好农村历史文化和自然景观，通过观光休闲、农业科研、教育及农耕文化传承展示等活动，为那些很少接触农业或者农业生产活动的市民提供一个了解乡村风土人情、体验农事操作、休闲游憩的机会，让广大青少年在广袤的田野中接触农业，接受农业知识、农耕文化和提高惜土意识等教育，让城市居民望得见山、看得见水、记得住乡愁。

然而，从多年以来耕地保护政策的实施效果来看，我国一些特大型城市耕地保护并没有达到预期要求，主要体现在：① 耕地保有量持续减少，甚至低于规划目标，逼近耕地红线，主要原因一方面是国民经济发展、基本建设投资规模扩大带动了建设需求的快速增长，导致耕地占用；另一方面是补充耕地后备资源不足，耕地实物占补平衡未完全实现。② 耕地的质量不容乐观，耕地地力、土壤环境质量呈下降趋势，局部地区耕地遭受污染，最终给我国的粮食安全、社会经济和生态的可持续发展增加了隐患，难以真正实现耕地保护的综合目标。③ 耕地的生态景观功能未能得到有效发挥，在乡村地区发展过程中对耕地景观营造、生态服务功能提升和设施配套等问题缺乏规划和整体设计，对政策机制和保障措施关注不够。亟待通过建立一个适合特大型城市的耕地综合保护体系来落实和提高耕地保护效果，并提升耕地本身的质量和服务价值。

当然，耕地保护不仅是我国，也是世界上其他国家和地区的难题。世界各国在不同的历史时期，都在以不同的方式进行耕地保护，其中有些做法也有值得借鉴之处。同时，掌握正确的理论基础有助于更深刻地认识耕地保护的原理和基本要求，也是深化耕地保护行动和理念的指南。因此，本书接下来的部分是在总结耕地保护的有关理论，并借鉴其他国家和地区耕地保护经验的基础上，提出适合我国特大型城市耕地综合保护体系建设的框架，并以上海市为例介绍了其在耕地保护上的一些做法和实践。

参考文献

[1] “经济增长中的耕地资源可持续利用研究”课题组. 经济增长中的耕地资源可持续利用研究[M]. 北京：社会科学文献出版社，2013.

[2] 国家质量监督检验检疫总局，国家标准化管理委员会. 土地利用现状分类[S]. 中华人民共和国国家标准(GB/T 21010-2007). 北京：中国标准出版社，2007.

[3] 国土资源部. 关于强化管控落实最严格耕地保护制度的通知[Z]. 2014-02-13.

[4] 国土资源部. 关于严禁非农业建设违法占用基本农田的通知[Z]. 2003-08-21.

[5] 国土资源部. 国土资源部关于《基本农田数据库标准》行业标准公告[Z]. 2009-03-24.

[6] 国土资源部. 国土资源部关于发布《基本农田划定技术规程》推荐性行业标准的公告[Z].

2011-06-02.

[7] 国土资源部. 国土资源部关于严格土地利用总体规划实施管理的通知[Z]. 2012-02-22.

[8] 国土资源部. 土地整治蓝皮书：中国土地整治发展研究报告(No. 1)[M]. 北京：社会科学文献出版社,2014.

[9] 国土资源部;农业部;国家发展改革委;财政部;水利部;国家统计局;国家林业局;国家农业综合开发办公室. 高标准农田建设通则[Z]. 2014-06-25.

[10] 国土资源部;农业部. 国土资源部、农业部关于划定基本农田实行永久保护的通知[Z]. 2009-12-02.

[11] 国土资源部,农业部,监察部,审计署,国家统计局. 国土资源部、农业部、监察部、审计署、国家统计局关于开展 2006—2010 年省级政府耕地保护责任目标考核工作的通知[Z]. 2011-07-13.

[12] 国务院. 国务院关于深化改革严格土地管理的决定[Z]. 2004-10-21.

[13] 国务院. 全国土地利用总体规划纲要(2006—2020 年)[Z]. 2008-10-06.

[14] 国务院办公厅. 国务院办公厅关于印发《省级政府耕地保护责任目标考核办法》的通知[Z]. 2005-10-28.

[15] 韩长赋. 稳固农业基础,确保粮食安全(深入学习贯彻习近平同志系列讲话精神)[EB/OL]. http://opinion.people.com.cn/n/2013/1229/c1003-23967781.html. 2013-12-29.

[16] 侯力. 中国城市化过程中的耕地资源保护研究[M]. 北京：中国社会科学出版社,2010.

[17] 胡锦涛在中央人口资源环境工作座谈会上讲话[EB/OL]. http://www.gov.cn/ldhd/2005-03/12/content_9529.htm. 2005-03-12.

[18] 卢艳霞,唐健. 我国耕地保护制度研究：理论与实证[M]. 北京：中国大地出版社,2006.

[19] 全国农业区划委员会. 土地利用现状调查技术规程[Z]. 1984-09-08.

[20] 全国土地利用总体规划纲要(1997—2010 年)[EB/OL]. http://www.chinadmd.com/file/ecrpuwwosrroicpsxrvsozi6_2.html. 2010-01-01.

[21] 环境保护部,国土资源部. 全国土壤污染状况调查公报[R]. 2014,04.

[22] 石志恒. 农户耕地保护行为研究[D]. 西北农林科技大学博士学位论文,2012.

[23] 唐敏. 22 年土地管理演变严格的土地法制体系正逐步形成[EB/OL]. http://www.china.com.cn/aboutchina/txt/2008-07/15/content_16011090.htm. 2008-07-15.

[24] 田春华. 着眼未来的事业——我国土地利用规划工作 30 年历程回顾[EB/OL]. http://www.mlr.gov.cn/xwdt/jrxw/200901/t20090112_113900.htm. 2009-01-12.

[25] 王立彬. 权威访谈：透视土地家底增强忧患意识[EB/OL]. http://news.xinhuanet.com/fortune/2013-12/30/c_118771146.htm. 2013-12-30.

[26] 王立彬. 中国第二次土地调查显示耕地多出 2 亿亩[EB/OL]. http://news.xinhuanet.com/fortune/2013-12/30/c_118768782.htm. 2013-12-30.

[27] 吴斌,程宏毅. 关于第二次全国土地调查主要数据成果的公报[EB/OL]. http://cpc.people.com.cn/n/2013/1231/c83083-23986151.html. 2013-12-30.

[28] 习近平主持中共中央政治局会议分析2014年经济工作[EB/OL]. http://news.sina.com.cn/o/2013-12-04/070028880997.shtml. 2013-12-04.

[29] 央视新闻. 我国中重度污染耕地达5 000万亩[EB/OL]. http://mp.weixin.qq.com/s?__biz=MTI0MDU3NDYwMQ==&mid=107131239&idx=3&sn=6690ff8ebff0c587b8a224366ed13543. 2013-12-30.

[30] 要让耕地保护的防线牢不可破[EB/OL]. http://finance.china.com.cn/roll/20140103/2096575.shtml. 2014-01-03.

[31] 郑纪芳,史建民. 国内外耕地保护问题研究综述[J]. 生产力研究,2009,05:161-163.

[32] 中国共产党中央委员会,国务院. 中共中央、国务院关于加强土地管理、制止乱占耕地的通知[Z]. 1986-03-21.

[33] 中国共产党中央委员会,国务院. 中共中央、国务院关于加强土地管理、制止乱占耕地的通知[Z]. 1986-03-21.

[34] 中国共产党中央委员会,国务院. 中共中央、国务院关于进一步加强土地管理切实保护耕地的通知[Z]. 1997-04-15.

[35] 中国共产党中央委员会,国务院. 中共中央、国务院关于进一步加强土地管理切实保护耕地的通知[Z]. 1997-04-15.

[36] 国土资源部. 全国土地分类[Z]. 2002-01-01.

[37] 国务院. 国务院关于严格制止乱占、滥用耕地的紧急通知[Z]. 1992-11-18.

[38] 国务院. 基本农田保护条例[Z]. 1998-12-27.

[39] 国务院. 中华人民共和国水土保持法[Z]. 1993-08-01.

[40] 国务院. 中华人民共和国土地管理法[Z]. 1998-12-27.

[41] 国务院. 中华人民共和国土地管理法[Z]. 2004-12-27.

[42] 周立军. 城市化进程中耕地多功能保护的价值研究[D]. 浙江大学博士学位论文,2010.

第二章

耕地保护理论基础

第一节　可持续发展理论

"可持续发展"是20世纪80年代人类全面总结自己的发展历程，重新审视自己的社会经济行为后，提出的一种全新的发展思想和发展模式。20世纪以来，科技革命使人类统治自然的能力极大地增强，给人类带来了丰富的物质文明与精神文明，但同时也使人类和自然的关系急剧恶化。人口膨胀、资源面临枯竭、环境污染日益严重、生态失衡等生态问题严重威胁着人类的生存和发展。这不禁引起人类对自身发展过程的全面反思，正是在这种背景下，可持续发展作为一种全新的发展理念开始引起国际社会的普遍关注。第一次明确给出"可持续发展"定义，并使可持续发展概念广为传播的是世界环境与发展委员会(WECD)发表的研究报告《我们共同的未来》。报告指出：可持续发展核心思想是既满足当代人的需要，又不对后代人满足其需要的能力构成危害的发展，既满足本区域发展的需要，又不对其他区域的发展构成危害，使人类能够持续、健康地发展下去。它要求人们认识到对自然、社会和子孙后代应负的责任，并有与之相应的道德水准。这也是可持续发展区别于传统的发展观之所在。

根据这一定义，可持续发展包括以下原则：一是公平性，这里的公平既包括代内公平又包括代际公平。同代人之间，一个地区、一个部门、一个国家的发展不能对其他地区、部门和国家的发展造成损害；处理当代人和后代人需要的关系时，不能因当代人的利益损害后代人生存和发展的机会。二是持续性。也就是要实现长期的社会、经济、环境可持续性，不能仅仅只注重发展的状态和目标，而更应注重发展趋势的持久性和耐力、注重未来发展能力和发展空间。三是协调性。要想实现可持续发展必须时刻强调社会、经济、资源与环境的协调发展，注重均衡的培养和效率的提高。

在可持续发展这个全球性目标的约束和引导下，各地区与各国家都根据自己的实际情况实施了自己的可持续发展战略。1993 年，我国在《中国 21 世纪议程》中也将可持续发展作为我国未来发展的必然选择和战略目标。

对于我们的土地，特别是耕地，更应从可持续发展的角度考虑对它的保护。耕地资源能否得到有效保护和可持续利用，不仅关系我国农业的发展，还关系着我国经济社会能否可持续发展。如果利用不合理，土地生产能力就会部分或者全部丧失。这就需要我们在耕地利用过程中要协调好人口、社会和经济与耕地之间的关系。要始终保护好耕地的数量、质量和生态功能，使其不至于退化且保持较高的生产力，代际上满足当代人和未来不断增长的人口对耕地资源配置、利用和收益等方面的需求，空间上保证不同地区耕地保护任务上的公平。

第二节　生态系统及生态系统服务理论

生态系统的概念由英国生态学家亚瑟·乔治·坦斯利爵士于 1935 年首次提出。他指出，生态系统是一个系统的整体，这个系统有各种大小和种类，是地球表面上自然界的基本单位，它不仅包括有机复合体，而且包括形成环境的整个物理因子复合体。自此以后，以生态系统理论作为基础的生态学研究逐步形成完整的科学体系，并且从注重生态系统结构研究逐渐向关注生态系统功能及其价值的研究方向发展。

最初提出生态系统服务功能概念的是美国学者 Daily(1997)，他认为生态系统服务功能是指自然生态系统所能维持和满足人类生命需要的自然环境条件和过程，但他更强调自然生态系统提供的各种服务。同年，另一位学者 Costanza 则认为生态系统服务功能是指人类直接或间接从生态系统功能中获得的惠益，并强调自然生态系统和人工生态系统均可提供各种产品和服务。同时 Costanza 等学者根据自然状况将全球生态系统分为远洋、海岸、森林、湿地、河流/湖泊、草原/牧场、荒漠、苔原、冰川/岩石、农田和城市等 16 种土地利用方式，并将生态系统服务及其功能分为大气调节、气候调节、水调节、土壤形成、养分循环、物种控制、食物与原材料等 17 项，同时给出了不同生态系统类型、不同生态系统服务功能的单位面积价值系数，并最终得出结论：1994 年全球生态系统服务功能价值约为 33 万亿美元，是当年全世界国民生产总值的 1.82 倍。文章的发表掀起了生态系统服务功能研究的热潮。之后，得到国际广泛认可的生态系统服务功能分类系统是联合国发布的《千年生态系统评估报告》(Millennium Ecosystem Assessment，缩写为 MA)，该报告将生态系统提供的产品与服务统称为生态系统服务。MA 的生态服务功能分类系统将主要服务功能类型归纳为提供产品、调节、文化和支持等四类功能。产品提供功能是指生态系统生产或提供的产品，调节功能是指调节人类生态环境的生态系统服务功能，文化功能是指人们通过精神感受、知识获取、主观映像、消遣娱乐和美学体验从生态系统中获得的非物质利益，支持功能是保证其他所有生态系统服务功能提供所必需的基础功能。支持功能对人类的影响区别于产品提供功能、调节功能和文化服务功能，是间接的或者通过较长时间才能发生的，而其他类型的服务则相对直接，在时间上对人类是一种短期影响。

图 2-1
MA 的生态系统服务功能划分

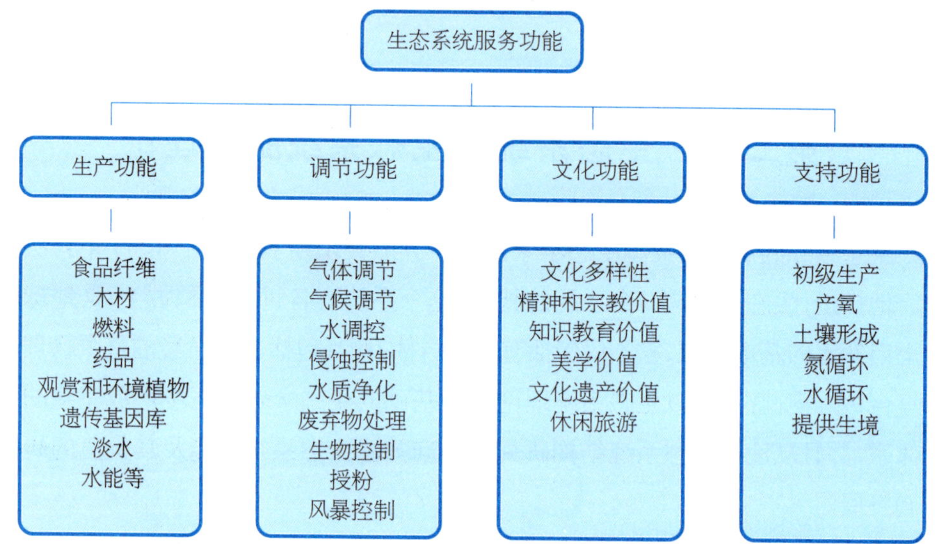

在国外研究基础上，我国很多学者对生态系统及其服务功能的概念、内涵、价值评价方法也进行了系统地探讨。如欧阳志云等人 1999 年就从有机物质的生产、维持大气 CO_2 和 O_2 的平衡、营养物质的循环和储存、水土保持、涵养水源、净化环境等 6 个方面，初步对中国陆地生态系统服务的价值进行了估算。综上所述，尽管目前生态服务价值评估研究的精确程度还有待讨论和商榷，但毕竟在引起大家对生态系统服务功能和价值的重视方面起到不可忽视的作用。

生态系统及其服务功能理论要求我们认识到耕地是一种人工生态系统，其不仅具有生产功能，还在生态服务方面具有多种功能。这样耕地保护的关键就不仅是维持数量不减少和质量不退化了，而且是要维持其生态服务能力不降低，承受的人类活动压力不超出耕地生态系统的承载力。特别是要保护耕地在养分循环、大气和水分调节、抗干扰、废物处理、土壤形成，甚至是文化、休闲娱乐、文化传承等方面的服务功能。但这种生态系统的服务功能往往不能通过市场价格的方式体现，也没有内化为耕地被占用时的成本。因此，在耕地保护时要从生态系统的角度看待耕地的功能及其在社会经济发展中的地位和作用，而且要更加重视耕地生态系统的服务功能，从能量流动和物质循环的角度理解耕地生态系统内部运行机理及与其与外部环境的相互作用过程，从而对耕地内在价值进行重新认识。这样不仅从思想上可以提醒我们要更加重视耕地保护，也有利于我们建立更加合理的耕地保护补偿机制。

第三节 农业的多功能性理论

农业多功能性的产生最初源于国际贸易争端，其目的是设置贸易壁垒，保护农产品国际贸易。农业多功能性这个概念的首次出现是在 1988 年欧盟的一份文件《乡村社会的未来》中。同期，为了保护粮食安全和农业的基础地位，并提高国民对农业的热情，日本政府在“稻米文化”的呼吁中也提到了农业的多功能性。1992 年联合国环境与发展大会通过的《21 世纪议程》在国际层面上正式采用了农业多功能性的提法。《21 世纪议程》的第 14 章将未来的农业发展定义为“基于农业多功能性考虑之上的农业政策、规划和综合计划”。1996 年世界粮食首脑会议通过的《罗马宣言和行动计划》中明确提出将考虑农业的多功能特点，促进农业和乡村可持续发展。1999 年 9 月联合国粮农组织在马斯特里赫还专门召开了 100 多个国家参加的国际农业和土地多功能性会议，会议旨在通过对农业多功能特性、定义、范围、效用、政策含义的讨论，探索和加深对农业与农村可持续发展和土地利用的理解与认识，更好地落实《21 世纪议程》和《罗马宣言和行动计划》，确保农业政策有利于社会、环境和经济之间更好的平衡，同时又不会扭曲生产和贸易。同年，日本颁布了专门的《粮食・农业・农村基本法》，强调农业除具有经济功能外，还同时具有社会功能、生态功能和政治功能等多种功能。目前，农业多功能性概念已经在国际上引起广泛关注。

关于农业多功能的内涵和意义，虽然表述各有不同，但总的来说还是比较一致。一方面是普遍认为农业的社会特性决定了农业具有多重目标，而农业多目标的实现必须由农业功能的多元化来提供支撑，因此农业的多功能是农业本身所特有的。另一方面是希望将农业从单一的经济功能思维中跳转出来，从社会、经济、生态、文化等方面多重定位农业的功能，试图从理论上实现农业定位的大跨越。综合目前各学者的提法，农业的多功能性可大致总结分为四类。第一类是提供食品、纤维等产品产出的生产功能，这是农业最基本的功能。第二类是提供经济收入、就业和社会保障等的经济社会功能，其中的社会保障功能是中国及大多数发展中国家农业的一个特殊功能。第三类是提供调节气候、农村农业景观、维护生物多样性等的生态环境功能。第四类是提供农村农业文化遗传和休闲娱乐等的文化休闲功能，这是近年来才被人们重视的一项功能。农业各功能具有相互依存、相互制约、相互促进的系统性。

表 2-1　农业多功能性的分类

功能分类	功能描述
产品生产功能	提供粮食、蔬菜、水果、肉、蛋、奶等食物及纤维、木材等工业原材料
经济社会功能	提供经济收入、就业、社会保障等
生态环境功能	具有调节气候、保持水土、净化环境、维护生物多样性等正面环境功能；具有资源消耗、环境破坏、降低生物多样性等负面环境功能
文化休闲功能	提供休闲娱乐、传承农耕文化等功能

耕地是农业生产的基本物质条件，是农业生态系统的载体，因此，农业的多功能性在一定程度上是基于土地特别是耕地的多种功能来体现的。联合国粮农组织和环境规划署 1999 年就提出，土地包括以下十大功能：① 储存个人、群体或社会财富；② 生产人类食物、纤维、燃料或其他生物物质；③ 植物、动物和微生物的栖息场所；④ 全球能量平衡和水循环的决定者之一，提供资源和沉淀温室气体；⑤ 规定地表水和地下水的储存和流动；⑥ 人类使用的矿物和原料的储存场所；⑦ 化学污染物的缓冲器、过滤器或调节器；⑧ 提供聚集、工业和娱乐空间；⑨ 保存历史或史前记录(化石、过去的气候证据、人类遗迹等)；⑩ 提供或制约动物、植物和人类的迁徙。在我国现阶段，土地特别是耕地还具有特殊的社会和就业保障功能。因此，耕地的保护不仅要注意保护其经济生产功能，还要保护耕地的社会保障功能和生态服务等功能。

随着农业和土地多功能性理念的不断深化，世界各国，尤其是日本、韩国、欧盟各成员国等农业发达但土地资源比较稀缺的国家，均在农业和土地多功能保护问题上进行了探索和实践。这些国家更加关注农业和土地在自然景观、生物多样性保护、环境整治、水资源、文化和社会等方面的功能和要求。它们普遍通过合理规划农业生产布局和土地规划推动农业综合发展和土地的可持续利用，通过重视科技开发、倡导“生态型”农业、重视农业和土地多功能性的价值评估等措施来促进对土地和农业的保护。

因此，我国的耕地保护，特别是在大城市或者工业化、城市化压力较大的地区，在耕地多功能的开发和利用中要确保耕地农业生产的基本功能，确保粮食的稳定供给，并从社会保障、绿色、环保、休闲和文化等方面树立耕地的多功能保护理念，设计科学合理的耕地保护政策。

第四节　农业区位理论

区位是指人类行为活动的空间，强调自然界的各种地理要素和人类经济社会活动之间的相互联系和相互作用在空间位置上的反映，是自然地理区位、经济地理区位和交通地理区位在空间地域上有机结合的具体表现。区位理论是关于人类活动的空间分布及其空间中的相互关系的学说，是研究人类经济行为的空间区位选择及空间区内经济活动优化组合的理论。

德国经济学家冯·杜能是农业区位理论的创始人，他于 1826 年完成的《孤立国对农业和国民经济之关系》，是世界上第一部关于区位理论的古典名著。杜能提出了“孤立国”理论的前提条件：① 在孤立国中只有一个城市，且位于中心，其他都是农村和农业土地。农村只与该城市发生联系，即城市是“孤立国”中商品农产品的唯一销售市场，而农村则靠该城市供给工业品。② “孤立国”内没有可通航的河流和运河，马车是城市与农村间联系的唯一交通工具。③ “孤立国”是一天然均质的大平原，并位于中纬，各地农业发展的自然条件等都完全相同，宜于植物、作物生长。平原上农业区之外为不能耕作的荒地，只供狩猎之用，荒地圈的存在使孤立国与外部世界隔绝。④ 农产品的运费和重量与产地到消费市场的距离成正比关系。⑤ 农业经营者以获取最大经济收益为目的，并根据市场供求关系调整他们的经营品种。

杜能在“孤立国”理论假设前提下，认为市场上农产品的销售价格决定农业经营的产品和经营方式，农产品的销售成本为生产成本和运输成本之和，运输费用决定着农产品的总生产成本。因此，某个经营者是否能在单位面积土地上获得最大利润，将由农业生产成本、农产品的市场价格和把农产品从产地运到市场的费用三个因素所决定。杜能农业区位论所要解决的主要问题归为一点，就是如何通过合理布局使农业生产能够节约运费，从而最大限度地增加利润。根据区位经济分析和区位地租理论，杜能在其《孤立国》一书中提出六种耕作制度，每种耕作制度构成一个区域，而每个区域都以城市为中心，围绕城市呈同心圆状分布，即“杜能圈”，包括农作区、林业区、谷物轮作区、草田轮作区、三圃农作制区和放牧区。杜能根据假设前提得出的农业空间地域模型过于理论化，与实际不太相符，为了使其区位图式更加符合实际条件，杜能根据市场价的变化和可通航河流的存在对“孤立国”农业区位模式产生的巨大影响，及在孤立国范围出现其他小城市的可能性，对“杜能圈”进行了修正。结果根据大小城市实力和需要形成各自的市场范围，大城市人口多，需求量大，不仅市场范围大，市场价格和地租亦高。相反，小城市则市场价格低，地租亦低，市场波及范围也小。

特大型城市拥有雄厚的二三产业发展基础和巨大的城市化发展用地需求，土地资源的农业生产价值、生态价值与经济价值落差巨大，占用耕地进行非农建设等活动导致耕地流失风险较大。而特大型城市耕地是城市绿色基础设施和空间结构的重要组成部分，不同区位条件下耕地的主要功能不尽相同，应转变思维，从维护区域生态安全和营造怡人景观角度出发，加强耕地布局的规划引导，并制定由城市向郊区差异性、多元化耕地保护激励措施。① 引导城市中心城区耕地与建设区穿插布局，形成若干城市“绿心”，一方面，可以调节城市中心地区的小气候，消除中心地区的热岛效应，降低城市噪声，优化城市的生态环境；另一方面，城市中心地区“绿心”的多样化功能也可以满足人们的休闲娱乐需求，促进城市社会、经济与文化协调发展，为城市发展带来活力。② 城市中心城区周边地区是城市建成区与乡村地区之间过渡地带，受城市发展辐射影响最为深刻，其耕地一般都是长期形成的高产田。伴随着城市化进程，这一圈层往往也是城市空间扩展最受欢迎的地区，土地开发潜力巨大，土地开发利用与耕地保护矛盾突出，耕地的生态隔离，限制城市“摊大饼”式蔓延发展的作用尤为重要。③ 乡村地区耕地广泛集中分布，耕地的生产、生态综合功能价值巨大，应以打造名优特农产品生产基地、保护特色农业景观为重点，提高农产品产能和农业收益，营造农、林协同发展的农业格局，为城市居民提供优质农产品和生态开敞空间。

第五节　公共物品理论

公共物品一词来源于西方，其英文表达为 Public Goods，公共物品的理论主要是研究公共事务方面的问题。早在遥远的古希腊文明时期，著名的哲学家亚里士多德就曾指出:“凡是属于最多数人的公共事物常常是最少受人照顾的事物,人们关怀着自己的所有而忽视公共的事物。”英国古典经济学家亚当·斯密(1720)在其经典著作《国富论》中也提出,由于缺乏激励机制以及“搭便车”行为的存在,私人对于公共物品的提供缺乏积极性,因此,政府应该提供国家安全、环境保护等那些事关国家整体利益但私人不愿提供的公共事物。瑞典经济学家林达尔 1919 年在其博士论文《公平税收》第一次正式提出了“公共物品”概念。现代经济学对公共物品的研究则开始于萨缪尔森(1954、1955、1958)对公共物品性质的分析。萨缪尔森基于公共物品消费上的非竞争性特点,建立了纯公共物品和私人物品的经济分类办法。1954 年,萨缪尔森在《公共支出理论》一文中,对公共物品和私人物品的概念进行了明确的界定,他认为所谓公共物品是指“任何人对该物品的消费,都不会引起其他人对该物品消费减少的物品”,而私人物品是指“对某一种物品加以分割并按照市场价格卖给单个消费者,其消费行为不会产生外部效应”(Samuelson and Nordhaus, 1985)。与萨缪尔森从消费角度对公共物品的研究不同,公共财政学家马斯格雷夫(Musgrave, 1959、1969)则分析了公共物品在收益方面的非排他性特点,科学地指出由于具有非排他性,公共物品的提供成本不能在市场机制下得到有效补偿。

在 Samuelson 以及 Musgrave 研究基础上,巴泽尔提出了准公共物品的概念,对介于纯公共物品和私人物品之间的经济物品进行了研究。布坎南(1965)则根据可分性特征将经济物品进一步区分为不可分性经济物品、部分可分性物品和可分性物品三种类型,提出了具有排他性和非竞争性的俱乐部产品概念。奥尔森在《集体行动的逻辑》一书中也强调了公共物品的非排他性。而奥斯特罗姆(Ostrom)则提出具有非排他性和竞争性的公共池塘型共有资源公共物品概念,更是极大拓宽了公共物品在当代经济研究中的视野。

可见,纯粹的公共物品相对于私人物品具有两个基本特征:消费的非排他性和非竞争性。非竞争性是指一个人对公共物品的消费并不会影响他人同时消费该产品及从中获得的效用;非排他性是指一个人在消费一种公共物品时,不能排除他人消费这一物品,或者排除的成本很高,所有消费者都可同时消费同一个物品。凡是能严格满足以上两个条件的即为纯公共物品,如国防、公共安全、外交等。而现实中有大量的物品不能归为纯公共物品或纯私人物品。其中,一类特点是消费上具有非竞争性,但是却可以较轻易地做到排他,即俱乐部物品;另一类与俱乐部物品相反,在消费上具有竞争性,但是却无法有效地排他,即共同资源或公共池塘资源物品。这两类都可以称为准公共物品。准公共物品一般具有“拥挤性”的特点,即当消费者的数目增加到某一个值后,就会出现边际成本为正的情况,而不是像纯公共物品，增加一个人的消费，边际成本为零。准公共物品到达“拥挤点”后，每增加一个人，将减少原有消费者的效用。公共物品的分类以及准公共物品“拥挤性”的特点为以后探讨公共服务产品的多重性及提供方式提供了理论依据。

表 2-2　物品的基本类型分类

		竞争性	
排他性		低	高
	困难	公益物品 国防、空气等	公共池塘资源 捕鱼、水、土地等
	容易	俱乐部物品 卫星电视信号等	私益物品 食物、汽车、衣物等

按照 Samuelson 和 Musgrave 的传统提法，显然市场机制不能解决公共物品的供给，因此政府供给是公共物品资源的优化配置以及实现帕累托最优状态的有效路径。但以布坎南为代表的公共选择学派则意识到政府供给公共物品会出现一定的低效率现象，并提出了相关的政策建议。但是他们的解决方法总体上是把市场竞争机制引入政府部门内部，并没有扭转公共物品政府供给传统。真正实现研究思路转变的是 20 世纪 70 年代末 80 年代初兴起的新公共管理学派、公共选择学派和新制度学派的观点，这些学派的学者对公共物品的多元主体供给进行了更深入的研究，并提出引入内部市场、民营化、使用者付费、外部契约约束等提高公共物品供给效率的具体制度安排。

耕地被普遍认为具有准公共物品属性，是一种典型的公共池塘资源，当其数量保持一定的情况下，随着人口和人均消费量的增加，不可避免地会陷入供给不足、拥挤和过度使用的困境。而且耕地保护中许多措施和服务，及其所产生的生态和社会效益也具有显著的非排他性和非竞争性，属于一种纯粹的公共物品，因此耕地保护措施的供给会出现激励不足的现象，而使用耕地保护服务的过程则容易产生“搭便车”的问题。可见，公共物品理论是研究如何完善耕地保护措施和体系的重要理论基础。

第六节　外部性理论

外部性(Externality)，也有学者称之为外部效应、溢出效果，最早由剑桥学派著名代表人物亨利·西奇威克和阿弗里德·马歇尔在1890年问世的《经济学原理》一书中提出。马歇尔在论述土地价值产生原因时,将土地公有价值的产生和提高归因于经济社会的发展,从而对经济活动的外部性进行了比较充分的说明。

马歇尔的学生庇古(A. C. Pigou)则在1924年出版的经济学名著《福利经济学》中进一步发展了马歇尔的外部性理论,提出外部不经济和内部不经济概念,形成了相对完善的外部性经济理论分析框架。庇古认为某个经济主体在开展经济活动中给其他经济主体或社会造成了经济损失,而且对于这种经济损失,该经济主体没有付出任何经济代价或成本,则说明该经济主体的经济活动对于其他经济主体或社会而言存在外部不经济。由于这种经济活动外部性的存在,导致自由竞争的市场价格机制使社会资源不能达到社会福利最大化的有效配置,即市场失灵。庇古建议政府可以通过征税或者补贴的方式解决经济活动外部性问题,有时也可以直接采用强制手段,最根本目的是希望经济活动的成本和收益之间关系相一致,从而达到资源配置的帕累托最优。这在理论层面上证明了政府干预经济活动的合法性和重要性,成为鼓励政府采取措施校正市场配置无效率或低效率的重要经济理论基础。

另一位著名的制度经济学家科斯(1960)从经济稀缺资源产权界定方面对经济活动外部性进行了研究,并在其经典论文《社会成本问题》中提出交易成本概念范畴,同时指出庇古等人的分析在方法上存在根本性的缺陷。科斯认为直接的政府管制未必比让市场和企业自己解决问题的效果更好,而且如果交易成本为零,在经济资源私有产权界定清晰的条件下,市场机制能够有效地实现资源的最优利用,即所谓的科斯定理。

鲍莫尔(Baumol)和奥茨(Oates)(1988)从外部性产生的原因方面对外部性的概念进行了界定,并认为经济活动的外部性存在于以下两个方面:一是当某经济主体社会福利(效用或利润)的决定变量来自自身资源以外的因素,而这些因素在行为开展时并没有考虑到对该经济主体的影响,此时就会出现外部性;另一个方面在不存在外部刺激的情况下,某经济主体不会采取积极主动的经济活动以实现帕累托意义上的社会福利改进,此时外部性也会发生。

虽然外部性概念的定义问题至今仍然是一个难题,但不可否认外部性确实存在于我们的生活中,且大致有以下特点:第一,它是经济活动中的一种溢出效应,这种溢出效应不是影响者自愿接受的,而是由对方强加的;第二,由于外部性存在,经济主体的全部成本不能由价格完全反映,经济活动对他人的影响并没有反映在市场机制的运行过程中,而是在市场运行机制之外;第三,外部性不可能完全消除,尤其对于开放的生态系统而言，通常其影响力和影响范围都比较大。因此，资源的配置上也不可能实现理想的帕累托最优境界，只能寻求次优的解决方案。

从外部性理论可以看出，耕地保护具有非常显著的正外部性，耕地保护的社会效益大于私人效益。一旦划定耕地保护区后，耕地保护区内、区外都能共享耕地的生态服务和休闲、景观功能，以及粮食安全和社会保障等功能。这种功能或者说效益的外溢性和非排他性，使耕地保护的成本承担和收益享用主体产生错位。耕地保护政策以及保护区的划定使得耕地保护的主体——农户和地方政府，可以获得农产品等“经济效益”和社会保障方面效益，但不能享有耕地非农转用的经济效益，且必须承担全部的耕地保护费用。同时，耕地的一些生态外部效益被周围和其他地区的人们无偿地享用了。由于农业比较利益的低下，农户和地方政府进行耕地保护时并没有太高的积极性。即市场机制不能自动引导以效益最大化为目的的农户和地方政府有效地进行耕地保护，产生市场失灵。另一方面，耕地如果被占用了，应该给予耕地正外部性提供方——集体和农民以适当的经济补偿，这样才可以体现社会的公平，促进社会整体福利的提高。但实际中耕地的社会价值和生态价值没有得到很好的体现，无法通过切实的手段进行补偿。这就导致耕地占用所付出的代价并没有显现出来，且远小于其实际应该补偿的价格。于是，地方政府在经济利益驱动下，占用大量优质耕地，导致耕地面积不断减少，进而对国家的粮食安全、生态安全和社会稳定产生严重威胁，即政府失灵。可见，耕地保护的有效实施需要为耕地保护者提供各方面的激励，对不合理利用耕地行为进行监督和惩罚。政府在耕地保护制度设计中需要考虑尽量显化耕地保护的外部性，使耕地保护者付出的保护成本和收益相平衡，以提高其保护耕地的积极性。另一方面，也可以通过明晰和细化耕地产权，明确耕地权利归属人的责、权、利，通过市场机制实现社会福利的最大化。

第七节　产权理论

产权是财产权或财产权利的简称，产权现象的发生和发展源于人与人之间财产关系的演化。最早的产权现象出现在奴隶社会，具体表现为国家制定专门的法律，用于加强对奴隶主拥有的土地和奴隶的保护。到了封建社会，产权现象仍集中体现为对所有权的保护，但也存在对商品交换、土地租佃和民间信贷等简单财产关系的规范。在资本主义社会，市场经济迅猛发展，人们之间的财产关系日益复杂化，产权现象也随之多样化，新的权利被设定和保护。“产权”概念也由此成为西方经济学界关注的焦点。

关于产权的内涵，不同学者从不同学科角度和不同侧面进行了诠释。最初将产权引入经济学分析的是康芒斯等人。康芒斯 1934 年的《制度经济学》一书认为，市场中的冲突源于交易，而克服交易冲突并在相互依存中建立和谐秩序的根本在于界定产权，并在法律上使产权更为明确。

罗纳德·科斯于 1937 年发表的《企业的性质》和 1960 年发表的《社会成本问题》是现代产权理论的经典著作。科斯产权理论发端于对制度含义的界定，并通过对产权的定义分析由此产生的成本及收益。科斯认为：“一切经济交往活动的前提是制度安排，这种制度实质上是一种人们之间行使一定行为的权力。”因此，经济分析的首要任务是界定产权，明确规定当事人可以做什么，然后通过权利的交易达到社会总产品的最大化。同时科斯还指出，没有产权的社会是一个效率绝对低下、资源配置绝对无效的社会。能够保证经济高效率的产权应该具有以下的特征：明确性、专有性、可转让性和可操作性。

之后，登姆塞茨(Demsetz)《关于产权的理论》一文认为，产权是一种社会工具，其重要性就在于事实上它们能帮助一个人形成他与其他人进行交易的合理预期。这些预期通过社会的法律、习俗和道德得到表达。产权包括一个人或其他人受益或受损的权利。当内在化的收益大于内在化成本时，产权就会产生，外部性就会内在化，而内在化的增加一般会导致经济价值的变化。

阿尔钦(Alchian)更强调产权是一种选择的权利，而不是一种人为性限制。他认为，产权是一个社会所强制实施的选择一种经济品的使用权利。产权不是人与物之间的关系，而是指由于物的存在和使用引起人们之间一些被认可的行为性关系。社会中盛行的产权制度便可以被描述为界定每个人在稀缺资源利用方面地位的一组经济和社会关系。产权安排确定了每个人相应于物时的行为规范，每个人都必须遵守他与其他人之间的相互关系或承担不遵守这种关系的成本。该定义表明资源的稀缺性是产权和产权制度诞生的前提和基础，产权受到社会法律制度等的保障，而产权不仅体现人与物之间的关系，还体现人与人之间的经济、社会关系。

巴泽尔(Y. Barzel, 1967)认为，个人对资产的产权由消费这些资产、从这些资产中取得收入和让渡这些资产的权利或权力构成。但他同时强调，产权不是绝对的，而是能够通过个人的行动改变的。产权的界定是一个演进过程。随着新的信息的获得，资产的各种潜在有用性被技能各异的人们发现，并且通过交换他们关于这些有用性的权利而实现其有用性的最大价值。

尽管不同学者关于产权的定义存在种种差异，但总的来说有以下一些共识。首先，产权是社会生产力发展到一定阶段的必然产物。其次，产权是一种权利，并且是一种排他性的权利。再次，产权是规定人们相互行为关系的一种规则，其核心功能是使人的权利与责任对称。最后，产权是一种权利束，它可以分解为多种权利并统一呈现一种结构状态。无论人们怎样不同地刻画这一权利束的内部结构，但在承认产权包含广泛内容这一点上是一致的。

由此可见，产权是指由法律等正式规则以及习俗、道德等非正式规则界定和表达的，得到人们相互间认可的关于财产的权利，它能激励人们将外部性内在化，对人们的行为会产生激励和约束效应。现代产权经济学将产权变量引入经济学的整体框架中，并以此成功地分析和解决了不少具体的经济问题。明晰的产权可以引导人们将外部性内部化，帮助人们形成与其他人进行交易时的合理预期，从而减少不确定性，激励产权主体为了自己的利益而努力。这种激励可以规范产权主体的行为，进而提高资源的配置效率。

耕地作为具有外部性特征的稀缺资源，是我们最基本的物质基础和生产资料。一般而言，土地产权包括土地所有权及由土地所有权派生的土地占有权、土地使用权、土地收益权和土地处分权。然而在我国农村集体所有的土地公有制和家庭联产承包制的背景下，模糊的耕地产权必然增加保护耕地的交易成本，并削弱对耕地保护主体的激励和约束作用，导致资源的不合理利用。市场经济和城乡一体化的发展要求耕地所有权、经营权和收益权等权利进一步分离，在耕地保护和农地农用的基础上提高耕地资源配置效率。因此，耕地保护需要根据社会经济发展形势和阶段发现和界定新的耕地产权主体，只有当明确产权主体所拥有的权益之后，才有利于产权主体更好地实施耕地保护并享有耕地保护收益。也只有这样，作为耕地所有主体的集体和承包经营权主体的农户才有与政府和各利益集团对等的地位，才能保护自己在耕地上的收益权和开发权不受到侵害。

第八节　委托代理理论

委托代理理论是制度经济学的分支理论之一，产生于 20 世纪 30 年代。主要代表人物有美国经济学家伯利和米恩斯等人。伯利和米恩斯等人注意到在传统企业中企业所有者同时是企业的经营者，但这种做法不利于企业规模的扩大和效率的提高，应该通过改革改变传统企业中普遍存在的企业经营者和所有者集于一身的现状,并把这种观点归纳为“委托代理理论”。之后,罗斯系统地提出了现代委托代理理论,并认为“如果当事人双方,其中代理人一方代表委托人一方的利益行使某些决策权,则代理关系就随之产生”。20 世纪 80 年代以来,委托代理理论逐渐发展,先后提出了重复博弈的委托代理模型、委托人道德风险和多代理人模型、多任务委托代理模型、多个委托人模型、最优委托权安排模型等等。

委托代理理论的主要观点认为: 委托代理关系是指一个或多个行为主体根据一种明示或隐含的契约,指定、雇佣另一些行为主体为其服务,同时授予后者一定的决策权利,并根据后者提供的服务数量和质量对其支付相应的报酬。其中,授权者就是委托人,被授权者就是代理人。

委托代理关系是随着生产力大发展和规模化大生产的出现而产生的。其主要原因在于: 一方面生产力发展使得分工进一步细化,权利的所有者由于知识、能力和精力的原因不能行使所有的权利了;另一方面专业化分工产生了一大批具有专业知识的代理人,他们有精力、有能力行使好被委托的权利。现在,我们的世界,不管是经济领域还是社会领域,都普遍存在委托代理关系。

当委托代理关系以契约合同形式联合在一起的时候,委托人就要面临两个约束条件: 一是参与约束(participation constraint),即如果要使得代理人有积极性接受委托人的契约合同,则代理人在该契约下得到的效用必须不小于他在不接受该契约时得到的最大效用; 二是激励相容约束(incentive compatibility constraint),即代理人接受委托人的契约合同后,从委托人所希望的行动中所获取的效用必须大于他在可能选择的其他行动中得到的效用,这是代理人努力工作的必要条件。

但实际委托代理的过程中,委托人和代理人追求的目标并不一样。而且在具体执行契约时,委托人也不能直接观测到代理人选择了什么样的行动,只能观测到一些因为代理人的行动和其他外部因素引起的结果,充其量只能是代理人行动的不完全信息。同时这种不完全的信息往往还是单向的,即代理人通常情况下知道委托人的全部信息,而委托人却无法完全获得代理人的努力程度和决策行为等相关信息。加之代理人的有限理性和机会主义倾向,会产生对委托人不利的道德风险(moral hazard)和逆向选择(adverse selection)。道德风险是在交易发生后,有信息优势的代理人可能利用信息不对称故意便利自己而损害委托人利益。逆向选择是在交易前,信息居于劣势的交易方不能正确选择高质量的交易对方,发生类似“劣者驱逐良者”的现象。

因此,在没有有效的制度安排下,代理人的行为很可能最终损害委托人的利益。所以,委托代理理论的主要任务就是在利益相冲突和信息不对称的环境下,研究委托人如何设计出最优的契约来最大限度地激励代理人的积极性,或者对代理人的表现进行一定的奖惩,最终达到委托人自己的目的。这类问题也被称为“激励机制设计”或者机制设计。激励机制可以分为两类:一类是内部机制,即委托人合理制定代理人报酬,使之与其行为结果挂钩,并对代理人的行为进行监督;一类是外部机制,是指代理人之间的竞争机制,形成代理人市场,制约代理人道德风险和逆向行为,对代理人起到自我约束和自我监督的作用。

《中华人民共和国土地管理法》第 31 条规定:“国家保护耕地,严格控制耕地转为非耕地。”但国家是一个抽象的集合,国家的权能和义务只能由中央政府代表行使。面对数量巨大的、分布地域广阔的耕地,中央政府不可能直接实行对耕地的管理和监督工作,只有将其委托给地方政府来进行。这样一来,中央政府与地方政府之间就形成了一种委托代理关系,前者是委托人,后者是代理人。另一方面,农户通过各种承包关系获得集体所有的耕地来进行农业生产也会产生一种委托代理关系。这样,村民集体经济组织和地方政府作为委托人,将耕地委托给代理人,也就是农户来经营,农户便有义务对相应的耕地进行合理的经营和保护。

现实环境中,中央政府、地方政府和农户之间不可避免地存在信息不对称,中央政府想精确地观察、监督各级地方政府、农户从事耕地保护工作的努力程度是很困难的。同时,中央政府、地方政府和农户在耕地保护上的目标也不一样。中央政府代表国家实行耕地保护制度的最大化目标是保障国家粮食安全、生态安全以及社会经济的可持续发展。而地方政府的主要目标是在不损害中央政府利益的前提下,发展本地经济、增加地方政府官员的收益(包括职务升迁、表彰奖励)等。农户的目标则是实现其利益的最大化。理论上而言,委托人希望代理人满足其保护耕地的目标则必须满足两个约束:地方政府(或农户)必须感觉到在实施耕地保护中能够获得的收益要大于在不实施耕地保护时所得到的最大收益;地方政府(或农户)从实施耕地保护中得到的期望效用水平大于在实施其他制度或行为时得到的期望效用水平,也就是说实施耕地保护对于地方政府(或农户)而言必须有利可图。

现实环境中,耕地保护委托代理关系在信息不对称和目标利益不一致的情况下,地方政府(或农户)在耕地保护时很可能会发生道德风险和逆向选择行为,代理人可以不按照合约规定保护耕地,将土地资源用于最能增加自己财富的投资项目,增大委托人的机会成本。在极端的情况下,代理人也可以采取完全利己的行为,违规使用土地,在谋取个人利益的同时损害委托人——国家或中央政府的利益。此外,我国目前耕地保护中的委托代理关系是基于上下级政府之间的行政隶属关系或者政府与农户之间的行政命令关系建立起来的，而非委托人与代理人之间以平等身份通过正式谈判建立起来的。因此，地方政府(或农户)既无其他代理人(同级政府)竞争的威胁，也无须特别担心耕地保护工作不力而影响自身利益，更不必顾忌委托人行使“退出权”进行惩罚。因此，国家耕地保护目标的实现不仅依赖于代理人的行动，还取决于契约中激励机制的制定、耕地保护行为的监督机制、彼此的信任等多个方面。

参考文献

[1] A A 阿尔钦. 产权：一个经典注释[A]. 载 R 科斯，A 阿尔钦，D 诺斯等著：财产权利与制度变迁——产权学派与新制度学派文集[M]. 上海：上海三联书店，上海人民出版社，1994.

[2] A C Pigou. 福利经济学[M]. 陆民仁译. 台北：台湾银行经济研究室，1971.

[3] Arthur George Tansley. The early history of modern plant ecology in Britain [J]. Journal of Ecology, 1947, 35,130-137.

[4] Coase R H. The Nature of the Firm [J]. Economica, 1937, 4(16).

[5] Coase R H. The problem of the social cost [J]. Journal of Law and Economics, 1960, 3.

[6] Commons J R. Institutional Economics [M], University of Wisconsin Press. 1934.

[7] Daily G C. Nature Services: Societal Dependence on Natural Ecosystems[C], Island Press, Washington D. C, 1997.

[8] Demsetz Harold. Towards a theory of property rights [J]. American Economic Review, 1967, 57(2).

[9] FAO. FESLM: An International Framework for Evaluating Sustainable Land Management. World Soil Resources Report[Z]. Rome, Italy: FAO, 1993.

[10] H Renting, W A H Rossing, J C J Groot, et al. Exploring Multifunctional Agriculture: a Review of Conceptual Approaches and Prospects for an Integrative Transitional Framework [J]. Journal of Environmental Management, 2009, 90(1): 1-12.

[11] J M Buchanan. An Economic Theory of Clubs [J]. Economica, 1965, 32(125): 1-14.

[12] Marshall A. Principles of Economics [M]. London: Macmillan, 1920.

[13] Millennium Ecosystem Assessment Ecosystems and Human Wellbeing: A Framework for Assessment [M]. Washington DC: Island Press. 2003.

[14] O'Connor D, Renting H, Kinsella J, et al. Driving Rural Development: Policy and Practice in Seven EU Countries [R]. European Perspectives on Rural Development, 2006.

[15] OECD. Multifunctionality: towards an analytical framework [R]. Paris, 2001.

[16] P A Samuelson. Contrast between Welfare Conditions for Joint Supply and for Public Goods [J]. The Review of Economics and Statistics, 1969, 51(1): 26-30.

[17] P A Samuelson. Diagrammatic Exposition of a Theory of Public Expenditure [J]. The Review of Economics and Statistics, 1955, 37(4): 350-356.

[18] P A Samuelson. Pitfalls in the Analysis of Public Goods [J]. Journal of Law and Economics, 1967, 10: 199-204.

[19] P A Samuelson. The Pure Theory of Public Expenditure [J]. The Review of Economics and Statistics, 1954, 36(4): 387-389.

[20] R A Musgrave. The Voluntary Exchange Theory of Public Economy [J]. Quarterly Journal of Economics, 1939, 53(2): 213-237.

[21] R H 科斯. 社会成本问题. 见[美] R H 科斯,A A 阿尔钦,D C 诺斯等. 财产权利与制度变迁[M]. 刘守英译. 上海: 上海三联书店,上海人民出版社,2005: 358.

[22] Robert Costanza, Ralph Arge, et al. The Value of the World Ecosystem Services and Natural Capital [J]. Nature, 1997, 387(6): 253-260.

[23] S E Holtermann. Externalities and Public Goods [J]. Economica, 1972, 39(153): 78-87.

[24] S Ross. The Economics Theory of Agency: the Principal's Problem [J]. American Economic Review, 1973(63): 134-139.

[25] The World Bank. World Development Report 2008: Agriculture for Development [R]. 2007.

[26] WECD. Our Common Future [M]. New York: Oxford University Press,1987.

[27] Y. 巴泽尔. 产权的经济分析[M]. 费方域等译. 上海: 上海三联书店,上海人民出版社,1997.

[28] 埃莉诺·奥斯特罗姆. 公共事物的治理之道——集体行动制度的演进[M]. 余逊达、陈旭东译. 上海: 上海三联书店,2000.

[29] 保罗 A 萨缪尔森,威廉 D 诺德豪斯. 经济学[M]. 高鸿业等译. 北京: 中国发展出版社,1992 年.

[30] 鲍莫尔. 福利经济及国家理论[M]. 北京: 商务印书馆,1982.

[31] 伯利,米恩斯. 现代股份公司与私有财产[M]. 台湾: 台湾银行出版社,1982.

[32] 陈百明,张凤荣. 中国土地可持续利用指标体系的理论与方法[J]. 自然资源学报. 2001, 16(3): 197-203.

[33] 陈秋珍,John Sumelius. 国内外农业多功能性研究文献综述[J]. 中国农村观察,2007,(3): 71-79.

[34] 郭贯成. 集体土地产权流转及其市场体系研究[D]. 南京农业大学博士学位论文,2008.

[35] 科斯. 社会成本问题[A]. 财产权利与制度变迁[C]. 上海: 上海三联书店,1994.

[36] 科斯. 论生产的制度结构[M]. 上海：上海三联书店，1990.
[37] 马文博. 利益平衡视角下耕地保护经济补偿机制研究[D]. 西北农林科技大学博士学位论文，2012.
[38] 马歇尔. 经济学原理(上卷)[M]. 北京：商务印书馆，1981.
[39] 曼瑟尔·奥尔森. 集体行动的逻辑[M]. 陈郁，郭宇峰，李崇新译. 上海：上海人民出版社，1994.
[40] 欧阳志云，王效科，等. 中国陆地生态系统服务功能及其生态经济价值的初步研究[J]. 生态学报，1999，(5)：607-613.
[41] 孙新章. 新中国 60 年来农业多功能性演变的研究[J]. 中国人口·资源与环境，2010，20(1)：71-75.
[42] 肖屹. 失地农民权益受损与中国征地制度改革研究[D]. 南京农业大学博士学位论文，2008.
[43] 许恒周. 市场失灵与农地非农化过度性损失研究[D]. 南京农业大学博士学位论文，2008.
[44] 詹姆斯 E 安德森. 公共决策[M]. 唐亮译. 北京：华夏出版社，1990.
[45] 詹姆斯 M 布坎南，理查德 A 马斯格雷夫. 公共财政与公共选择：两种截然对立的国家观[M]. 类承曜译. 北京：中国财政经济出版社，2000.
[46] 詹姆斯 M 布坎南. 公共物品的需求与供给[M]. 马珺译. 上海：上海人民出版社，2009.
[47] 张维迎. 博弈论与信息经济学[M]. 上海：上海三联书店，上海人民出版社，1996.
[48] 中国 21 世纪议程[M]. 北京：中国环境科学出版社，1994.

第三章

国外和台湾地区的农地保护经验[①]

第一节 美国的农地保护

尽管美国的农地,特别是耕地资源总量和人均资源占有量远远超过我国,但也面临着十分突出的耕地保护问题(更广义的可以拓展为农地保护)。20 世纪 30 年代以前,美国地方政府期望把出售土地作为其收入的主要来源,满足工业化、城市化的需求。1785 年颁布了第一个《土地法令》,拉开了开发中西部大平原的序幕,随后又相继进行了一些土地法令的修改,先后通过 1796 年《土地法》、1862 年《宅地法》、1880 年《土地法》、1841 年《先占权法》、1854 年《地价递减法》、1873 年《育林法》、1877 年《荒地法》,这些法令都直接或间接地促进了土地的私有化和集中,导致在美国工业化、城市化的进程中,大量的优质农地被侵吞,自然资源受到严重的破坏和浪费,城市开始出现严重的环境污染。直到 1934 年的"黑风暴"才使得美国政府注意到了农地保护的重要性。但美国的政治体制和宪法将土地使用的管理权赋予各州,大多数州又将管理土地使用的大部分权力下放给地方政府,这种权力下放将土地使用决定权都交给了地方政府。因此,在农地保护方面,联邦政府只能通过一些农业政策、税收等项目为州和地方政府提供贷款、补助金等来影响农地利用和转用,并支持农地保护。担负着全国性农地保护职能的只有全国性的一些非营利组织,但它们也只是起一些服务和辅助功能。具体手段上,美国各州和地方政府通常运用的农地保护政策工具主要有:针对农场出台法规(如农场权利法,Right-to-Farm Laws 等)、区划政策(Agricultural Protection Zoning, APZ)、综合规划

① 由于其他国家和地区的土地分类体系并不一致,因此本章主要从整个农业用地保护角度进行分析和总结。

(Comprehensive Planning)、土地价值差别评估(Differential Assessment)、税收救济政策(Tax Relief)、地役权购买项目(Purchase of Agricultural Conservation Easement Programs, PACE)和可转移的开发权(Transfer of Development Rights, TDR)等。

一、美国的农地保护法规

1935年美国将土壤侵蚀局划归农业部,并改名为土壤保护局,正式承担起了农地保护的责任。1955年,美国政府又设立了土地利用委员会,其职能就是致力于依靠综合政策和法律,来保持优质耕地的数量及其应有的价值。

1936年2月,国会通过了《土壤保护和国内配额法》,该法将农作物分为"消耗地力的"(如谷物、棉花、烟草等)和"增强地力的"(包括豆科作物和牧草)。要求农场主少种消耗地力的农作物,并给专门种植增强地力的作物的农场主以补助,从而把土壤保护和收入政策紧密结合起来。

1956年提出了《土壤储备计划》,它的目的是要通过短期和长期两种休耕计划减少过剩农产品的生产,以达到"保护和增加农场收入,保护土壤、水、森林以及野生动物等自然资源不被浪费和破坏的目的"。这个计划包括两个方面的内容:① 耕地面积储备计划。农场主休耕一部分"主要农产品"土地,政府则对农场主的损失给予补贴,该计划为期3年。② 土壤保护储备计划。农场主在1956—1960年期间同政府签订土地退耕计划,合同有效期为3—5年不等。

1966年6月,美国出台了《优质耕地牧地及林地保护法》,其中包含了6项有关优质耕地保护的重要政策:一是在城市扩展中,必须保护优质耕地。二是统筹评估和安排每个主要城市的建设用地规模,确保优质耕地、放牧地及林地的基本拥有数量。三是强调储备国家耕地、牧地及林地的必要性,并且提出了储备总量的基本规模。四是联邦政府与各州地方政府及全国各大学合作,共同确定耕地的适当使用数量,坚决阻止不受限制地占用耕地。五是美国政府各部门在制订城市各种功能的发展计划时,必须充分考虑优质耕地保护规划,不能为单纯追求城市的规模和功能而超规划随意占用耕地等。

1981年《美国农地保护政策法》认为农地大程度的降低是由联邦项目引起的不必要的农地转用,所以要"限制联邦项目将农地不必要地转化为非农用地的促进程度",并据此将全国的农地划分为四大类,即基本农地、特种农地、州重要农地和地方重要农地。1985年《食物安全法》第七章则专门规定要进行土壤保护,并为此制定了两个计划：草地、沼泽地保护计划和土壤保护储备计划，让遭到严重侵蚀的土地全部退出耕种，实施土壤保护，改良土壤，提高地力。

1996 年通过了《联邦农业发展与改革法》，其重要内容之一就是修订有关环境保护条款，使可耕备用地计划适应市场的变化。在新农业法支持下，农场主可根据市场情况，决定将部分符合耕作条件的土地作为保护地而获得备用地保护计划的补贴。2000 年出台了《农业风险保护法》，则通过限制在基本农田和特殊农田的非农化利用，来保护土壤的生产能力。

2002 年的农业法案《2002 年农场安全与农村投资法案》强调了保护耕地，并将保护计划分为以下六部分：保护安全计划、土壤保护储备计划、耕作土地计划、农地保护计划、小流域复原计划和其他保护计划。增加了对环境质量激励计划的资助，制定新的保护安全计划，通过生产者支付鼓励生产者采用或维持有利于资源保护的生产管理措施，扩大土地休耕计划，尤其重视对湿地的保护，扩大对农地保护的资助，制定新的草地保护计划，帮助土地所有者恢复和保护草地。而且 2002—2007 年 6 年内增加 171 亿美元用于保护计划的资助预算。

与联邦政府相比，各州政府及地方政府的耕地保护行为更加具体、详细，许多州制定了耕地使用价值税法、农用土地精细安排法、城市公园用地法等地方法规，以此来保护本州的优质耕地不被占用。如 1965 年加州土地保护法、1974 年密歇根农地和开敞空间保护法和 1964 年新泽西农地评价法等。

二、美国的土地评价、分类和监测

1. 土地评价

科学地评价土地是合理开发利用和有效保护治理土地资源的基础。在全国性土地普查的基础上，美国科学家创立了具有很高实用价值的土地能力分级标准，用以表示土地适于耕种和限制利用的程度。美国的农场、牧场乃至整个国家，都以土地能力分级作为合理安排或调整土地利用的重要依据，在确保土地合理利用的前提下，最大限度地发掘土地的生产潜力。

20 世纪 30 年代初，针对严重的水土流失，美国初步提出了土地利用潜力分类系统(LCC)。之后，20 世纪 40 年代又在强调对土地利用起限制作用的主要因素基础上，以主要限制因素类型作为在同一等内进一步分级(subclass)的依据。到 20 世纪 50 年代后期，又在同一级内(限制因素类型相同)，根据生产利用上的相似性续分出单元(unit)。后经演变，1961 年正式提出土地潜力分类系统，并成为国际上第一个土地评价工作系统。这个系统可以对所属土地进行生产潜力评价,为以后的农场、城市和区域规划提供重要的基础性资料。LCC 是农业目的的解释性分类系统,共包括Ⅰ—Ⅷ级。可耕地的分类根据有效土层厚度、表土结构和无霜期等土地持续生产一般农作物的潜力与所受限制程度划分。不宜耕种的土地,则以生产当地原有植物的潜力和限制程度及在经营不当时可能引起的土壤破坏的危险性作为划分依据。一般认为,Ⅰ、Ⅱ、Ⅲ级是适宜耕种的,Ⅳ级是有条件宜耕,Ⅴ、Ⅵ和Ⅶ级有时适用于特种作物生产。

此后,美国农业部土壤保护局于 1981 年率先提出了应用于农地保护的"土地评价和立地分析系统"(LESA),它首先在伊利诺伊州和华盛顿州应用实践,而后被广泛地应用到各州的农地保护评价中。土地评价和立地分析系统由土地评价子系统和立地分析子系统两部分组成:① 土地评价子系统由土地利用潜力分类、重要农田鉴定和土壤生产力评价三部分组成。土地利用潜力分类是根据土壤对大田作物或牧草的限制性将其分为 8 个等级 4 个亚级,土地亚级表示土地限制因素类型,如侵蚀、水涝、土壤和气候。重要农田鉴定主要是按照生产粮食、精饲料、纤维和油籽作物的适宜性对土壤进行评价。土壤生产力评价则是以高水平经营管理下某一作物的预期产量为依据,评价内容可包括土壤潜力、克服限制因素的措施、应用这些措施的费用以及采取这些措施后存在的限制因素,它是土地利用潜力和重要农田鉴定的细化,是作为更加广泛地评定土壤价值的方法。② 立地分析子系统是用于鉴别除土壤以外的有助于一个地区保留适宜农业的土地的其他种种因素,如位置、相应的土地利用规划和税收政策。

2. 土地分类

在土地评价基础上,美国土壤保护局(SCS)与其他机构合作,进行了重要农地清查工作。它把重要农地划分为基本农地、特种农地、州重要农地和地方重要农地等 4 种。

(1) 基本农地

基本农地是指现行农业生产方式和管理水平下,最适宜于生长粮食、饲草、纤维和油料作物,并以少量能量和资金投入、极小的环境代价,便可形成高产的土地。它具有良好的土壤质量、足够长的生长季节和可靠的水分供应能力,以保障经济地、持续地满足当地作物生长所需。基本农地的现行利用可以是耕地、草地和林地,但不是现在的城市用地和水体。

基本农地的界定标准是土壤特性。它是指有充分、可靠的水分供应(来自降水、灌溉),无过湿现象,也不易遭受洪涝灾害;pH 值适中;有良好的通气性和渗透性;虽然有石砾存在,但不影响机械作业;也没有太大侵蚀危险的一类土地。这也是美国早期基本农地界定的立足点。除此之外,美国人认为基本农地的定义还应更充分地考虑区位和机会成本,因此,美国基本农地界定上还有两个重要标准,即时间上所处阶段和空间上表现的区位。美国基本农地包括 LCC 中所有Ⅰ级土地、80%以上Ⅱ级土地和部分Ⅲ级土地。

(2) 特种农地

特种农地是生产特定的高价值粮食、纤维和特种作物的土地。它具有区位、生长季节、土壤质量和水分供应的特殊组合,使其对特定作物具有高度适宜性。例如种植柑橘、橄榄、鳄梨等水果的土地,以及一些蔬菜地。虽然它常常不是上等的土地,但仍是非常重要的。

(3) 州重要农地

州重要农地的内涵相当广泛。根据不同州关注兴趣,州重要农地有所不同,一些州可能关心土地利用能力分级系统中所有农地,一些州可能把那些将可以获得灌溉的农地称作州重要农地,有的州可能关注土地利用容易变更的土地。

(4) 地方重要农地

地方重要农地是指那些有很好的利用和环境效益,而被鼓励继续用于农业生产的其他土地。如当地感兴趣的整个农地或开敞空间的整个走廊地带。

要指出的是,美国农业部规定的基本农地有其特定的内涵,但并不是所有各州立法均基于这个定义,基本农地划分结果即使在同一地域也会有差异。具体基本农地划定是以州、县为基础的,州、县对基本农地划定与保护的关心程度,大体上是和该州、县质量好的农地损失的速度,以及这种损失对该州、县经济影响的大小有很重要的关系。联邦农业部土壤保持局,主要是协调、帮助地方工作。纽约州就定义用于农业生产的土地为 7 公顷以上,前两年生产农作物和畜产品,或畜产品总值不低于每年 1 万美元的土地。

3. 土地监测

为了保护好这些符合标准的耕地,美国政府还注意对农地质量变化的监测。特别是 80 年代以来,随着卫星通信技术、电子计算机技术及遥感技术的迅猛发展和广泛应用,美国逐步将遥感、地理信息系统(GIS)及专家系统运用于农地动态监测和农地保护当中。1975 年,土壤保持局就选择了 122 个县作为重要农地清查的首批县(几乎每个州至少有一个县),并与州、地方协商制图单元。1981 年开始,土壤保持局对土地利用变化较快的 150 个县进行连续监测，并要求执行机构每 5 年重新测算面积和制图。

三、美国的土地规划和区划

为了保护好符合标准的耕地，政府一方面定期评估土地质量的变化，另一方面还成立了专门机构编制土地保护规划，划定耕地保护边界，标明优质耕地的区位及边界，利用联邦政府或州政府的警察权(police power)规定优质耕地保护区内土地的各种用途，以防止农地向高价格土地用途转移，防止城市扩展对其占用。这是美国采用最广泛、最普遍，也是最早的政策工具。

美国的土地规划又被称为"非永久性宪法"，即根据不断变化的发展趋势来定期修订。而且美国国土规划是自下而上的，地方政府的国土规划最具体、最详细，州级规划次之，到联邦这一级时，则只有政策性指导。区划和规划法规具有法律效力，通常由地方规划委员会制定，提交地方政府审议通过后实施，并在实施后根据需要修改、调整。州政府农业部门的农地保护专家一般根据城市化发展的趋势将土地划分为四个层级：第一级是已城市化的土地，第二级是正在和未来 50 年内将要城市化的土地，第三级是 100 年内可能会城市化的土地，第四级是边远乡村的土地。政府将保护的重点放在第三级和第二级，如采取把农地的开发建设权利买断，达到限制农地非农化的目的。

规划控制的具体实施有三种方式。一是地方政府在规划条例中划定农业区和城市建设区，农业区的划定一般要参考农地的区位、水热状况和生产潜力，农业区内的农地必须保持农业用途，一切建设活动将受到政府的严格限制，并在编制总体规划时，注意避免基础设施建设占用农地。二是一些州政府通过法律划定城市的发展边界或城市建设区，禁止城市建设超出法定的边界，间接保护了城市发展边界外的农地。三是一些州政府通过农业区域法，将大量连片的优质农地(包括基本农地和特种农地)依法划定为农业区域(Agricultural Zoning, AZ)，区域内的所有农地只能用于农业用途，并给予农业区域内的农业生产各种政策优惠，保护农民发展农业的积极性，而且防止城市发展将农业区域兼并，避免了农地被其他住宅开发分割为零碎的区块，从而达到保护农地的目的。如《农地保护政策法》中规定的基本农地和特种农地禁止改变用途；州重要农地和地方重要农地可以有条件改变用途。规定在农业区域内，只准进行农业生产或者与农业生产有关的活动，严禁修建住宅和发展其他城市基础设施。或者对农田上建造房屋的数目进行限制。农业区划还可以与农场权利法、优惠不动产税评估和城市增长边界管理等措施相配合实施，在耕地保护上发挥综合作用。

如密歇根州肯特县阿尔派镇(Alpine Charter Township, Kent County)农业区划管制主要是为了使该镇域范围内适宜生产各类食物和纤维的土地能够得到保持，不会被妨碍农业经营、消耗农业土地等不适宜的土地利用方式所侵蚀。设立农业区还有如下其他重要目的：① 保护林地和湿地；② 为土地税收评估提供基础，反映了其农业用途现状，并限制用作其他用途；③ 防止农业土地转化为非农业发展用地，避免不受规制和不必要的用途转化以及土地开发导致公共服务设施成本增加而给所有市民带来负担；④ 保护农地不受因土地价值上涨导致投机行为的影响；⑤ 防止农地流失；⑥ 防止农业生产活动与周边居民活动之间的冲突；⑦ 防止城市和郊区各类设施对农业区的侵占；⑧ 创造稳定的环境，鼓励有助于保持和提高农业生产能力的长期性改良投资；⑨ 减少农村地区用于非农业用途土地的消耗；⑩ 防止与农业活动不相符的土地利用方式侵入农业区；⑪ 允许有助于支持农业活动的服务和利用方式；⑫ 允许在农业区范围内存在有建筑密度限制的非农业建筑物，但需要明确该区域内建筑物主要用途还是用于从事农业生产活动。该镇农业区划对区域内各类被允许的土地用途、建筑物高度、建筑物占地范围和建筑密度规定、对地块细分的监管、农业区内建筑物最低建筑面积要求、附属建筑物建设标准都作了十分详细的规定。

除了农业分区外，美国许多县还尝试另一种新的土地区域划分方法，即集聚区域划分(Cluster Zoning)。根据这个方法和地役权保护法的规定，房屋都必须相邻而建，以腾出广阔的土地用于农田或空地。这种集聚建设方法的实施，可以克服在大面积的农地当中因建设独立的一栋房屋而给他人的耕作带来不便的问题。同时还可以降低房屋的造价，有利于基础设施的配套，从而减少房屋开发所带来的负面影响。节余出来的土地还可以租给相邻的农民，或用于新房屋建设，开辟新的道路或修建其他活动所需要的场所。

四、美国的农地产权管理

农地的产权管理是指通过产权束的分割和约束保护耕地。在美国，土地私有制是基本特征，但美国仍然有一部分土地为公有土地，用于公共用途，主要为国家公园、未利用土地、生态保护区、公共设施及公益事业用地及私人无法利用土地。政府通过对私有产权的保护和他项权利的设定保护了农地不得被随意占用。其中，包括土地征用权政策（Eminent Domain）、购买开发权利即保护地役权（Purchase of Development Rights/Conservation Easements, PDRS）制度、可交易开发权（Transferable Development Rights, TDRS）制度等。

美国的土地开发权是政府在对土地使用进行控制的过程中引入的一个政策工具，简单地说就是指土地改变其用途的权利。土地开发权制度认为一个土地所有者对拥有的开发权可以做出如下决策：① 出售土地和开发权；② 出售土地保留开发权；③ 保留土地出售开发权；④ 保留土地和开发权；⑤ 利用土地或者土地开发权，或者用这两种权利交换相等价值的其他财产。从制度设计来看，土地开发权是对土地住宅和商品建筑开发的一种地役权的规范行为，因为土地的自由开发会对他人的地役权造成影响。

1. 土地征收

美国的土地征收是指政府为了公共利益的需要，在支付公平补偿后，经过法定程序，运用公权力取得私人所有的土地及附属物的所有权以及相关权利的行为。土地征收需要具备三个条件：一是为了公共利益的需要，二是支付公平补偿，三是经过法定程序。也就是说，除非为了公共用途并给予合理补偿，私有土地不能被征收。美国的宪法和州法律都对征收作出了规定，各州的立法形式又不尽相同。有些州有单独的征地法，如伊利诺伊州有《土地强制征收法》，有些州在《民事程序法》中零散地对征地程序进行了规定。

关于公共利益的界定，美国在一些州的法律中做了列举式的规定，但更多关于公共利益的界定是通过法院对个案是否属于公共利益进行审查后认定的。在具体实施上，往往是依据有关法律，以提高公众健康、安全、社会福利等共同利益的名义和理由，来阻止耕地的非农占用。例如，政府以保护风景的美学价值、保护野生动物多样性、保护小流域的完整性等理由，征用私人土地，对耕地进行保护。与此同时，政府还给予土地所有者一定补偿，以得到他们的积极支持与配合。关于公平补偿的界定，需要通过评估，并经双方协商后认定，最终可由法院确定。伊利诺伊州州宪法第 15 条“征地权利”（Right of Eminent Domain）规定：根据法律规定，除非支付公平的补偿，私人财产不得因公共利益而被征收或毁坏。补偿必须依法由陪审团确定。不仅补偿价格征地实施方无权确定，对于估价时点、评估值修正等也作了具体的规定，以便于法官在判决中采用。但原土地所有者通常对征用后仍保留原用途不满或持反对意见，因为他们在土地上进行了投资，征用则会限制被征土地价格的提高。所以，如果某项行动很少或几乎不影响产权，那么可以通过区划合法地调节私人土地利用以提高公众健康、安全、社会福利。有些情况下，如政府修建道路或其他公共建筑项目需用土地，也会行使其征用的权力，这时政府会以现行市价购买农田。

2. 土地开发权购买

土地开发权购买是指在土地所有人自愿参加基础上，把农地用于开发建设的权利通过不同的方式一次性转让给他人，原土地所有者对土地只拥有除用作城市建设开发权外的一切权利，该土地只能保持农业用途，但失去开发权的农地仍然可以买卖。政府买进开发权后，除非经投票表决，否则不得出售或转让。实质上是一种设定限制其用于非农业用途的他项权的方法。

由于农地的使用价值通常低于住宅或商业用地等非农业用地的使用价值，因此往往会造成农地的所有者倾向于将现有的农地转变为非农用地。为了确保农民将他们的土地维持在农业用途，避免农地的流失，保护水资源、开阔空间和控制城市蔓延，还包括为未来发展选择进行土地储备，早期通常是地方政府对其认为需要保护的农地的开发权进行购买。这时，资金主要来源于地方税收或者地方政府发行的债券，但都必须经市民投票通过。但后来由于政府财政压力较大，出现许多第三部门(非营利的私人结构)，诸如美国耕地基金和成千上万的农场协会、农地保护协会以及农地基金等，它们依靠政府资助和社会捐献的资金成为购买开发权的主体。有些地方政府还规定占用农地进行建设的开发商，必须购买相同面积农地的开发权。

无论是政府还是第三部门，开发权购买的价格都根据农地用作城市建设用途的价值与保留农业用途的价值的差额来确定。即一块宗地的价值往往被分成两个部分，一部分是作为耕地和开阔空地的价值(一般基于正常的该土地现时用途的收入)，另一部分是土地未来开发权利的价值(主要依据土地被开发时正常预期的未来收入)。开发权的购买就是对土地的后一部分价值进行的购买。当然也可以由农地所有者无偿捐献。如果私人耕地拥有者将耕地开发权或农业保持权捐赠给政府或非营利组织，就可以享受不动产税收减免的优惠政策。

3. 土地开发权转移

土地开发权转移是指有些地方政府(甚至可能是州政府和联邦政府)、第三部门或者土地所有者将拥有的土地开发权卖给开发商，开发商取得在城市中建设更多建筑面积的许可，即通过将城市建设和农地保护相结合，提高城市的建设密度、容积率,利用集中建设、成片开发的方式间接保护城市外围的农地。

土地开发权转让计划中包括两个区域。第一个区域是保护区,或者称之为开发权的发送区域,该区域是根据环境、生态、文化和农业发展确定的土地保护区,土地的未来发展被限制。第二个区域是接受区域,是城市发展的重要方向。开发商如果打算从事工程建设,应在接受区域内购买土地,从保护区域内土地所有者那里购买开发权。只有同时拥有土地和开发的权利,才能从事项目开发。一旦开发区的土地开发密度被转让之后,该土地将永远不能被开发。例如,根据土地利用分区,"发送区"的土地开发密度是单位土地面积可以建造 6 个单位的住宅单位,而"接受区"单位土地面积上可以建造 8 个建筑单位。实施土地开发权转让之后"发送区"单位土地面积建造零单位的建筑,而"接受区"内单位土地面积将建造 14 个建筑单位。该计划的运作可以实现如下两个目标: ① 它将开发从保护区域内转向需要对土地进行集约利用的其他区域; ② 保护区内的土地所有者能够出售其开发权,并因此补偿其由于对其土地使用的限制而丧失的未来收入。土地开发权转移最大的特点是一种基于自愿的、符合市场机制的土地保护模式。开发权接受区的开发商与开发权发送区的土地拥有者通过自愿或直接的方式交易土地开发权,政府不干预土地开发权交易过程。但该计划也面临一些问题。一方面,在土地开发启动十分缓慢的农村地区,开发权转让的市场价格可能低于实际的开发权价值。另一方面,哪一个农业区是保护区? 哪儿的开发权可被转移,可以转移多大的密度? 这些也是重要的技术问题。其好处在于政府可以通过开发权转移将土地开发引向更适合发展的地区来促进有较高农业价值的土地、环境敏感区域和有战略地位的开放空间的保护。不仅使得政府付出的农地保护成本费用降低,更重要的是可以使没有划入农业用途的土地拥有者享受城市化和工业化进程带来的土地升值。

五、美国农地保护的经济措施和农地价值差别化评估

美国运用经济手段激励农民保护农地的方式包括补贴、资助和税收等。补贴包括通过政府对保护耕地和私人所有耕地(包括基本农田)的基础设施进行投入和保护,无偿提供农业技术支持;资助指通过农户和政府自愿签订一些农地或者牧场保护计划,愿意参加该计划出售农地开发权的农场主、牧场主的申请经审核通过后,联邦政府和州政府予以投资补助;税收包括通过降低或减免土地税,增加转让税等课税政策来保护耕地和基本农田。以下主要介绍美国通过农地价值的差别化评估和税收变化保护土地的一些措施。

自19世纪60年代，美国的农地税基本基于土地市场价而不是产值。此后，联邦和州地产税法经修订，允许农地实行价值差别化评估。农地价值差别化评估基于这样一种理念：作为农业用途的土地应该按照农业使用价值进行评估，而不是按照公开市场价格(full fair market price)。通常认为，在一些正处于快速发展阶段的区域里，农业用途土地的价值低于公开市场的价值，对于农场主而言，在此基础上计征的土地财产税就应该相对公开市场价值所计征的低，农场主的税收负担也因此而降低。一种较为理想的预期是：较低的土地财产税能够鼓励农场主即使在面临农地用途转换的压力情况下，仍能将自己的土地继续保持农业用途。

具体操作中往往有三种形式：①"特惠估税值"：在偏好性评估政策下，农地是按照它目前的使用价值进行评估征税。这是一种没有附带条件的纯粹减税，目的就是希望农户经营城市周边耕地的成本能够降低，鼓励他们让这些土地继续为农所用。如果在以后农地转变成其他非农业用途，对土地所有者也没有特别的惩罚措施，也即意味着土地所有者可以根据自己的偏好决定是保留土地作为农业用途还是转作其他用途。但这种政策保护农地的力度相对较弱。② 区别征税：根据农地何时开发而征不同百分比的税金。在这种政策下，土地计税价值仍按照农业用途评估，但是如果以后土地所有者将土地由农业用途转变为其他别的用途，不再符合相关政策了，土地所有者就应该补缴延期税(deferred taxation)。该延期税在数量上等于该幅土地用途改变前基于农业用途土地价值计征的财产税和基于公开市场价值计征的财产税之间的差额。这一做法在美国各州和地方政府较普遍被采用。③ 限制性协议：有些州政府和地方政府则采取限制性合约(restrictive agreement)的做法。限制性合约是由政府与土地所有者签署，土地所有者同意将他们的土地在一定时期(合约期)保持为农业用途，以换取按照农业用途计征土地财产税的价值。合约期限届满后，土地所有者可以自由改变土地的用途而不需要补缴合约期内所享受的税收优惠部分。在一些州，当农地转化为非农地时，要求开发者补缴5—10年的农地减免税。

例如，1965年，加利福尼亚州通过了著名的"威廉逊法"(加利福尼亚土地保护法)，规定可以按照耕地现状评估的价值征收不动产税，而不是按照耕地用作城市开发的投机价值征收不动产税，州政府将支付县政府由此损失的不动产税收入。作为低税赋的交换条件，农地的所有者必须承诺保持农地用作农业用途10年，虽然法律也允许农地所有者可以在10年内改变承诺，但必须退回所得的税收优惠。

在利用经济手段对农地转用进行惩罚方面的措施包括影响费和缓解令等强制税，增加转让税等方式。影响费是指由土地所有者(或土地的买方或开发商)缴纳，要求农地所有者补偿因农地转用而给相关公众带来的不利影响，若农地转用造成的外部成本较高则付费较高。这些税费征收通过提高土地转让的成本，限制土地用途变更。缓解令要求开发商每开发一英亩地产就要永久性地对另外一英亩农田进行保护。一种方式可以用于购买农业保护地役权，对房地产开发设置门槛；另一种方式是向州政府或地方政府的保障基金缴纳农地保护费用。转让税率的增加也起到类似效果，既可以增加耕地转为非农所用的成本，又可以为农业用地保护项目提供资金来源。如马里兰州在农地转用时征收大约3%—5%的农业转让税。

六、美国农地保护的社会参与

美国政府一方面通过各种媒体进行宣传，以增加公众的资源危机意识和耕地保护意识，另一方面又通过各种手段鼓励公众和民间组织参与耕地保护活动。因此，在耕地保护上，美国的政府官员、农地所有者、农民、专家以及志愿者都贡献着自己的力量。

美国的国家法律首先为公众参与提供了充分保障。法律规定，地方政府在将土地或其他有关规划付诸实施之前必须举行公众意见听取会，在公众听取会上，不仅要听取普通公众的意见，还要听取有关利益团体的意见。并根据当地法规和环境效益予以考虑，然后在充分考虑公众意见的基础上对规划进行修正并表决。虽然美国的土地规划强制性内容比较少，制定的过程中也多采取协商与沟通的方式，但一旦规划制定形成法律文件，就具有十分权威的强制效果。

同时，美国农业部通过一些机构和中介机构组织、设计并实施了一系列教育计划。包括利用信息媒体和学校让大家了解农地资源信息以及农地保护对整个国家的福利有多重要。例如，让公众了解农地保护对维护美国经济安全及世界粮食安全、保护生态环境、提供新鲜健康的食品、促进形成稳定和有活力的社区、维持地方财政稳定有多么重要。提出“20世纪90年代以来美国平均每年失去120万英亩”，“每天每分钟有2英亩的农地转变为发展用地”等等口号，通过危机意识促进公众形成广泛一致的农地保护理念。设立农地信息中心网站，让大家及时了解有关农地争端、政策、计划、技术更新方面的消息和当地或州政府的一些提议。美国农业土地信托组织作为参与国家农地保护的私人非营利机构，承担着组织私人、政府或私人与政府合伙购买土地开发权、把耕作权还给农民，保护农地农用，提供开发政策、信息交换的任务。

七、美国农地保护的多元化目标

经过长时期土地开发上的经验和教训,现行的美国农地保护政策不再仅仅为了保护农地数量而保护,而是逐渐与生态环境的保护融为一体。

首先,美国把整个国家的生态系统和资源作为一个相互联系的整体,而不是作为各个单独部分分别管理。协助实施生态系统管理的是美国内政部的国家生物调查局,该局通过生物调查、编录和监测,在内政部的 7 个部门之间传递信息。它给内政部提供了可靠的数据基础。

其次,美国在保护农地的同时注意与增加农民收入相结合。积极采取各种各样的手段鼓励和扶持农业发展,使农地所有者、农民成为农地保护的主要得益者。

再次,美国学者基本认为从事农地保护至少可以获得四个方面的产出(收益):① 满足国内和世界人口不断增长的营养需求所需的充足的食品和纤维;② 来自农业产业的经济利益;③ 城市居民需要的开阔空间和其他生态环境;④ 更有效的、有秩序的城市发展等。此外还有保护农业生产基地和良好的农业特质、减缓城市蔓延、保护野生动植物栖息地及城市扩张区的地下水源等作用。而且,美国各州、地方的农地保护政策与方法也基本围绕这些目标产生。

第二节　英国的农地保护

英国的城市化程度居各发达国家的前列,人地矛盾更加突出,耕地资源也更为紧张。起初英国是一个农业比较发达,食品基本自给的国家。但由于工业革命和城市化的迅速发展,再加上附属国的增多,英国政府开始轻视农业,采取英国发展工业、其他国家提供农业支持的政策,本国农业逐步衰退,在食品供应方面严重依赖于世界市场,耕地资源也明显减少。直到二战后,各殖民地和附属国纷纷独立,英国政府才重新重视农业并采取了一系列对策,以有效保护农地特别是耕地。

一、英国的农地保护法规

早在 1938 年,英国就制定了《绿带法》,主要用于控制城市扩张和农地保护。这个政策颁布要远早于美国,当政府认为没有其他可以替代的区位进行能够吸引投资和增加就业的建设活动时，绿地政策才会有所松动。

二战以后，英国政府更是制定了一系列与土地有关的法令。1947 年修订了《城镇和乡村规划法》，要求除各郡制定出本郡土地 20 年的发展规划外，还规定土地开发权归国家所有，土地所有者变更土地用途或开发土地必须向政府提出申请并缴纳开发税，否则只能按原有土地用途使用土地。此外，还制定了《新城镇法》《村庄土地法》等 10 多部与土地有关、促进农业发展的法律。1981 年，英国环境部制定《野生动物、田园地域法》，提出并划定“科学研究指定地区”(多为劣质地转为草地和林地)，政府支付补助金。1986 年，农业渔业和粮食部制定《农业法》，指定“环保农业地区”，通过实施乡村发展纲要和国家发展规划，保护优等农业用地。2005—2006 年，英国在欧盟率先实行以保护环境、促进生物多样性发展为宗旨的农业政策，鼓励农场主发展环保型农业，保护农田，防止过度耕种。目前为止，尽管英国处于后工业化阶段，新增建设用地的压力相对较小，但出于可持续发展战略的实施，具有重要生态功能的耕地仍然受到保护。

二、英国的农地规划保护

英国学者认为农地保护制度应按土地潜力分级保护农田，土地利用上严格遵照城市农村计划法，将城市、农村、农田等都置于《城镇和乡村规划法》的规范下，谋求土地利用整体性效益。英国又在 1951 年、1953 年、1954 年、1959 年、1963 年等对该法进行了多次修改和补充，并制定了大量相关法规，形成了较为完整的规划立法体系。该法案对于乡村地区的开发建设采取了严格的控制政策，在阻止乡村的无序发展和城市蔓延上起到重要的作用。

英国规划体系的制定主体包括划分为区和郡的地方政府机构以及英联邦环境部。在这套规划体系中，土地利用规划权利下放到地方政府，由地方政府制定具体的土地利用规划。中央政府首先通过《规划政策导则》指导地方政府制定规划；其次，通过环保部门设立地方土地规划稽查员，对地方规划进行审查和听取意见，必要时直接干预。地方政府土地利用规划最终审定以后，就根据这份规划对改变土地用途的申请进行审批。

英国的农地保护的核心在于土地用途管制制度中的土地开发许可制。所有开发项目要提交中央政府审核。地方规划机关根据相关政策和对公共利益的影响程度而分别决定是准许开发，还是有限制条件的准许开发，或是不准许。规划政策要求，绿色隔离带内的土地不得转用，绿色隔离带以外的农村地区，只有与农业有关的建筑物才可以得到开发许可。申请得到批准的开发商还要承担一些开发义务，提供一些公共设施建设或提供公共服务。这种先审查后开发的土地开发许可制度，能确保把开发建设活动对环境的影响降到最低，更加有效地利用土地资源。英国的城乡规划虽然也对不同地块进行了功能分区，但土地所有权人或土地开发者要改变土地的用途即使与发展计划不冲突，也必须得到规划机关的开发许可。也就是说，英国在所有土地上的开发不是通过规划限制来实施的，而是通过是否授予开发者以发展权来进行管制的。

2004 年以来的新规划体系(国家层、区域层和地方层)更强调政府效能的发挥和社会公众的参与，农业的可持续发展更加重视农地保护，农地保护政策体现在各级相关的规划中。

三、英国的土地调查

为了更好对土地进行调查、分类定级和科学规划，1966 年，英国农业部对农地质量进行评价，建立农业土地分类系统，根据土地的作物适宜范围、产量水平、持续性以及成本等因素，将农业土地分为 5 个级别。1976 年和 1988 年，对 1966 年由农业部负责建立的农业土地分类系统的评价导则和标准进行了修订。伴随地理信息系统技术的出现以及相关气候、土壤等数据的增加，评价的精度不断提高。1999 年以后，调查评价工作由以政府为主转为私人咨询为主。

原则上，农业评价结果为优质、很好、好(第三级中的较高级别)的土地进行一定面积开发之前必须咨询农渔食品部，但如果经过协商，地方规划当局或主管部门可以修改或推翻开发许可。

四、英国的农地保护政策目标

经过长期发展，英国耕地保护的目标也有所变化，逐渐由之前的注重食物生产转向提高农村环境质量和发展农村经济，政策实施的目标亦致力于在保护乡村景观的同时，促进城市结构的合理化，有效提供城市基础设施。

进入到 20 世纪 50 年代，英国对农业发展政策进行了新的调整，在 1957 年颁布了新的农业法案。该法案一方面针对过去政府对农产品市场干预过度，农产品和其他产品的结构性失衡的问题，承诺不会随意降低农产品价格，确保产品价格的稳定；另一方面，政府提供相应预算用于对农业用地整理和开发，包括修复和完善农场建筑。20世纪60年代英国的农业发展政策主要反映在对农业规模化和市场化的关注上,在1965年的政府白皮书中,明确鼓励小型农场的合并和农产品市场的扩大,在其后颁布的1967年农业法案中,政府承诺对愿意合并的小农场,可提供50%的所需费用,愿意放弃经营农业的小农场主,可获得2 000英镑左右的补贴,或领取终生养老金。为农场提供一定数量的赠款用于整理土地提高生产力,同时为土地收购提供额外贷款。基本每一个地区都设有不同类型的信贷机构从事农业信贷业务。它们以土地或房屋为担保,对购买或改良农田等提供贷款。

1987年,英国政府为保护农地环境,制定环境敏感区规划、守护田庄规划、有机农业生产规划、农地造林规划、能源作物规划、坡地农场补贴规划、林地补助规划等,目的是改善环境,增加生物多样性。

在英国的土地利用规划和保护中,开阔空间的保护甚至比耕地更重要,1987年环境部通告和1992年《规划政策导则》都提到,考虑改变农地用途时,要较少地把重点放到农业生产力上,而要把更多的重点放在农地的环境价值上。还要考虑需要保护乡村是为了乡村本身,而不是仅为了有生产价值的土地。此后的《区域空间战略》也提出区域发展要遵循整个区域的有机结合和协调发展。

第三节 日本的农地保护

日本国土面积狭小,且四分之三的国土为山地和丘陵,可用于耕作的土地面积极为有限。人均耕地紧缺,在这一点上跟我国人多地少的国情有类似之处。但依赖完备的法律法规体系、政府和市场关系的协调,日本在耕地保护工作上也取得了不错的成绩。

一、农地保护法律体系

日本十分重视农地的法律保护,从明治政府时期就开始制定严格的法律条款保护农地和耕地,已经制定颁布的法律达130多部,形成了完整的法律体系。同时,日本也建立了健全的土地规划实施保障措施和监督机制,努力建立耕地保护的长效机制,并将耕地保护、农业发展和城市化有机结合起来。其中涵盖了包括《土地改良法》《农地法》《农业振兴地域法》《农业经营基础强化促进法》等在内的与农地相关的法律制度,这些法律大都随经济社会发展几经修正,逐渐形成了以严厉管制为中心的农地制度体系。

1949年,日本制定了《土地改良法》,该法是一项综合性的制度,内容包括农地管制、不同类型土地之间的交换制度等。主要规定:个人或团体均可申请参加土地改良,主要围绕耕地设施、排水设施、整理地块、开垦耕地、填海开垦、修复受灾的耕地或设施,以及其他为保护耕地所需要的改良。此后,《土地改良法》先后又被修改了11次。

为了改革土地地主所有制,日本政府通过强制手段从地主手里买取土地,并将其廉价卖给佃农。并在1952年制定了以保护自耕农为主的《农地法》,确立了土地的农民所有制,认为只有耕作者拥有土地,才能提高农地生产力。其重要思想包括:一是农地权利移动的许可制;二是农地转为非农用地的许可制;三是租赁合同解约的限制;四是租种地的所有面积限制。即为保证农业生产,设定良田保护区,严格管制农地向非农业流转,并限制农地交易。但由于城市化的压力,1959年日本农林省颁布了"允许农地转用基准",承认了农地转用从国民经济发展上是不得已的事,农地政策从原来的限制农地转用变为确保优良农地。但明确规定农地转为非农地要取得各级政府主管领导的许可,否则视为违法。1962年又修改了《农地法》以进一步完善农民所有制,增加了"农业生产法人"和"农地信托事业"两项款目。作为日本农地制度主干的《农地法》,把战前、战中和战后这一历史阶段中所形成的农地立法汇集在一起,使之成为一个法律体系。随后,2000年在修改的《农地法》中,对土地权利转移和用途管制涉及的土地面积作出了弹性规定,排除以保存资产和投机为目的的农地转移,以及不从事农业生产的个人或团体转移农地的可能。2009年,为了推进耕地的集约利用,日本进一步放宽了对耕地流转的要求,《农地法》进一步修改,对于非农业生产法人参与农业生产,实行"原则自由化",只要满足一定条件就可以在日本任何地方租赁农地,进行农业生产,对非农业生产法人敞开了农地流转之门。但是,此次修改放开的只是农地的租赁权,而所有权制度并没有改变,仍然是只有农户或农业生产法人才可以对农地持所有权。

《农地法》制定后的10年时间里,日本非农产业快速发展,农村劳动力大量向非农转移。与此同时,农业内部、农业收入与非农收入之间差距加大,兼业趋势明显,农民无心务农。为了消除农业与非农业之间的收入差距,提高农民收入水平,日本政府于1961年制定了《农业基本法》,该项法律出台将政府农业政策的基本目标确定为提高农业生产力和提高农业从业人员的收入水平。并通过农户间农地所有权的转移,使从事非农职业农户的土地向专业农户集中,促进"自立经营农户"的育成,提高农业生产率。

随着日本经济的快速发展,农业收入与非农收入的差距越来越明显,农民弃地现象频发。日本政府认为有必要明确在农村的土地利用划分,在其他用途的土地进行调整的同时要确保与维持足够的农地,要考虑如何保护和振兴农业地带。在此背景下,日本政府于 1969 年推出《农业振兴区域建设法》(简称《农振法》),该项法律的制定实施目的就是通过明确农村土地利用划分,保持足够的农地不受工业化和城镇化的侵蚀,使非农用户的土地集中到农户手中,使土地资源得到优化配置,提高农业生产率,这是一种耕地经营权的转移。1999 年,该法进一步修改,增设农地变更的基本标准,再次明确保护农地的基本目标。

1980 年日本政府又制定《农地利用增进法》,鼓励农民之间相互合作利用土地,扩大经营规模,对农业经营者给予税收和融资优惠,并提供经营管理培训和进修机会等。该法的制定,使得日本的农地制度迎来了管制和促进流转这两种制度并存的新时代。1992 年《农地利用增进法》更名为《农业经营基础强化促进法》,该法将已经制度化了的、为了农地的流动或增进利用的一切手段都包括在内,主要希望保持优质农地用于生产,促进农地改良和经营规模的扩大,提高农地利用效率,排除耕种以外目的获取农地的权利,使得日本农地制度开始向强化农业经营基础的制度进行转换。

自从 1972 年联合国环境会议指出环境可持续发展以来,日本开始重视农业和环境的关系,并于 1992 年制定了《新的粮食、农业及农村政策》,首次提出环保型农业,其基本观点是通过适当的农业生产活动,保全国土的环境,包括推动维持地力和未利用有机物资源的再利用,增进农业农村的国土和环保技能,引进土地改良新方法,兼顾农地、水道等的生态环境。此后,1999 年日本颁布的《食物、农业、农村基本法》再次指出农业的可持续发展不仅仅是指如何保持和利用农业的自然循环作用,而且还包括耕地和人力资源的合理利用,还包括了如何形成合理的经营体制这类问题,对旧《农业基本法》体制下耕地被过多占用或弃耕,农业生产后继乏人等棘手问题提出了解决对策。

值得注意的是,日本现行的这些制度不仅在确保和改良优质农地,而且在扩大经营规模的农地流转及促进农地的有效利用和农业可持续发展方面,都发挥着重要的作用。

二、土地规划

除了完备的农地保护法规之外,日本高度重视国土的综合开发规划,将土地资源的开发、利用和保护作为规划的出发点，进一步确定规划的内容、目标、基本方针和发展方向以及具体的实施措施。日本的国土规划体系包括国土综合开发规划、国土利用规划、土地利用基本规划和部门土地利用详细规划。通过这些部门之间统筹协调，分工合作，保证规划的有效实施和顺利完成。

国土利用规划是根据国土利用方向所制定的起行政指导作用的规划，即该规划是从土地资源开发、利用、保护的角度，确定国土利用的基本方针、用地数量、布局方向和实施措施的纲要性规划。土地利用基本规划和部门层次的土地利用详细规划是具体落实农地制度和其他用地政策的规划。土地利用基本规划是在国土利用规划(全国规划和地方规划)的基础上，在城市地区、农业地区、森林地区、自然公园地区及自然保护区内，以调整土地利用方向、明确各地域土地利用方向、原则和限制措施为主要内容的规划，其重要目的是协调本地区各部门的土地利用规划，还对土地交易、土地开发起到直接或间接的限制作用。部门土地利用规划指在土地利用基本规划划分的城市、农业、森林、自然公园、自然保护等地域内，进一步制定土地利用详细规划。

1952 年的《农地法》把农地的各个地片作为对象进行严格管制，确保了一定数量的优质耕地，1969 年的《农振法》和 1992 年的《农促法》则指出由市町村从农业政策的角度制订计划，在城市化调整区域内指定有必要确保的土地作为农业用地域，并通过这些地域计划诱导农地的利用，以此促进农地的权利转移和农业经营规模化。

日本修订并出台了新《城市规划法》，将“城市规划区域”划分为“城市街区化区域”和“城市街区化调整区域”。针对不同区域，采取不同的土地管理制度。在城市街区化调整区域以外，将农耕地分为第一种农地，即农业生产力最高的土地；第二种农地，即建设用地投资对象的农地；第三种农地为其区域总面积中 40%已成为建设用地的农地。在城市街区化调整区域内，农地又分甲种农地和乙种农地。甲种农地是指集团性(连片)优良农地、土地改良事业用地、实施农地重划的农地或综合性集中农业用地及蔬菜产地、特种作物产地等；乙种农地是指不属于甲种农地之农地，亦比照城市街区化调整区域以外农地转用标准，区分为一、二、三种农地。这些措施，在引导城市街区化区域范围内的农用地优先非农化、优化土地资源配置方面发挥了作用。

在农业振兴区域和城市化区域划分在全国铺开以后，1974 年才制定出台了《国土利用规划法》，该法规定在都道府县知事制定的土地利用基本规划中，要将土地划分为城市地域、农业地域、森林地域、自然公园地域、自然保护地域等 5 个地域。通过限制不同区域的土地利用，有效保护耕地数量。包括规定农业用地不能被任意侵占,不同农业用地也不许任意转用。限制森林地域的土地利用、自然公园地域的土地利用、自然保护地域的土地利用等,这对于保护土地数量和质量发挥了重要作用。另外值得注意的是,日本政府指定这 5 大地域的在分布上有所重复,在重复部分有详细的土地利用调整规则,总体的原则是土地利用向着重视农地保护和生态保护的方向调整。例如城市街区化调整区域和农用地区、防护林、自然公园和自然保护特殊地域重复时,农业地区、防护林、自然公园和自然保护特殊地域土地利用优先;农业地域与自然保护特殊地域重复时,自然保护特殊地域土地利用优先;按照规定,城市街区化区域与农业地区不能重复指定,防护林和自然公园地域也不能与原始自然环境保护地区重复指定等等。

日本土地管理规划和实施一方面依靠中央政府和地方政府的法规,如之前提到的《国土利用规划法》《城市规划法》《农振法》《森林法》《自然公园法》《自然环境保护法》等;另一方面广泛动员地方公共团体、民间团体和居民积极参与。由于日本土地产权较为明确,因此,土地所有者很在乎其土地的保护和高效利用,也有对土地进行改良和基本建设投资的积极性。

三、农业经营主体多元化

为了扩大农业经营规模与农地集约化,日本设立了农地保有合理化法人制度。农地保有合理化法人为公共事业团体,主要有都道府县农业公社、市町村农业公社、农协和市町村政府 4 种类型。农地保有合理化法人可以从离农农户或小规模农户手中购买或租赁土地,并将土地向专业农户出租或出售。实质上是通过农地权利移动,承担农地暂时保有和再分配职能。此外,农地保有合理化法人还可以将拥有的土地以出资入股的方式参与农业生产法人经营,并提供农业机械、设施等服务。具体农地保有合理化法人事业包括农地买卖事业、农地买卖信托事业、农地租赁信托事业、农业生产法人出资育成事业、技术培训事业等内容。其中,农地租赁信托事业是指,农地保有合理化法人接受意愿农户的土地信托,将其流转给认定农业者等专业农户,并将扣除部分工作经费后的地租支付给土地转出方。技术培训事业则是指,农地保有合理化法人将临时保有的土地开辟成试验场,进行新技术示范和新型农民的培训工作。

1951 年,伴随着日本农村民主化改革,日本颁布了《有关农业委员会的法律》,开始建立农业委员会制度。农业委员会是指,在公选体制下,由选举委员与选任委员共同组成的,能够代表农业者利益的集体协商组织。农业委员会虽然属于市町村的一个机构,但是不受行政体制的管辖。农业委员会的设置原则是每个市町村必须设置一个农地委员会,但是辖区无农地的可以不设置,辖区内拥有大面积农地的可以分区设置多个。农业委员会的职责主要包含两个方面:一是依据《农地法》《农促法》和《土地改良法》等法律,行使农地关系调整等农地权属管理审批等工作;二是实施保护优良农地、消除撂荒耕地和促进农地向认定农业者集中等农业构造政策推进工作。随着时代发展与农政改革,其承担的职责也会相应变化。一般来说,农协、农业保险合作组织和土地改良区各推荐 1 名成员,由市町村议会推荐 4 名以内的农业专家,作为选任委员参加农业委员会。农业委员会作为一个全国性的组织体系,可以有效推行农地政策,确保农政业务的统一性和客观性。同时,它作为一个农业者自主协商组织,可以有效地促进农地集中,解决土地纠纷,并对政府进行监督。

第四节　台湾地区的农地保护

一、有管制的农地转用

台湾地区的农地保护政策是根据经济的发展不断调整的。20 世纪 50—60 年代,针对耕地分布不均衡、半自耕农和佃农所占比例大、耕地租佃等问题,台湾当局实行耕地三七五减租、公地放领、耕者有其田的方式调整耕地租赁与耕地所有权的矛盾,使农地只作为农业用地,还保证了耕地的所有权归农民所有,即“农地农有农用”。20 世纪 70—80 年代,随着农业生产力的提高,出现了大量的剩余劳动力向城市的流动,农业和工业之间的差距日趋扩大。为了确保粮源,台湾当局颁布了《限制建地管理办法》《区域计划法》《非都市土地使用管制规则》《区域计划法施行细则》等,将原来“农地农有农用”政策调整为“农地农用”,不再强调农地归谁所有,但控制农用地向非农用地的转变。

然而,到了 20 世纪 90 年代,在经济全球化的背景下,农业在国民经济中的地位不断下降,弃地废耕现象更加严重。而且经过统计发现,台湾地区粮食自给率已逐年降低,农产品贸易逆差逐年加大,后备耕地资源确实有限,农业生产经营效益得不到提高。于是,台湾当局不得改变了刚性的耕地保护政策,并于 1995 年和 1997 年颁布了《农地释出方案》,希望促进农地资源的合理利用和有效配置,在维护农业生产体系的完整同时确保农地之生产、生活及生态功能,以及符合社会公平、达成地利共享等目标。该方案基本原则是：农地释出应予整体规划、设置隔离绿带及经济建设不影响农业生产环境等。农地释出方式是扩大农地变更通道、农业用地分区调整、放宽农地变更限制，依不同农业分区设定不同变更条件及简化审查程序作业。释出数量实行总量监控，由需求面估计需释出的农业用地，并将视实际情况检讨修正。同时，注意保护优质农地，划定出特定农业区加以严格保护，规定不得随便转为其他用途。

农地释出具体规定中包括城市计划农业区的农地释出和非都市区的农地释出两方面。一方面规定"城市计划农业区，若符合整体规划者，可变更为非农业使用"，从规划上保证农地释出的合理性和公平性。另一方面还规定："非都市土地一般农业区之农业用地，其事业计划经各目的事业主管机关审查符合其所订定之规范者，得依其所定审核标准，同意变更"。但放宽特定农业区符合下列情形之一者，得申请变更使用：台湾地区重大建设计划，如六年建设计划之各项建设；经"行政院"核定之事业或公共设施，如劳工住宅、工商综合区等。可见，非城市土地变更规定除非是重大建设、公共设施的建设才可将特定农业区的土地使用变更。

目前，台湾农地如果要转为非农使用，首先要满足规划许可。县(市)政府在"国土综合开发计划"指导原则下，研拟县(市)综合发展计划，划定限制发展区及可开发区，公私团体或个人得在可发展区内向县(市)政府提出发展许可申请，上级政府就其区位适宜性、发展利益回馈、外部设施及对社会经济自然环境影响可接受度等因素，予以审核。经核可者，发给规划许可。其次是满足开发许可。开发人取得规划许可后，拟订开发计划，包括规划许可附加之条件、开发区内部必要设施及开发对自然环境之冲击等，于一定期限内向县(市)政府申请开发许可，经审查核可者，发给开发许可。第三是满足建筑许可。开发人取得开发许可后一定期限内，依其范围及土地使用计划性质向县(市)政府申请建筑许可，包括杂项执照与建造执照。

此外，《农地释出方案》还有几个重要原则：① 农地应经整体规划后变更使用，避免零星变更，以维护农业生产环境的完整，且须规划配置适当公共设施、环保设施及隔离绿带或隔离设施。② 农地变更视其变更事业性质缴纳回馈金。其中二分之一交中央农业主管机关供农业建设；二分之一拨供县(市)、直辖市政府从事地方建设及办理农地使用管制经费。通过该原则建立起非农产业用地收益与农地保护的反哺机制。③ 经同意变更之农地，其内部公共设施由开发者承担，区外公共设施则由开发者与地方政府协议承担。通过涨价归公的机制为农民和全民提供福利。

尽管有《农地释出方案》的规定，台湾的农地释出也不能任意进行，为利于农产业发展，台湾"农委会"近年来积极协助地方政府透过农地资源分类分级工作，建立有监控和评估机制，评价土地利用变化对农业生产环境的影响，以便减轻和避免这一变化所带来的有害后果。在此基础上掌握农地资源数量与品质，将其作为农地资源保护的战略目标，并纳入“内政部”区域计划，以合理的规划引导适地适作，避免非农业产业需求者无秩序地要求农地变更使用。同时，针对优良农业生产地区，以建立安全生产基地，并有效集成人、地、水、产业等资源，提升整体农业经营效益。

二、农地重划

台湾通过“农地重划”政策将原杂乱不规则或畸零细碎不合经济使用之农地重新整理，并配合公共设施改善交通与种植利用，使其整齐方正，再依原来面积或价值比例，分配予个人，提高土地产权人充分利用土地的意愿和能力。这种土地重划政策在一定程度上兼顾了保持地力、改良土地、调整农路、修兴灌溉排水系统等公共设施，以及改善农民居住环境、维护自然环境等目标。

农地重划的建设目标包括农业机械化、农场标准化、水利现代化和乡村都市化。农地重划要求每一重划地区对外交通均能衔接配合，重划完成后整个农村交通应构成一个有计划有系统的网络。

具体办理农地重划是地政机关，“内政部”负责政策和法令研定，“农业委员会”辅助农地重划工程经费的预算，并在计划核定及工程技术上提供指导。市、县政府则负责实际执行。同时为强化整体作业功能增进业务的协调配合，在市县政府设有农地重划委员会，各重划区也组织有农地重划协进会，协助推动重划工作，减少执行阻力，协进会委员大部分由重划区内农民互相推选产生，使农民直接参与重划工作，十分符合自治精神。

农地重划完成后，重划区内农路、水路的管理维护，由县市政府指定有关的乡镇市公所或移交当地农田水利会负担办理。同时并由重划区内农民组成养护委员会，定期发动农民做好平时养护工作，使重划投资建设成果能长期发挥功能。

台湾农民参与农地重划的途径方面有重划区内由农民推选产生协进会委员、征询农民关于农地重划的意愿、公告计划书、土地分配草图公听会、分配结果公告、负担10%的重划费用、参与管理维护等，民众参与程度还是较高的。

三、放宽农地农有与土地面积限制

为了提高农地利用效益，台湾还逐步放宽农地所有者身份与资格。台湾1996

年允许农业企业、农民团体、农业试验研究机构承受耕地。1998 年则允许农民团体及企业界法人有条件地承购重要农地。2000 年修订的《农业发展条例》正式将“农地农有、农地农用”调整为“放宽农地农有、落实农地农用”政策。将非都市土地或都市土地农业区、保护区范围内以下土地都作为农业用地：① 供农作、森林、养殖、畜牧及保育使用者。② 供与农业经营不可分离之农舍、畜禽舍、仓储设备、晒场、集货场、农路、灌溉、排水及其他农用之土地。③ 农民团体与合作农场所有直接供农业使用之仓库、冷冻(藏)库、农机中心、蚕种制造(繁殖)场、集货场、检验场等用地。政策重点包括：调整农地农有，放宽农地经营者资格，允许任何自然人购买农地，规定凡有耕作意愿并能提出农业经营计划书，经核准者均可取得自耕农身份，这就逐步打破了农地必须自耕农所有的规定。希望借此方式推动资本进入农业生产领域，提高农地利用的经营效率。除此之外，还包括将现行依法供农业使用的土地重新划分，以便于管理；对不同农地采取不同的管理方式，使地尽其利；制定奖惩办法，防止农地炒作等条款。此外，该条例还加大了对私人拥有土地面积和宗地分割的限制，规定“私人取得农地之面积，合计不得超过 20 公顷”，“每宗耕地分割后每人所有面积未达 0.25 公顷者，不得分割”。

参考文献

[1] “经济增长中的耕地资源可持续利用研究”课题组. 经济增长中的耕地资源可持续利用研究[M]. 北京：社会科学文献出版社，2013.

[2] 车凤善，张迪. 美国农地保护政策演变及对我国的借鉴[J]. 国土资源情报，2004(3)：21-26.

[3] 陈美球，魏晓华，刘桃菊. 国外耕地社会化保护对策与启示[J]. 新农村，2010(2)：35-37.

[4] 陈茵茵，黄伟. 美国的农地保护及其对我国耕地保护的借鉴意义[J]. 南京农业大学学报(社会科学版)，2002(2)：17-22.

[5] 戴永吉. 美国耕地保护和土地利用管理的启示[EB/OL]. http：//www. gz. gjtddc. gov. cn/dcwh/dcsh/201102/t20110214_816062. htm. 2011-02-14.

[6] 丁成日. 美国土地开发权转让制度及其对中国耕地保护的启示[J]. 中国土地科学，2008(3)：74-80.

[7] 方贤雷，邓映之，杜文玲. 美国的耕地保护制度经验及对我国耕地保护的启示[J]. 中国商界(上半月)，2010(3)：56-57.

[8] 冯广京，林坚，胡振琪，朱道林，丰雷，张清勇，郎海鸥，陈美景，仲济香，戴晴. 2012 年土地科学研究重点进展评述及 2013 年展望[J]. 中国土地科学，2013(1)：84-96.

[9] 冯文利，史培军，陈丽华，黄威. 美国农地保护及其借鉴[J]. 中国国土资源经济，2007(5)：

31-33,47-48.

[10] 高强,孔祥智.日本农地制度改革背景、进程及手段的述评[J].现代日本经济,2013(2):81-93.

[11] 归秀娥.美国农地保护政策对我国的启示[J].新西部(下半月),2008(5):42,35.

[12] 郭益凤.国外农地保护的政策措施探析[J].东北农业大学学报(社会科学版),2009(2):44-45.

[13] 国外耕地社会化保护启示[EB/OL].http://www.fjagri.gov.cn/html/2009/05/26/37698.html.

[14] 贺晓英,李世平.美国城市扩张中的农地保护方法及其启示[J].中南大学学报(社会科学版),2008(6):816-820.

[15] 贺晓英,李世平.美国农地保护方法及其借鉴[J].中国土地科学,2009(01):76-80.

[16] 孔祥斌,张凤荣,姜光辉,安萍莉.国外农用地保护对北京市耕地保护的启示[J].中国土地科学,2005(5):50-54,14.

[17] 林培,聂庆华.美国农地保护过程、方法和启示[J].中国土地科学,1997(2):39-43.

[18] 刘丽.农地生态保护的经济补偿机制初探——以美国土地发展权为例[J].国土资源情报,2013(2):34-40.

[19] 刘志扬.美国在城市化过程中实施耕地保护对中国的启示[J].世界农业,2010(6):28-30.

[20] 毛育刚.台湾农地保护政策与措施[J].中国土地科学,1998(2):41-45.

[21] 农业部经管司经营体制处.美国的农地保护与纠纷调处[J].农村经营管理,2009(5):46-47.

[22] 孙强,蔡运龙.日本耕地保护与土地管理的历史经验及其对中国的启示[J].北京大学学报(自然科学版),2008(2):249-256.

[23] 谭峻.台湾地区农地保护的法律调整与制度更新[J].北京理工大学学报(社会科学版),2000(4):31-34.

[24] 王春华,梁流涛,高峰.国外农地保护政策与措施对我国的启示[J].国土资源科技管理,2007(2):61-64.

[25] 王珺.英国耕地保护及对我国城市边缘区耕地保护的启示[J].今日南国(理论创新版),2009(6):234-235.

[26] 吴正红,雷正.20世纪中期以来美国农地保护的主要政策经验[J].住宅与房地产:综合版.2011(11):58-63.

[27] 薛凤蕊,沈月领,秦富.国内外耕地保护政策研究[J].世界农业,2013(6):49-53.

[28] 闫湘,任天志.台湾农地保护政策的演变及对大陆的启示[J].中国国土资源经济,2007(10):36-38,48.

[29] 英国保护农用地的经验[EB/OL]. http://www.zjlyplan.com/Article/ShowArticle.asp?ArticleID=799. 2008-08-04.

[30] 英国的土地管制和耕地保护[J]. 中国农业信息,2007(11): 11.

[31] 英国农地利用保护管理[EB/OL]. http://www.nctudi.com/news_show.php/id-9413. 2010-05-25.

[32] 张安录,杨钢桥. 美国城市化过程中农地城市流转与农地保护[J]. 中国农村经济,1998(11): 75-81.

[33] 张安录. 美国农地保护的政策措施[J]. 世界农业,2000(1): 8-10.

[34] 张良悦. 美国的土地发展权与农地保护——城市化进程中农地保护的一种借鉴[J]. 经济问题探索,2008(7): 170-174.

[35] 张玲蓉. 美国农地资源保护的经验及启示[J]. 浙江经济,2006(10): 60-61.

[36] 朱德举. 台湾耕地保护政策的演变[J]. 国土资源情报,2004(1): 14-20.

第四章 特大型城市耕地综合保护体系建设基本框架

第一节 特大型城市耕地综合保护体系建设概述

世界各国的经验表明,农地特别是耕地保护的成功取决于保护全过程以及各方面主体的努力。而且也可以发现,耕地保护不仅是单个城市健康发展和治理的需要,而且也是整个区域和国家可持续发展的基础和需要。

在特大型城市,耕地具有不同于广大农区耕地的特点和多样化的功能,耕地保护涉及的影响因素也很多,也更需要建立一个系统而有效的耕地综合保护体系。通过构建和运行这个耕地综合保护体系使特大型城市中涉及耕地保护的所有政府单位、公众和耕地权益相关者自觉主动地将耕地保护理念贯穿于平时的生活和工作中。这样才能使整个城市在耕地保护上形成一个网络系统和长效机制,相互协调地为实现耕地保护目标而努力。

如果将耕地作为一个特殊的公共物品,整个城市作为一个组织,那么耕地综合保护体系的含义可以是指一个城市为了让城市中所有成员都从耕地保护中受益的、行之有效的、长期成功保护的耕地保护系统。具体而言,特大型城市的耕地综合保护体系包括利用特大型城市在制度和技术上具有的优势,根据城市自身特点及外部环境要求,统一全社会在耕地保护上的理念认识,合理制定耕地保护的战略和方针,科学确定耕地保护目标和规划方案,贯彻和实施耕地保护工作,检查、评价和监督耕地保护绩效,处理并改进耕地保护中的问题,提高耕地保护工作效果。

整个耕地综合保护体系的建设从过程上可以包括耕地保护策划和规划,耕地保护实施,耕地保护检查、评估和监督,耕地保护的处理等几个大的方面。从原则

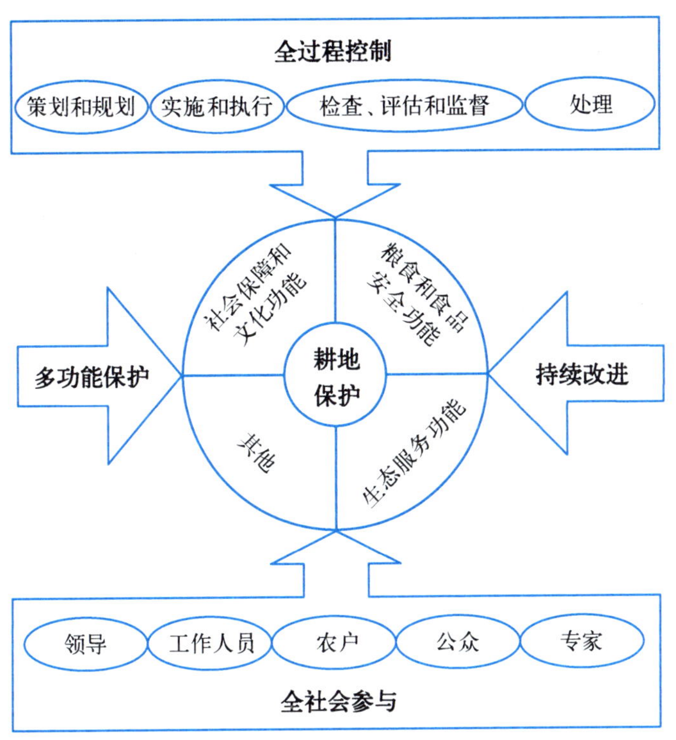

图 4-1
特大型城市耕地综合保护体系建设框架

上要把耕地资源的多功能保护、全社会参与、全过程控制、耕地服务价值和耕地保护工作的持续改进贯穿始终。

第二节　特大型城市耕地综合保护体系建设和运行的重要原则

一、耕地资源的多功能保护

从土地利用类型来看，耕地是通过开发、整理或复垦其他类型土地而产生，可以说是因人类利用活动而存在。从系统论角度来看，耕地由自然生态子系统与以其为基础的人工社会经济子系统耦合而成。耕地系统的多功能是指除粮食生产等功能外，所具有的包括调节大气组分与气候、调节水文、建设发展隔离等生态功能，提供耕作风景、保持传统农耕文化、为农民提供社会保障等景观文化功能等非生产功能。从供给角度来看，耕地功能从根本上受耕地生态子系统承载能力的制约。但从需求上来看，耕地的功能可以理解为社会或个体对耕地需求变化的结果，因此耕地的多功能还受观念意识、社会经济制度等人类主体因素影响。如人们对品质更好、更安全粮食产品的需求导致了耕地粮食生产功能的提高与拓展,大城市居民对农村耕作景观及农村文化的需求导致了城镇近郊耕地的景观文化功能的出现。

从耕地的综合保护来看,耕地的这些功能要得到全方位和合理的保护,要贯穿于策划规划,实施执行,调查、评估和监督,处理等耕地保护的全过程。与此同时,这些功能集中体现在耕地保护目标上也必然会带来不同功能保护的冲突,如为了提高耕地粮食产量,大量使用化肥、农药会对耕地产品安全和生态功能构成威胁,为应对地方财政压力并加快地方经济发展,耕地的过度非农化造成了大量的失地农民,与中央政府及农户的生产功能利用及社会保障功能利用构成了冲突。可见,耕地多功能综合保护的关键并不仅仅是保护目前的耕地不被占用和用途变更,还在于协调不同耕地利益主体在耕地使用方式和布局上的矛盾和冲突。特大型城市尤其要解决耕地被挤占、耕地非农化与耕地质量和生态系统退化等重要问题。

(1) 粮食和食品安全功能的保护

一个国家或地区无论如何发达,保障居民的农副产品供给安全始终是政府的一项战略性重任。特大型城市常住人口规模大、增长迅速,农业生产空间有限并不断减少,食品安全保障功能应是特大型城市耕地保护不可忽视的、最基础的功能。

一是粮食生产功能。我国政府一直高度重视粮食自给能力,实行“米袋子”省长负责制,各省下达生产指标。由于粮食的特殊战略地位,即使是特大型城市,也必须为国家粮食安全贡献一点力量。目前需要突破的是传统的粮食生产理念,充分挖掘粮食生产的优势与多元化功能。在推广无公害、绿色、有机、安全卫生、优质的粮食生产基础上,通过制订有效的激励政策,推进适度规模经营,提高粮食生产的成本收益率。通过科学规划布局,将大宗作物生产与市域景观建设有机融合,使粮食生产对市域生态环境起到更好的调节作用。

二是农副食品生产功能。虽然许多农产品有可能通过国内和国际市场获得,但由于当前贮运条件的限制、市民消费标准的提升和消费偏好的约束,一部分需要保持鲜、活、嫩的农副产品,有些特色农产品等仍需以本地生产为主。虽然运输条件和农产品保鲜储运技术不断进步,但长途运输不仅增加了运力负担和运输成本,而且必然造成农产品损伤和品质下降。为了耐储运,许多农产品未达到自然成熟就被采摘,通过各种人工方法催熟,既影响了口味口感,也增加了不安全性。因此,应充分发挥本地区耕地的农副食品保障功能,生产更鲜活、安全、优质的农副产品。

若在大城市周边建立安全卫生优质的农产品生产基地,则更容易实现全方位的安全监管,提高农副食品安全程度。

(2) 生态服务功能的保护

生态服务功能是特大型城市耕地保护不可忽视的衍生功能。城市属于人工系统,生态环境非常脆弱,许多国际化大都市的城市规划中,都把农业作为城市开敞空间的必要组成部分,农业土地的保护在生态和景观建设方面发挥了重要作用。在特大型城市用地空间十分有限的背景下,通过科学规划,将农地作为特大型城市中心城、新城、新市镇外围重要的生态屏障,既可防止城市摊大饼式无序蔓延,又可以作为城镇集中建设区、工业区、交通设施等各种非农用地之间的开敞空间和绿色通道,通过水稻湿地及其他农田作物的生长活动增加空气湿度,降低城市热岛效应,调节小气候,减弱噪声,有助于城市生态环境的调节和保护。将耕地保护融入城市生态规划,营造充满生机的绿色都市,可以拉近城市人与自然的距离,有效改善城市人居环境。

(3) 社会保障和文化功能的保护

社会文化功能是特大型城市耕地保护不断拓展深化的功能,一方面是农村劳动力生存和就业保险功能的保护;另一方面是城市居民休闲和体验功能的保护。在我国城乡发展并不均衡的情况下,耕地保护不仅具有为农村劳动力提供就业机会的功能,目前还承担着为农民提供基本生活保障的功能,对整个特大型城市经济的发展和社会稳定具有十分重要的作用。此外,随着城市居民生活水平的提升、城镇化步伐的不断加快以及人们价值取向的日益多元化,越来越多的城市居民渴望在闲暇时享受清新恬静的田园风光,体验农业耕种、采摘的乐趣。因此,特大型城市的耕地保护在继承传统乡村文化和提供乡村景观方面的非商品产出价值将日趋显著。特大型城市可以通过有序开发农业休闲体验、科普教育、文化传承等功能,提升耕地的文化价值,满足市民多元精神需求,为城乡居民提供高品质的体验感受。

二、全社会参与的耕地保护

一般而言,政府在公共管理中的基本流程遵循国家法律法规或上级部门决策—公共部门—公共产品—公众这样一个过程。耕地保护也不例外。但由于耕地保护的主体、对象、内容、服务的公共性,决定了参与耕地保护的“全员”必定要突破“耕地保护部门”内部的界限,既包括上下级组织、平行联系的组织,也包括所有利益相关者。耕地保护也不仅应该是政府部门的职责，还应该是社会全体人员的责任，每一个人都应具有耕地保护的意识并承担耕地保护的责任。全社会参与的目的是要将耕地保护部门内外的各类主体纳入耕地保护工作体系，从而服务于耕地保护工作效果的提升。所以，耕地保护的主体不仅包括政府耕地保护部门，还包括与政府耕地保护部门有协作关系的各类组织、专家、公众等。

特大型城市更是要加快构建耕地保护共同责任机制、经济激励和社会监督机制，充分调动各级党委政府、机关部门、社会公众做好耕地保护工作的主动性和自觉性，建立起耕地保护的社会化体系，构建起以政府为主体，广大人民群众共同参与的保护机制。

对于耕地保护部门的高层管理人员来说，高层管理人员需要表明自己在耕地保护上的原则，而且从一开始就应该亲自投入到耕地保护过程中，始终致力于提高整个政府在耕地保护工作上的效率。这要求政府最高领导层考虑所有相关部门在耕地保护中的需求，从全局角度建立耕地保护方针和目标，强化各职能部门的耕地保护意识，调动全体工作人员关注耕地保护目标的自觉性和紧迫感。

对于耕地保护机构的各级工作人员来说，他们是耕地保护组织的基础。只有他们的充分参与，才能为耕地保护机构带来高效的工作成果。耕地保护机构中所有部门和人员的工作质量直接或间接地体现为耕地保护工作的效果，因此，耕地保护机构员工的积极参与也是耕地保护中的重要因素。要以现代化的决策模式和执行手段为社会提供高质量的耕地保护工作，而不是让耕地保护部门的工作人员简单地接受命令并机械地执行。这需要耕地保护的高层管理人员充分发挥耕地保护部门一般工作人员的积极性、主动性和创造性，使他们主动思考并积极参与到工作中。工作人员要认识到自己在耕地保护工作中的重要性，并承担相应的责任，还可以在上级授权基础上参与到耕地保护决策的制定和设计中。

农民作为耕地的直接使用者，在耕地保护中始终扮演着重要角色。耕地的保护主要包括保护耕地的生产能力，而这与土壤培肥方式、农田基础设施建设、耕作制度选择和耕作习惯等行为密切相关，这些都离不开农民的直接参与。再加上可能存在的信息不对称，因此，特大型城市耕地保护更需要通过经济、政策、公共设施建设等措施，充分发挥农民在耕地保护中的作用。耕地保护要以满足农户的需求为首要原则，这就要求政府以双赢和互利关系看待耕地保护中农户和政府等各方面的问题。

同时，在耕地保护的实践和理论上有丰富经验的专家和企业，也应尽量积极地参加到耕地保护的进程中。

全社会参与耕地保护的另一个重要主体是公众。公众介入耕地保护的机制不仅可以包括在决策过程中介入，也可以包括决策实施过程中的介入、耕地保护工作绩效评估与改进中的介入。实际上，在整个耕地保护体系建设过程中任何一个阶段，公众都可以介入，并且介入途径也是多种多样的。

虽然说使用者农户、公众和专家能否介入、怎样以及通过什么途径介入到耕地保护工作中是直接影响全社会参与耕地保护机制有效实施的关键因素，也是耕地保护体系建设操作层面长期需要解决的问题之一，但这些问题实质却属于政治管理或治理层面上的问题。其核心在于：耕地保护部门通过什么来保障农户和公民等耕地使用者的权利能够得到切实有效的保护或表达。实际上，一旦耕地保护部门领导人不再片面地追求经济效益和耕地保护组织自身的被认可度，而是将耕地保护真正作为一种内在的责任和义务，真正希望农户和公众等耕地使用者介入并提供帮助的时候，介入的途径和方式就不应该再成为问题了。可见耕地保护的全社会参与是多种社会主体间的交互过程，依赖于特大型城市政府内部的良好组织与管理。

当然，耕地保护决策部门在收到使用者农户和公众代表的零散资料与数据(包括使用者直接的建议)后，耕地保护工作人员还要进行整理、归类、分析，以便从中识别和获得使用者农户和公众利益需求偏好的相关信息，尤其是应该关注那些能够代表多数使用者观点的、高度重叠的共识区域，它往往是耕地保护利益协调的焦点所在，也往往是使用者农户和公众抱怨中最多的因素。这些相关信息对于耕地保护部门的决策质量常常是至关重要的。因此，耕地保护决策部门必须努力解决各利益相关者的矛盾，积极引导并促使他们达成共识。但由于使用者农户和公众毕竟不能直接行使公共权力，最终仍然需要耕地保护决策部门做出科学合理的取舍。事实上，全社会参与耕地保护机制的一个重要作用就在于它能够使耕地保护部门决策者或制定者必须充分地考虑公众的切身利益需求，并使之融入耕地保护决策和规划的设计之中。但也要防止在信息不对称的情形下，耕地保护部门过分地重视使用者农户或公众的利益需求及其偏好，只顾及使用者农户和公众眼前的利益而忽视长远的利益和社会整体的利益，更要防止公共部门与少数公众结合起来一起侵蚀其他公民的利益。

总之，全社会参与耕地保护的效果希望达到以下几点：从政治的角度看有利于城市民主体制的发展，从行政的角度看有利于城市治理水平的提升，从技术的角度看有利于城市耕地保护效率的提高。在全社会中推行耕地保护，能够减少整个耕地利用和土地开发过程中的资源浪费和无效利用,为全社会带来福利,有利于整个城市的可持续发展。

三、全过程控制的耕地保护

任何工作和活动都是通过“过程”实现的,耕地保护亦不例外。全过程控制原则可以帮助管理者通过计划、执行、检查、改进的思路来管理和影响耕地保护的所有活动和所有环节,从而确保最终耕地保护绩效的实现。因此,城市政府在开展耕地保护工作时,必须着眼于过程,把耕地保护活动和相关的资源作为过程进行管理,以得到期望的结果。

全过程控制的管理是全面质量管理中的一种基本方法,由美国著名质量管理专家 W. E. Deming 针对企业提高产品质量、改善经营管理的需求而提出。全过程控制遵循 PDCA 循环,所谓“P”“D”“C”“A”分别是四个英文单词 Plan(计划)、Do(执行)、Check(检查)、Action(处理)的首字母。

借鉴 PDCA 循环过程,耕地综合保护体系的建设也会依次经历四个阶段的循环。第一,策划和规划的 P 阶段:根据社会和环境的需要制定耕地保护方针,分析现有耕地保护工作情况,发现并分析存在问题的原因,建立必要的耕地保护目标,结合实际情况制定切实可行的耕地保护规划和方案。第二,实施和执行的 D 阶段:按照规划和计划,组织和实施耕地保护工作。第三,检查、评估和监督的 C 阶段:按照耕地保护方针和目标要求,对耕地保护过程和耕地现状进行监视和测量,检查、评估并监督耕地保护工作的进展情况是否达到预期效果。第四,处理的 A 阶段:对耕地保护工作检查验收的情况进行分析总结,处理遇到的各种问题,提出改进的措施和建议。把成功的经验纳入循环过程,把遗留的问题转入下一个时期或阶段的 PDCA 循环以便改进解决。

在这里,P 是规范耕地保护体系健康运行的必要准备,必须明确分析的对象和范围,科学调查和整理存在的问题,提出明确的耕地保护方向,最好能确定量化的目标值。D 是耕地保护的实践和执行过程,必须做好措施执行的各项工作,保证既定计划的严格执行。P 是为 D 做准备与服务的,而 P 在 D 中的实现和成效则需要 C 来考察发现、A 来处理完善。PDCA 循环的这四个环节相辅相成,缺一不可,而且四个环节自前而后以及每个环节不同层次之间由上而下都必须具有科学的统一性,才能真正形成良性循环,提高耕地保护的效果。

耕地保护 PDCA 的阶段循环也可以继续细分为八个步骤:收集和整理耕地保

护工作所需的资料；分析和评价耕地保护工作所处环境与现状，发现存在的问题；分析耕地保护问题中的各种影响因素及其影响程度，特别是导致问题出现的主要原因；确认耕地保护的目标；针对耕地保护的主要目标和存在问题，编制耕地保护规划和计划，制定解决的措施和方案；实施选定的保护措施和解决办法，按规划、计划的要求去做；检查、评估和监督耕地保护工作执行的结果，把执行结果与要求达到的耕地保护目标进行对比，找出差距；根据检查、评估和监督的结果采取奖惩措施；把成功的经验总结出来，制定相应的标准作为今后工作的依据，把没有解决的或者新出现的问题转入下一个 PDCA 循环。

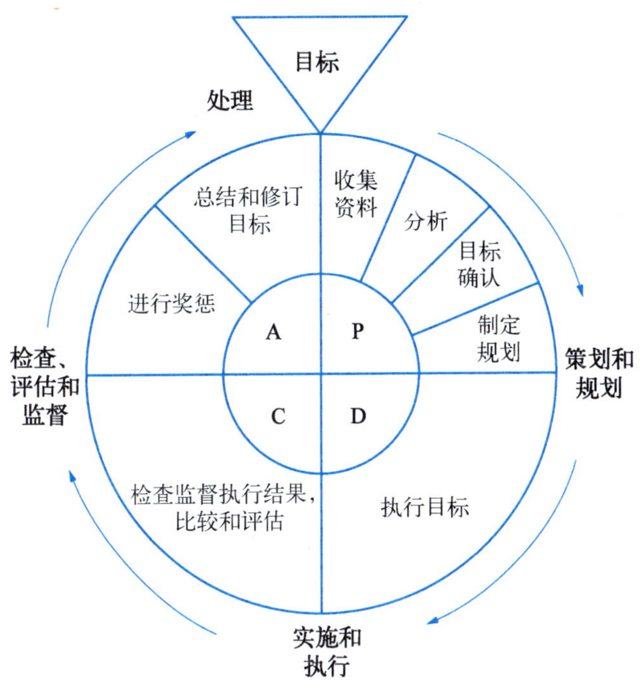

图 4-2
耕地保护的 PDCA 图

当然也可以把复杂的耕地保护工作简化为若干个子系统，根据问题的复杂或者简单程度来逐级制定具体的循环方案，确定子系统管理和改进的重要环节。从而有效地保证整个耕地保护工作的质量，满足社会公众的需求，促进政府耕地保护目标的实现。

可见，全过程控制的方法既是一种有效的管理工具，也是一种控制和减少管理风险的有效手段。它强调通过对现行耕地保护工作现状的分析，排查和发现耕地保护工作中的漏洞和薄弱环节。特别是耕地保护体系运行过程中的各类检查和评价活动，如目标责任制、监督检查等工作可以有效减少和规避各类风险。另外，需要注意的是，特大型城市耕地保护的全过程控制更要从耕地质量和服务价值提高的角度考虑;要更加注重对破坏耕地行为的预防;强调最高管理者的承诺和责任;立足于全员参与的过程管理。

四、耕地保护工作的持续改进

如果说耕地保护工作的作用是努力满足耕地保护要求,按照事先规定的规划和依据既定的标准对耕地保护活动进行连续监控,以便随时发现和评价偏差,及时采取纠正措施,消除偶发性缺陷,使耕地活动恢复到正常状态的过程,那么耕地保护工作的改进则是致力于增强耕地满足社会需求的能力,即意味着耕地保护改进必须从未知的领域中探索新的活动,去让新的耕地状态和功能替代或改变原来被认为正常的状态,突破原来的耕地保护目标,达到耕地保护水平的新层次。组织建立耕地保护体系的最初和最根本目的也是让耕地保护的环境和效果得到整体的改善,做到持续改进。持续改进反映在目标上就是让每一阶段耕地保护目标和指标得到更新和提高,从而使耕地保护的整体效果不断得到改善。也只有注重持续改进才是提高耕地保护工作效率和提升耕地服务价值的根本途径,是挖掘耕地潜力的无穷源泉。持续改进的原则不仅要贯穿于耕地保护体系运行全过程,而且要作为耕地保护工作永恒的目标。

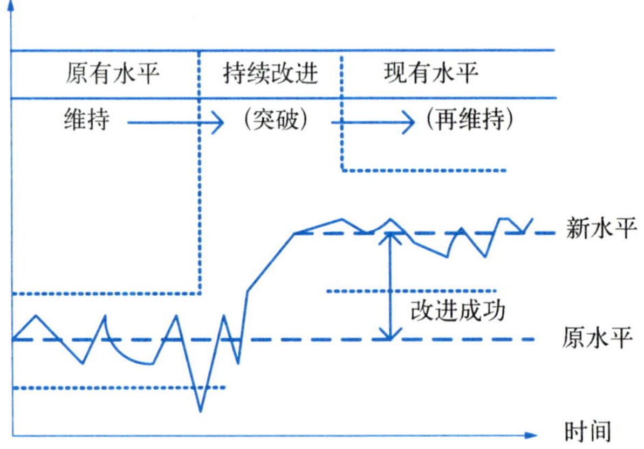

图 4-3 耕地保护工作持续改进和实施耕地保护工作的关系

要想做到耕地保护工作的持续改进,首先应该注重对现行耕地保护体系运行的情况进行分析和评价,对于做得好的地方应继续保持,不好之处则将其确定为需要改进的领域。其次,应确定耕地服务质量可以改进和提高的目标,寻找可能的解决办法,并致力于实现这些目标。而改进的最终目的就是要取得耕地保护工作的实效。从这个意义上讲,耕地保护的持续改进也应进行策划,分析和识别改进的区域;制定和确定具体的改进目标值;制订耕地保护改进活动的具体措施、手段、实施计划,对耕地保护改进结果进行评价,从而证明通过耕地保护改进活动是有效和高效的。

因此,政府的各级管理者在进行耕地保护时,应始终关注耕地保护工作的持续改进。实际上,这正是落实最严格耕地保护制度的重要内容,是提高农业综合生产能力、确保国家粮食安全的根本保障,是优化利用土地资源、构建国家生态安全屏障的有效途径,也是各级国土资源部门的重要职责和任务。基于这种认识,耕地保护的持续改进需要: ① 从高层领导和各级管理者做起,营造必须持续保护耕地的危机意识和氛围; ② 为员工提供关于耕地保护方法和手段的培训; ③ 使员工明了耕地保护工作改进对个人和社会的重要性,从而使耕地保护、过程和体系的持续改进成为每个员工的目标; ④ 确定目标以指导、测量和追踪持续改进的效果; ⑤ 及时确认耕地保护工作改进的结果,并对有关人员进行通报表扬和奖励。

第三节 特大型城市耕地保护的策划和规划

特大型城市的耕地保护策划和规划是由导向性的耕地保护方针、可考核性的耕地保护目标和实现耕地保护目标的规划所组成的一个有机整体。耕地保护方针、耕地保护目标和耕地保护规划三者之间有着密切的联系。

耕地保护方针应与整个城市的发展战略和发展方向相一致,并为制定耕地保护目标提供框架。耕地保护目标是城市政府在耕地保护方面所追求的目的,其制定通常要以耕地保护方针作为依据。耕地保护规划则包括详细的行动计划、时间表和方法,各级管理部门在耕地保护指标上的规定和详细要求。

制定耕地保护方针要结合特大型城市的实际情况突出重点,而规定耕地保护目标则应逐级展开,逐步落实。耕地保护目标是耕地保护方针的具体化,并可以为编制耕地保护规划、为耕地保护目标实现情况的考核评价提供依据。只有确立明确的方针和目标,才有可能针对这个目标综合地、系统地进行耕地保护规划。没有统一方针和目标的行动是盲目的行动,也很难取得实效,甚至可能由于各组织机构的不够协调造成一些内耗和浪费。耕地保护规划和方案则可以在一定程度上是动态的,可以定期在一定条件下予以修订以反映耕地保护目标和指标的变化情况。

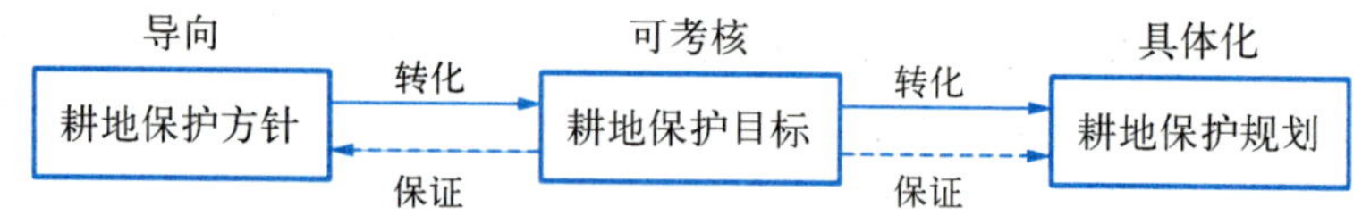

图 4-4 耕地保护方针、耕地保护目标和耕地保护规划的关系

一、制定耕地保护方针

耕地保护方针是整个城市耕地保护活动的意图、指导思想和行为总则。为接下来耕地保护目标、规划和工作体系的建立提供一个框架，也是未来改进耕地保护工作体系的推动力。

虽然耕地保护的重大决策由中央政府作出，但耕地保护工作的具体实施在各级城市政府。目前，我国众多大城市耕地保护工作不够得力与各城市政府及其领导者的耕地保护方针不够明确也有很大关系。由于政绩需要和地方竞争压力，各级政府在制定城市发展方针时通常并没有正确处理发展经济、生态环境保护和耕地保护的关系，在城市规模上过于求大求快，忽略了耕地保护和基本农田建设，即便在保护耕地时也经常出现保劣不保优的现象。

所以，特大型城市在全面建设耕地综合保护体系时，各级政府首先对耕地保护的要求应有一个明确认识，正确制定耕地保护方针。这实际上对城市耕地综合保护体系运行的成效起着决定作用，也是推进耕地综合保护体系顺利运行的首要条件和关键环节。耕地保护是长期的工作，而不是要注重短期的效益或市场效应。这就要求城市有一个富有前瞻性的耕地保护方针，建立并不断完善耕地综合保护体系，培育并不断发扬耕地保护的文化环境和氛围，使整个公众都参与到耕地保护中，以此保证耕地保护工作的成功。要从促进整个城市发展、维护社会和谐稳定的高度看待耕地保护，紧密围绕为社会提供高质量的耕地产品及其服务价值这一战略方针引导方方面面的工作，并激发各耕地保护机构和工作人员的积极性，衡量和监控各方面耕地保护工作的绩效。各级城市政府，特别是特大型城市更是要遵循习近平总书记在视察国土资源部时提出的要求，“对耕地保护的态度要像保护文物那样保护耕地，甚至要像保护大熊猫那样来做”。

尽管耕地保护的方针可以是抽象的，但应遵循以下几点一般的要求：耕地保护方针要适合于城市自身耕地资源特点，方针要包括对耕地质量提高和破坏耕地行为预防的承诺，包括对适用的法律、法规、规划要求的遵守，有对耕地保护目标评估的框架，有成形的文件并可以为公众所获取。耕地保护方针不仅要利于进行宣传，也可以传达到所有为耕地保护工作的人员那里。

二、明确耕地保护目标

耕地保护目标是城市政府根据耕地保护方针要求而设定的一定时期内耕地保护活动的行动纲领和期望取得的最终成果。

目标是行动导向,确定耕地保护目标主要是为了说明未来的状况、确定未来共同的期待,为了有计划、有战略性地指导耕地保护工作,为了有计划地、以结果为导向开展行动,为了调动所有参与者的积极性和归属感,为了对耕地保护工作业绩进行衡量。因此对每一个影响耕地保护的要素均应明确其具体控制的目标。在确定各影响要素的控制目标时,可采用国际上目标管理通行的 SMART 原则。即:S (Specific)——目标要清晰、明确, M (Measurable)——目标要量化, A (Attainable)——目标要通过努力可以实现,R (Relevant)——目标要和工作有相关性,P(Time-bound)——目标要有时限性。

可见,耕地保护目标的内容应涵盖耕地保护工作的全部内容,并规定出具体的标准,具体目标制定时不仅应该有定性方面的要求,还特别应重视定量方面的规定。应对其相关的职能部门和不同层次工作人员规定可考核的具体指标和标准,以及完成这些目标和指标的方法和时间表。只要有可能,就应使耕地保护的目标和指标可测量。同时,在建立和评估耕地保护目标时,应考虑国家法律、法规要求、规划要求和其他应遵守的要求和承诺。一个不切实际、不合理和内容空泛的目标不能完成,也达不到制定目标的效果。鉴于我国的耕地保护制度背景较为复杂,特大型城市面临的环境和压力与一般城市不尽一样,不同城市耕地保护条件差异也较大。我国不同类型特大型城市制定耕地保护目标时更应该具体情况具体分析。

对于特大型城市而言,粮食生产功能可能并不一定是耕地保护目标的全部,否则不仅不利于提高耕地保护的重要程度,反而可能因为粮食生产需求的满足而降低耕地保护的要求。从世界范围看,耕地保护与生态环境保护政策融合逐步深化。尤其 20 世纪 70 年代以来,各国纷纷加大农地尤其是耕地保护力度。耕地与林草、滩涂、沼泽、冰川积雪互相依存、唇亡齿寒。在严防死守耕地数量红线同时,要尽快步入耕地数量、质量和生态并重,耕地与其他用途土地一体化呵护的轨道上来(孙英辉,2014)。

所以,现在特大型城市耕地保护目标应该是在保持一定粮食自给率的基础上注重耕地的多元功能,促使特大型城市农田的功能由以生产功能为主向生态服务与景观文化功能为主转变，完成由粮食安全目标向生态安全、经济安全与社会安全的综合目标的转变；由传统的耕地保护向农地、生态景观和乡村文化综合保护的转变；从单一的耕地数量保护向数量、质量、空间保护的综合性保护扩展；从单一的控制耕地减少的保护制度，向耕地占补平衡、基本农田永久保护、土地整治、高标准农田建设的多元和立体保护的制度转变；从政府部门被动的耕地保护向主动保护和多主体的共同保护转变。

三、科学合理编制耕地保护规划

耕地保护规划作为关系长远、关系全局、关系社会整体利益的空间规划，与城乡规划、生态环境规划等其他规划在土地利用上有千丝万缕的关系。但目前，我国各城市之间不同部门规划之间不协调、不衔接的现象大量存在，客观上增加了规划实施的困难，影响到耕地保护的成效。特大型城市的耕地保护规划不仅需要一套科学合理的战略规划，还要有一套切实可行的实施规划。在坚持耕地保护规划基础性管控作用的前提下，应更加强化与土地整治规划、生态环境规划、社会经济发展、城乡建设、产业发展及基础设施建设等相关规划的协调融合，建立统一的空间规划体系。

耕地保护规划具体编制前，首先要全面掌握和弄清区域社会经济、耕地数量、质量、生态功能的现状，获得第一手的详尽的数据和资料。这是建立耕地保护规划的基本条件，也是保证规划、决策正确性的首要前提和条件，必须认真对待和高度重视。其次，在充分调查研究的基础上提出科学进行耕地保护的解决办法。只有耕地保护部门识别了影响耕地保护的全部环境因素，并在这些环境因素中挑选出重要的影响因素，其建立的耕地保护规划才更有效和可信。这里的环境因素既要对耕地保护确实有影响，也要城市政府能够控制。要从长远和根本利益出发对土地开发利用进行超前安排，明确区分土地的使用类型，保证各类土地开发利用活动有序、适度，防止因局部利益和眼前利益乱占滥用耕地，允许有条件地开发利用一般耕地，保障土地资源可持续利用。在目前情况下，可以依据二次调查成果，合理调整耕地保有量、基本农田保护面积和建设用地总规模等规划目标，切实提高和保障耕地保护规划的可操作性。

制定好耕地保护规划后，要以准立法的要求来保障耕地保护规划的权威性和稳定性，有效防止违反规划或擅自修改规划，严格执行土地用途管制制度。从各国的耕地保护实践中可以看出，从规划实体到规划程序都有很强的规范性。在我国，土地规划和土地用途管制是耕地保护工作的最有效途径，是其他制度无法替代的。在落实特大型城市耕地保护规划时要注意加强以下几个方面：一是要明确划定城市开发边界、粮食安全底线、永久基本农田和生态保护红线，强化规划的硬约束。对于优质耕地，以及其他水源地、湿地等重要的生态用地都要预先统一地加以保护，从源头上防止开发占用和破坏。严格控制城市建设用地规模，确需扩大的，要采取串联式、组团式、卫星城式布局，避让优质耕地。在严格保护基本农田、保障耕地生产能力的前提下，合理安排生态退耕规模和布局，促进生态环境改善。对基本农田和基本保有量之外的耕地则更多可以从整个农用地的角度协调经济发展、耕地保护和生态环境建设的关系，调整农用地土地利用结构。二要加强规划实施管理。严格实施耕地保护规划，促进各类建设特别是城镇建设合理集约用地，尽量减少建设占用耕地。特别是要严格审核基本农田规划调整，凡不符合法定条件的，不得通过调整规划变相占用基本农田。三是要坚持依法用地。决不能以任何理由，擅自用地、越权用地、违法用地，决不能以牺牲资源和农民利益为代价，换取一时的经济发展。

第四节　特大型城市耕地保护的实施与执行

耕地保护的实施和执行是指按照耕地保护目标、指标及有关方案来控制耕地综合保护体系的运转，保证耕地保护各方面工作正确而有效地运行。所以说，耕地保护的实施和执行工作是特大型城市耕地综合保护体系有效运行的基本保证，是耕地综合保护体系实际的运作过程，也是逐步实现耕地保护目标和指标的过程。

根据国外对农地和耕地的保护经验以及我国耕地保护制度的变迁，特大型城市政府在耕地保护上可以采用的政策工具包括制定法律条文、领导重视、确定职责、宣传培训、责任保证和承诺、耕地补偿、提高耕地质量和农业振兴、税收和补贴奖励等，具体可以通过以下措施开展。

一、强化政府的耕地保护主体作用

(1) 提高耕地保护的领导重视

一般而言，在任何一个单位或部门（尤其是公共部门）中，推动该部门工作正常运转的各种资源基本上都掌握在高层领导手中。耕地保护也是如此，有效的领导能够从战略上推动耕地工作向前发展，并慢慢地向工作人员灌输耕地保护目标的承诺、新的理念。越是高层的领导者，越必须为耕地保护工作承担责任，具有的相关权力也越大。

耕地保护高层领导的工作包括建立政府在耕地保护方面的形象和信誉，制定耕地保护的各项目标，在追求耕地保护目标中所采取的措施，负责调动参与耕地保护全体人员的作用等。耕地保护的领导者还要做好组织和协调工作，及时了解、沟通耕地保护体系的运行情况以及各部门、各岗位的业绩与问题，针对发现的问题采取纠正措施与预防措施。

为了调动耕地保护领导工作的动力或提高其对耕地保护的重视程度，一套完备的责任机制、激励与约束机制必不可少。

(2) 确定相关机构的耕地保护职责和权限，提升工作质量

要保证耕地综合保护体系的有效运行，实现耕地保护目标，一个直接和有效的途径就是将有关职责分别划分给有关部门，并让各层次管理者和员工明确自己承担的责任和义务，并使其成为考核工作人员的重要内容之一。当然，特大型城市的耕地保护不是某一个部门的事情，也不是某一个人的事情，而是与耕地保护有关的各个机构和公众在耕地保护方面的综合，是各个环节围绕耕地保护目标协调作用的统一体。政府还可以通过一定的制度设计，让地方政府、农村集体经济组织、农民、用地者等耕地的管理者、使用者能够做到思想统一、步调一致，从而构建一个“政府负责、部门协同、公众参与、上下联动”的耕地保护共同责任机制，真正扭转国土资源“一家管、大家用”局面，形成各部门密切合作、通力配合、分工负责、齐抓共管的长效机制。

因此，必须明确城市政府各有关部门在耕地保护方面的职能并规定其职责，以及各部门在一定的耕地保护目标下所承担的具体工作任务。耕地保护职能部门的主要任务应该是制定具体明确的耕地保护的工作计划，保证工作计划可以层层分解，并能够落实到位，明确规定完成耕地保护工作的形式、方法、时间进度等，对工作计划执行的全过程进行必要的监督、控制和审查，确保计划的完成和达到预期的耕地保护目标。

长期以来，由于我国政府行政机构设置问题和耕地资源本身的特点，耕地保护工作涉及法律、规划、土壤培肥、植物栽培、工程治理、生物修复等多个领域，农业、国土、环保、水利等多个部门都从各自的角度开展了大量的工作，但由于缺乏相应的部门间沟通与合作，导致有些成果和数据、信息等不能及时共享，发现问题不能合力解决，造成耕地保护项目资金的重复和浪费，耕地保护效果不能很好地得到体现。这种缺乏沟通和系统的状况不利于整个城市系统地进行耕地保护。

特大型城市为了达到耕地保护目标更要求政府各相关机构和工作人员展开有效的合作和配合,耕地综合保护体系也更需要各部门、各领域的专家共同针对城市耕地保护工作中亟须解决的关键问题与技术瓶颈进行研究和处理。各部门不仅要合理分工,明确相关单位和部门各自的任务和职责,制定工作方案,逐步完善各项制度,还要强化本部门的耕地保护责任意识,共同担负起耕地保护的责任。具体如发展改革、农业、经济信息、国土资源、规划、建设、财政、水利、海洋与渔业、环保、林业、统计、纪检监察等相关部门更要加强协调和配合,各司其职,各负其责,共同参与,健全联动机制,形成工作合力,实现耕地数量、质量、生态的综合保护。

此外,整个特大型城市的耕地保护工作不仅需要具体职能部门,还需要一个决策和协调机构,以便于从总体上协调和控制上述各方面的耕地保护职能。这一综合性机构的任务,就是要把各方面的活动纳入耕地保护体系的框架中,使该体系能有效地运转起来,从而以最少的职能重叠和最少的意见分歧来获取最好的效果。这个机构具有十分关键的领导功能,也要具有相当程度的权威性,通常可以由城市政府的最高管理者或管理者代表全面领导和负责,领导机构的成员由各有关职能部门的负责人担任。这个机构工作的成效直接决定着耕地保护项目实施的成败,这就需要市政府切实加强对耕地保护工作的领导,将耕地保护工作纳入重要议事日程,把耕地保护共同责任机制建设工作放到经济社会发展全局工作中进行谋划和统筹推进,定期听取耕地保护工作汇报,专题研究部署,落实国家和市政府对耕地保护的新精神和新方针,对重大问题及时进行协调。

再次,由于公共服务本身特点,政府部门间往往存在上行下效、唯命是从、只对人不对事的思维和行为倾向,同一个耕地保护部门上下级之间也存在类似现象。所以,耕地保护各级各单位内部也要提高重视程度,全面落实构建共同保护耕地的工作责任和机制,明确具体要求,确保耕地保护工作真正落到实处。

(3) 落实耕地保护目标的责任保证和承诺

公共服务的承诺制最早诞生于英国。国际经验表明,公共服务承诺制度的建立和公共服务标准的制定,不仅有利于公众对公共服务进行监督,而且有助于公共部门不断提升公共服务质量。为了保证耕地保护方针、目标的落实和各项耕地保护工作的顺利实施,在明确职权和职责的同时,推行政府部门耕地保护目标的责任保证和承诺制也是一条可供选择的有效途径。

特大型城市耕地综合保护体系的完善要求各部门和相关人员对于耕地保护做出相应的保证和承诺。要建立一套以耕地保护目标责任和承诺制为主要内容的绩效考核办法和完整严密的管理制度。这不仅是耕地保护取得实际效果的关键，也为建立耕地保护工作的奖惩机制奠定基础，确保耕地保护责、权、利三者的统一。耕地保护目标责任和承诺制即：将政府在耕地保护方面的内容、标准、程序、时限以及违诺责任等向公众公开公布，并承诺完成，从而形成一种履行契约的外部压力，实现耕地保护工作的提高和持续改进。包括：① 政府在耕地保护目标上制定明确的承诺标准。② 最大限度向社会公开耕地保护目标的承诺。③ 建立起耕地保护目标承诺的内外监督机制。④ 加强政府与公众在耕地保护上的多渠道沟通。形式上不仅有量化和细分的耕地保护目标、耕地保护标准、职能和责任及相应的奖惩制度，还要用文字形式明确下来，印发到每一个工作人员手中。

坚持强化并落实政府干部特别是领导干部的耕地保护目标责任和承诺制，必须明确规定相关机关和负责人应该承担的耕地保护责任，积极推动地方政府将耕地保护目标纳入经济社会发展的考核评价指标体系，并将考核结果作为对区县政府领导班子和领导干部综合考核评价的参考依据。特大型政府的主要负责人应对本级行政区域内的耕地和基本农田保护面积负总责，政府主要领导为耕地保护第一责任人，分管领导为耕地保护具体责任人。主要领导人必须要把耕地保护放在更加突出的位置，切实守住耕地红线。各级政府之间都要签订耕地保护责任书，分解任务，细化责任，形成多层分级的耕地保护责任体系。定期进行耕地核查，督促责任人主动发挥作用，严控违法违规的耕地占用行为，切实将耕地和基本农田保护目标责任逐级落实到各级政府和耕地保护的相关机构和各个基层单位。还可以建立“耕地保护目标的否决制”，以耕地保护目标完成与否作为对责任人员工作效果和利益分配开展评估的决定因素，进而提高各级各类人员对耕地保护的重视和耕地保护责任的落实。

二、加强宣传教育和培训，优化耕地保护环境

保护耕地、加强土地管理是基本国策，也是城市管理的一项系统工程。特大型城市耕地综合保护体系的全面建设和完善离不开全社会的支持。政府、相关部门及社会大众要真正理解、支持和一起做好耕地质量建设与耕地保护管理，形成良好的社会氛围。

耕地保护部门从领导者到一般工作人员都要统一认识，自觉地树立正确的耕

地保护观念。一方面需要国土系统内部增强耕地保护意识和基本知识的培训和宣传。另一方面是增加专业技术与技能的教育培训。这就要求对不同的培训对象,宣传教育培训的内容应有不同的侧重。对于高层管理者而言,应侧重于耕地保护理论和理念方面的教育,主要目的是确定工作方向。对于从事一线工作的员工,则应加强技术基础教育、技能培训以及关于耕地保护知识、应用方面的教育,目的是促使他们将耕地保护核心理论逐步运用到日常工作中去。对于新近加入耕地保护工作的人员而言,耕地保护是一个新生事物,其基本理念与其他经济发展等政府部门的工作思路有些是有冲突的,因此更要抓紧对其的培训和教育。总体而言,培训和宣传教育的重点是让工作部门成员接受耕地保护的一整套思想理论,而推广其技术手段则成为相对次要的任务。

培训过程中,最高管理者应当身体力行和积极参与,学习、领会和加深对耕地保护工作和要求的理解。相关耕地保护部门的工作人员则应将培训的要求与本职工作联系起来,增强耕地保护意识,并将耕地保护的意识贯穿于自身耕地保护工作的每个环节。

除了耕地保护职能部门,一切公民、法人、新闻媒体和其他社会组织也担负有保护耕地的义务,应严格遵守国家和地区有关耕地保护的法律法规。城市政府应鼓励新闻媒体大力宣传耕地保护法律法规和政策,公开耕地保护信息,宣传耕地保护先进典型,通报土地违法违规案件。宣传教育工作还可以进课堂、进农村、进社区,加强市民对耕地资源的危机意识和忧患意识,对农户宣传耕地保护和生态保护理念,提高全社会保护耕地的自觉性和积极性,努力形成保护耕地、节约用地的良好氛围。

三、完善和创新耕地保护的制度体系

(1) 制定具有城市特色的耕地保护政策和规章制度

耕地的保护不仅与一个城市宏观经济,与城市化、工业化、环境保护等问题息息相关,还和整个国家的农村集体土地产权制度、农村社会保障体系、生态环境保护、公众参与、相关法律和监督体系具有密切联系。所以,特大型城市应在国家《土地管理法》《土地管理法实施条例》和《基本农田保护条例》以及相关法律体系的框架下,结合地方实际,健全耕地保护的地方性法规规章,完善适合于当地政府一系列不同层次、相互协调的耕地保护政策和配套保障体系,并增强耕地保护政策体系与其他政策的协调性。

根据对耕地保护理论基础和国外耕地保护经验分析，清晰的产权制度是耕地保护取得更好效果的必要前提，可转移的产权制度可以提高耕地利用效率。特大型城市政府还可以在国家宪法和法律框架下细化农民集体对耕地的产权，包括使用权、收益权和处置权等。探索和创新在一定条件下的耕地权利转移制度，不同区域和地块耕地保护指标的交易制度，从而更好地协调耕地保护和经济社会发展、生态保护之间的利益平衡关系。通过完整而清晰地耕地产权改革，来建立政府、集体和农民共同保护耕地的体系，提高耕地保护的效果。

此外，可以将耕地保护工作中重复出现的管理工作和处理办法制订成标准，纳入规章制度，使耕地保护管理业务标准化。通过进一步的研究分析，使耕地保护业务工作过程合理化，并固定下来，用图表、文字表示出来，使耕地保护管理流程程序化。这样耕地保护工作将更加条理和规范，也避免了职责不清、相互脱节和相互推诿。

(2) 建立耕地保护的经济激励机制

我国耕地保护的主要责任主体虽然是政府，但耕地保护项目既不能为地方官员带来政绩，还可能因为减少建设用地而影响地方财政的收入。所以，作为耕地保护具体实施主体的地方政府却因为事权过多，在耕地保护这种效益不高的项目上相对财政紧张。各特大型城市的政府在耕地保护方面采取的也通常是被动执行的态度。与此同时，与耕地保护有更加直接联系的农民，随着工业化和市场经济体制的进一步深化，也不愿意保持比较效益不高的耕地，反而更倾向于通过耕地的被征用换取相对高额的补偿金。因此，从特大型城市的政府到个人在一定程度上都对耕地保护工作缺乏动力，要鼓励全社会共同参与耕地保护，势必要有一套完善且有效的奖惩机制。

从国际上耕地保护与管理的实践看，保护耕地是国家出于保障粮食安全和生态安全的战略行为，理应由国家承担保护耕地的必要成本；实现均衡发展是国家的基本责任，理应给予保护耕地任务重的地区必要的财政支持；农民是耕地最直接的使用者和耕地保护的主体，理应获得耕地保护与农业生产合理的收益和机会成本。

特大型城市首先可以加大对保护耕地，特别是基本农田保护地区的补贴力度，核减耕地保护不力地区的财政预算分配。让守耕地红线者受益，越耕地红线者受罚。其次，提高非农业建设占用耕地特别是基本农田单位和个人的违规和经济成本。严格地限制非农建设占用可耕地资源，并加大制度的执行和监督力度，对耕地保护不力的单位和个人进行严厉的问责整改。再次，增加新增建设占用耕地使用费和耕地开垦费标准，严格执行新增建设用地土地有偿使用费、出让土地纯收益用于农业土地开发的比例，做到耕地开垦费全部用于开垦新的耕地，确保补充耕地质量。为了支持和鼓励社会投资土地开发整理和复垦，可以按照“谁开发，谁受益”的原则，努力实现项目投资主体多元化，形成以政府投资为主、社会投资为辅，产业化经营的良好局面，做到以质量提高促耕地保护。

还可以引入国家和集体、农户的合作模式，鼓励农村集体经济组织和农民依据土地整治规划开展高标准基本农田建设，实行“民办公助、以补代投、以补促建”，将高标准基本农田建设项目直接交给农村集体经济组织实施，让农民“用国家的钱，整自己的地”。探索将基本农田保护责任书与有效的补偿和激励制度结合的形式，在明确农户承包基本农田的位置和面积，落实保护责任同时，各级地方财政还可以建立耕地保护和养地基金，每年再给予承包基本农田，参与耕地保护或耕地质量提高的先进个人或农户一定的物质奖励和资金补助，激励广大农户保护基本农田的积极性和自觉性。

在政府机关内部设置“耕地保护的奖励制度”对于耕地保护工作质量的提高和促进也具有重要作用。通过对耕地保护工作做得好的部门和个人给予表彰奖励，不断规范耕地保护的工作质量，推动耕地保护工作的不断改进，从而形成一个持续性的良性循环。

四、做好耕地保护重点工作

(1) 划定和永久保护基本农田

划定基本农田是一项十分有效的耕地管理手段，在耕地保护工作发挥着重要的作用。基本农田是指按照一定时期人口和社会经济发展对农产品的需求，依据土地利用总体规划确定的不得占用的耕地。它包括粮、棉、油生产基地内的耕地；有良好的水利与水土保持设施的耕地，正在实施改造计划以及可以改造的中、低产田；蔬菜生产基地；农业科研、教学试验田等。

特大型城市的耕地保护首先要落实土地利用总体规划确定的基本农田保护任务，坚持基本农田保护区调整划定与农业生产结构调整相结合，并与生态环境建设相结合，把最好的耕地先行划为基本农田进行永久保护。

除了现有耕地面积和已划定的永久基本农田要保持基本稳定外，还要实行更加严格的用途管制。坚持耕地质量等级从高到低、优质耕地农用为先的原则，把质量好、抵御自然灾害能力强、粮食产量高、宜于保护的耕地，城镇周边和交通沿线的优质耕地、土地整治建成的高标准农田等划作永久基本农田，实行严格管理、永久保护，并注意长期提高其质量。将永久基本农田落地到户，严格管控措施，实现长久有效保护。把永久保护农田的划定落地到户，上图入库，明确保护责任、完善保护标识。永久基本农田一经划定，任何单位和个人未经批准不得擅自改变或者占用，确保优质耕地不流失，防止永久基本农田非农化。在永久基本农田划定落地的基础上，建立永久基本农田“划、管、用”的机制。要制定工作规则，落实工作责任，确保基本农田划定真正落实到位。

划定永久基本农田，不仅有利于稳耕增产，还有利于推动集约经营，有利于推动农业现代化；还将良田沃土、绿色田园永久留给子孙后代、留给城乡居民，在保障粮食安全的同时，有助于彰显耕地的生态功能。

(2) 健全和探索耕地保护综合补偿机制

耕地具有生产、生活和生态等多种功能，生产者或开发者占用耕地不仅影响耕地的原生产能力和价值，还要对周边生态带来破坏和影响。所以，耕地的保护不仅要保证数量不减少和质量不降低，还要在耕地不得不被占用的情况下，健全和探索耕地保护补偿机制，从数量、质量、生态等方面对耕地的变动情况进行评估和补偿。这样才可以真正落实耕地占补平衡制度，确保将耕地综合保护体系建设落到实处。

首先，要在占补平衡政策上注意控制好两个环节：一是要控制好“占”，即依据规划、计划和各类行业用地标准从严控制建设占用耕地的规模；二是要落实好“补”，即通过编制补充耕地方案，落实占补平衡。特别是特大型城市，耕地资源本身就比较紧张，被占用压力大，可以通过建立倒逼机制，引导地方建设不占或少占耕地。在根据耕地保护规划和土地用途管制基础上，在严格执行先补后占基础上，进一步确立以补定占的原则和规定，发挥占补平衡对建设占用耕地的强约束作用。

其次，要利用好农用地分等定级、土壤地质调查测评分析、第二次全国土地调查等成果，完善现有和后备耕地资源质量等级评定。在科学的耕地质量等级评价体系基础上形成统一、可操作的耕地补偿等级和相应的补偿标准，并将其作为规划调整、划定永久基本农田、建设用地审批和补充耕地审查的依据，让耕地占补平衡有据可依、有章可循。

再次，技术上还可以通过对建设占用优质耕地的项目综合采用耕作层剥离、土地整治、土壤修复等措施，将剥离的耕作层用于垦造新的耕地，提高补充耕地质量建设。未按规定剥离耕作层的，不得办理建设项目供地手续。土地整治补充的耕地则要先评定等级再验收，没有达到要求的不得验收。加强补充耕地立项管理，提高项目工程建设标准，加强项目规划设计审查，严格项目验收。

五、通过土地综合整治提高耕地质量和服务价值

土地综合整治是对低效利用、不合理利用和未利用的土地进行治理，对生产建设破坏和自然灾害损毁的土地进行恢复利用，以提高土地利用率的活动，包括农用地整理、土地开发、土地复垦、建设用地整治等。土地综合整治可以在加大补充耕地力度的基础上，通过提升等级、优化布局等手段，引导耕地向“优质、集中、连片”的集聚方向发展。土地综合整治不仅是落实最严格的土地管理制度，还是大力推进耕地保护和节约集约用地的重大举措。特大型城市的土地综合整治在积极补充耕地数量的同时，要更加注重提高耕地质量和改善农业生态环境，充分发挥土地整治的经济、社会和生态效益。

特大型城市耕地保护目标中的耕地质量和服务价值提高就可以以土地综合整治为平台，以建设旱涝保收高标准基本农田为重点，科学划定基本农田保护区，优化耕地多功能布局，强化耕地质量建设，提高耕地生态环境水平，向生态农业方向发展。照耕地产能提升潜力大小，合理确定农田整治的重点区域，做好土地综合整治等提高土地质量的重大工程和示范建设。综合采取生物措施、工程措施等，加大农田基本建设力度和中低产田改造，有效改善和提升粮食生产条件和能力。通过田、水、路、林、电、灌综合治理，使得基本农田质量逐步提高。加强农田水利等基础设施建设，提高农业设施装备水平，建设和保护高产稳产田。实行用地与养地相结合，提高耕地肥力水平，在土地整治项目后期要更加重视建后管护和地力培育。有针对性地对污染性土壤进行修复、对障碍性土壤进行改良、对破坏性土壤进行改造、对瘠薄土壤进行培肥养护和耕地质量修复。通过退耕还林、营造水土保持林和防风固沙林、增加林木覆盖率等措施，改善区域生态环境。特大型城市还可以协调有关部门开展一系列耕地质量保护与改良方面的可行性研究，通过引进和推广农业先进技术，开展试验示范，进一步加大基本农田综合整治和培肥改土力度。

第五节　特大型城市耕地保护的检查、评估和监督

为提高耕地保护的科学性、有效性、及时性，使特大型城市政府耕地综合保护体系持续正常运行，必须建立一个高效灵敏地沟通城市政府内外部耕地保护信息

的反馈和管理体系。特大型城市耕地保护的检查、评估和监督就是这样一种耕地保护工作的反馈过程。相关部门必须在耕地保护过程中将所有产生的内外部信息,包括各种数据、报表、资料和文件等,进行统一的收集、分析和处理。这样才可能让耕地保护决策部门全面、准确、及时、有效地获取耕地保护信息,让耕地保护部门及时地进行动态控制,并使各项耕地保护活动和耕地质量情况处于受控状态。这个过程是城市政府开展耕地管理工作的重要依据,也是不断改进耕地保护工作质量最直接的资料来源。这个过程收集到的信息可以帮助管理者正确认识影响耕地保护工作效果的因素,认识到它们的变化及其内在联系,从而为耕地保护方面的重大决策,为耕地保护工作的实施和执行,以及处理各种耕地保护行为提供依据。

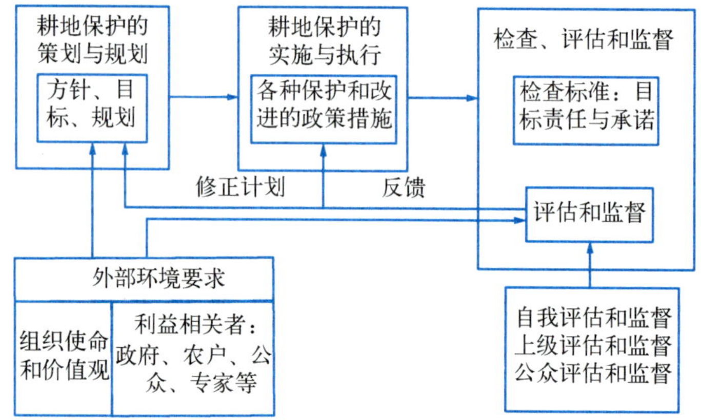

图 4-5 特大型城市耕地保护的反馈机制图

一、耕地保护的调查和监测

特大型性城市对耕地综合保护体系运行过程的调查和监测,是为了确保耕地保护符合按照既定的目标持续、稳定地运行,是确保体系正常运作的必要手段和耕地保护工作的基础。它的主要任务是对耕地保护工作进行连续的监视、验证和控制,发现偏离要求的问题,及时反馈,以便采取纠正措施。因此,耕地保护的调查和监测不仅可以及时掌握耕地质量动态变化,还可以作为提升耕地保护工作水平、全面加强耕地质量持续改进的重要抓手。

调查和监测时注意充分运用第二次全国土地调查、现有土地变更调查、土地利用动态监测系统、农用地分等、土地质量地球化学评估等数据和监管平台,对补充耕地的位置、范围、地类等进行核实,实现日常监管。同时还要利用信息技术建立卫星遥感等技术手段的动态监管机制,对耕地特别是永久性基本农田的保护和变动情况进行全天候和全覆盖的监测。

各基层单位和政府还可以采取多种方式，深入持久地开展全区域、全方位的土地动态巡查，及时发现各类违法违规用地行为，做到违法占用耕地早发现、早制止、早处理，落实“预防为主”的耕地保护方针。经常组织开展对耕地和基本农田等级的年度抽查和检查，形成耕地保护年度报告制度，积极开展耕地等级成果完善和成果年度变更工作。利用农用地分等成果和土地质量地球化学评估成果，探索建立合理的耕地质量分级体系和耕地质量的数据库和动态监测体系，为实现耕地数量、质量、生态并重管理的长远目标服务。

通过建立耕地保护数据实时更新机制，实现与建设用地审批、在线土地督察等系统的关联应用，实现国家、地方数据库系统的互通和数据的网络传输，实现耕地保护“天上看，地上查，网上管”的立体监测和管理，建立和完善国土资源遥感监测“一张图”和综合信息监管平台、电子政务平台、共享服务平台为主要内容的耕地保护信息建设框架体系，实现对耕地“批、供、用、补、查”的全面全流程动态监管。同时，调查和监测的过程要做到公开、透明，调查和监测的内容、标准、过程和结果都要及时对公众公布，从而促使政府相关部门及时和尽快地提高耕地保护工作水平。

二、耕地保护的评估和考核

没有评估和考核就无法对耕地保护目标的实现情况做出判断。特大型城市政府如果要想了解耕地保护体系的现状是否有效，是否符合耕地保护方针和目标的要求，就要对耕地保护体系做出正式的定期的评估和考核。耕地保护目标的评估环节也是改进耕地保护工作质量的依据。所以，耕地保护的评估和考核功能要贯穿最初的评估到最后的改进，以推进政府耕地保护工作的持续改进、实现耕地服务价值的提高。

耕地保护的评估和考核要求在有效集成耕地保护方针和目标要求的基础上，形成明确、集中、统一的耕地保护评价指标，提高可考核性、增加透明度。加强对主要领导人和耕地保护机构责任目标考核指标的研究，将永久基本农田划定和保护、高标准基本农田建设、补充耕地质量、违法用地占用耕地比例、土地违法案件执行到位率、违法用地责任人查处到位率、共管责任落实到位情况等内容纳入政府耕地保护工作目标考核体系，健全评价标准。耕地保护机构内部要依据工作考核结果对各部门及员工进行奖励，以调动各部门及员工完成耕地保护目标并持续提升耕地保护工作质量的积极性。

补充耕地质量的评估和考核方面，则要依据耕地分等定级技术规范和标准，量化补充耕地等别，严格按照规划设计进行土地整治新增耕地质量评定和验收，通过保证工程项目等级来确保补充耕地的等级。

三、耕地保护的监督

特大型城市中，耕地被破坏的特点在于它所影响的不仅是某个人或群体，而且会对整个城市的社会经济发展和生态环境造成普遍性的伤害。所以，要对耕地数量、质量和生态状况的变动、粮食主产区基本农田的划定和保护、农地流转"非农化"、政府部门是否违规出台相关政策造成耕地大量流失等行为进行监督。监督对象不仅包括对政府部门的监督，也包括对耕地占用的单位和个人的监督。监督的主体可以是政府部门的行政监督，也可以包括第三方、个人和媒体等社会监督。

由于耕地保护存在外部性，必然要求和决定了政府在耕地保护监管体系要处于核心地位。政府部门专业性的耕地保护监督机构，可以设于现有的行政机构内部，如国土部门和农业部门等，也可以政府内部独立设置，如督察局。但是，耕地保护监督机构除行政隶属关系由这些部门管理外，其耕地保护监督职能的履行，最好要接受国家土地督察局等综合行政机构的监管，以防止部门利益对专业监管职能的不利影响，同时要保证监督机构有充分的资金独立运用，保障耕地保护监督机构可以独立地行使监督权。

政府部门耕地保护的行政监督主要应抓好以下几项工作：一是要形成有力的内部行政监督机制，监督主体要确定，机构设置要合理，职能划分要科学，监督责权要统一，监督要规范，标准要明确等等。二是要提高耕地保护监督机构的权威性。强化耕地保护监察机关职能，扩大行政监督权限，使之不仅具有检查权、调查权、建议权，而且具有对耕地保护管理者及其工作人员的违法违纪行为的一定裁判权和处置权等。这样耕地保护监督机构才可以成为监督耕地保护行为方面的权威机构和核心组织。三是通过提高耕地保护监督人员的执政水平、工作能力和基本素质、实行定期轮换制等途径来完善耕地保护监督机构的自我约束机制。四是要实行双向监督，加强上级与下级耕地保护工作人员之间的相互监督。

目前，我国各级地方政府在耕地保护监督上的现实情况都有些薄弱，没有充分发挥耕地保护监督职能的重要作用。而且我国各级地方政府的耕地保护监管的内容和形式比较单一。随着社会的发展和城市工业化步伐的加快，在人多地少的特大型城市仅靠严格土地利用总体规划，控制土地用途管制制度的落实，已远远满足不了耕地保护监督的要求，耕地保护面临更多的新形势、新任务和新问题，不仅要强化政府行政监督职能和内容，也要发挥好社会监督的作用。

耕地保护的社会监督是指公众、舆论（电视、电台、报刊等）和第三方等社会组织，协助政府有关耕地保护部门做好耕地保护的监督工作，保护农户和公众的合法权益。特大型城市可以发挥充分发挥各民主党派、各人民团体和群众组织以及社会舆论的监督作用。要积极引导公众主动参与到耕地保护工作中来，强化公众的耕地保护责任意识，鼓励公众对各种破坏耕地的行为积极抵制、制止或向国土资源等有关部门举报。首先，从法规政策上保证各社会公众对耕地保护监督的有效性，通过建立耕地保护社会监督员制度、群众举报信访制度，设置举报电话和公开信箱，形成全社会监管保护耕地的良好局面。其次，可以通过在各广播电台开播涉及耕地保护监督的热线，建立国土资源保护网站，在全社会营造保护耕地和自觉接受监督的良好氛围。使城市社会各界和公民个人有机会通过各种渠道和方式大胆地行使耕地保护监督权。

特大型城市要完善耕地保护的社会监督体系，有两项工作尤显急切。一是政府耕地保护信息公开的问题。只有公众拥有知情权，有权知道政府现在在耕地保护上正在干什么，他们才会去想要参与到耕地保护中去。二是新闻媒体向社会开放的问题。随着社会的开放程度以及公民的民主意识的不断提高，要鼓励媒体大胆参与对耕地保护问题的调查和报道，不能以任何借口来限制媒体对耕地保护新闻的发布。只有保障不同责任主体对耕地保护的知情权、参与权和监督权，凝聚公众的智慧与参与责任，才能让社会和公众积极关心，并以多种形式参与和支持耕地保护工作。

第六节　耕地保护问题的处理

特大型城市耕地保护部门要明确如何针对耕地保护检查、评估和监督中发现的已存在或潜在的隐患和问题，采取积极的补救或预防措施，以实现耕地保护工作的持续改进。还要尽可能规定如何对可能在耕地保护上造成恶劣影响的潜在紧急情况或事故进行响应。

耕地保护部门要做好对耕地保护问题的处理，要对实际发生的耕地破坏行为做出及时响应，并预防和减少伴随的恶劣影响。这就要求：① 知道会有什么样的耕地破坏行为，并做好预防措施。② 知道发生耕地破坏情况后如何处理。不同的破坏行为要用不同的方法解决，规定处理程序和负责人。③ 对不符合耕地保护方针、目标、指标和工作要求的行为进行调查，确定其产生原因，并采取措施避免再次发生。④ 总结耕地保护和应对耕地破坏行为的经验，对应急准备与响应措施进行修订。

耕地保护问题的处理上要严格落实责任追究制度，保证耕地保护工作中的惩罚性、回应性和强制性三个要素得到有效体现。根据耕地保护巡查和监测结果，严厉查处各类土地违法违规案件，在“权责对等、程序正当、权利救济”原则基础上，做到耕地保护中的“有权必有责、用权受监督、违规须问责”，同时还要做到有案必查、查之必处、处之到位。

其次，强化执法监管，明确耕地破坏行为的受理、审查、报批，以及整改要求和规定，完善土地违法案件共同查处协调机制，通过分级查处、快速查处机制和协调查处机制，各耕地保护有关部门要按照各自职责，建立健全覆盖耕地保护“占、补、查、管、养”各环节的共同保护责任。耕地保护部门不仅要在核定违法行为后在规定时间内向同级地方人民政府和上级国土资源部门报告，还要加强与法院、检察、公安、监察等部门的协同配合，形成查处合力。做好耕地保护违法违规案件情况互通和协作支持，加大对耕地保护违法违规案件查处力度和对耕地保护违法责任人员的党政纪处分力度，提高土地执法威慑力。此外，还要坚持重大典型违法违规案件挂牌督办制度，对占用耕地重大典型案件及时进行公开查处、公开曝光。

参考文献

[1] [美] A. V. 菲根堡姆. 全面质量管理[M]. 北京：机械工艺出版社，1991.

[2] [美] J. M. 朱兰. 朱兰论质量策划[M]. 北京：清华大学出版社，1999.

[3] GB/T 24001-2004 /ISO14001：2004，环境管理体系要求及使用指南[S].

[4] W，E. Deming. Out of Crisis. Cambridge. MA：Cambridge University Press，1986.

[5] 陈桂珅，张蕾娜，程锋，郧文聚. 数量质量并重管理的耕地保护政策研究[J]. 中国土地科学，2009，12：39-43.

[6] 陈长富. 完善六大体系做好耕地保护工作[J]. 北方经贸，2012，11：108.

[7] 崔冬霜，王序华. 以优化土地利用规划布局为切入点全面落实耕地保护责任[J]. 中国科技投资，2013，Z4：226.

[8] 耕地保护“数质并重”正当时——解读《关于提升耕地保护水平全面加强耕地质量建设与管理的通知》[J]. 国土资源，2012，08：37-39.

[9] 耕地保护模式：由数量保护向全面管护转变[J]. 资源导刊，2008，11：13.

[10] 郭文华. 耕地保护向数量质量生态并重转变[J]. 国土资源情报，2012，12：35-38.

[11] 国土部、监察部、人力资源和社会保障部等. 违反土地管理规定行为行政处分办法[Z]. 2008-05-30.

[12] 国土资源部. 关于强化管控落实最严格耕地保护制度的通知[Z]. 2014-02-13.

[13] 国土资源部. 国土资源部关于提升耕地保护水平全面加强耕地质量建设与管理的通知[Z]. 2012-06-29.

[14] 国土资源部关于发布实施《全国土地整治规划(2011～2015 年)》的通知[J]. 国土资源通讯,2012,13: 25-35.

[15] 刘艳军. 浅论耕地保护工作的着力点[J]. 中国房地产,2010,10: 73-74.

[16] 史蒂文・科恩,罗纳德・布兰德. 政府全面质量管理: 实践指南[M]. 北京: 中国人民大学出版社,2002.

[17] 宋小青,欧阳竹. 耕地多功能内涵及其对耕地保护的启示[J]. 地理科学进展,2012,07: 859-868.

[18] 王家合. 城市政府质量管理研究[M]. 北京: 光明日报出版社,2011.

[19] 耕地红线和生态红线都要严防死守[EB/OL]. http: //news. xinhuanet. com/energy/2013-12/31/c_125936635. htm. 2013-12-30.

[20] 王庆锋. 国外公共部门质量管理机制研究[M]. 北京: 中国经济出版社,2007.

[21] 王长峰,李英辉. 现代项目质量管理[M]. 北京: 机械工艺出版社,2008.

[22] 郧文聚,张蕾娜. 如何加强耕地质量保护与建设管理[J]. 中国土地,2012,01: 33-34.

[23] 张蕾娜,陈桂珅,郧文聚. 耕地保护: 数量质量并重[J]. 中国土地,2009,12: 51-52.

[24] 张胜任. 耕地质量保护亟待加强的建议[J]. 吉林农业,2013,09: 7-8.

[25] 赵金成. 浅论我国耕地保护政策体系的建立[J]. 才智,2011,11: 275.

[26] 中共浙江省委办公厅,浙江省政府办公厅. 关于建立完善耕地保护共同责任机制扎实做好耕地保护工作的通知[Z]. 2012-5-22.

[27] 中国人的饭碗要端在自己手上[EB/OL]. http: //news. xinhuanet. com/fortune/2013-12/25/c_125911616. htm. 2013-12-25.

第五章 上海耕地资源概况和保护规划目标

第一节 上海市耕地保护面临的形势和挑战

一、建设用地的蔓延和挤占

随着上海市城镇化进程和城市建设的发展，至 2012 年底，全市现状建设用地为 2 989 平方公里，中心城向外蔓延的趋势尚没有得到有效遏制。中心城楔形绿地与建设敏感区中，建设用地不断增多；宝山、闵行等空间发展已与中心城连为一体。2011 年底，中心城和周边连绵发展地区面积已达 1 250 平方公里，人口约 1 500 万人。而且上海市优质耕地和建设用地距离较近，特别是农田生态保护空间与建设空间几乎呈无缝衔接状态。

尽管上海市政府承诺未来 30 年建设用地规模变化的目标是“零增长”，最好是负增长，但上海作为高度城市化的特大型城市，“城市周边”的定义已相对模糊，而且部分地区城市周边耕地存在的破碎化、零星化特征明显。如果不能将城市周边耕地优先划入永久基本农田实施严格管控，会严重威胁到城市生态空间的锚固，也不能起到阻止中心城无序蔓延、中心城区“大饼”与郊区新城“大饼”连接的作用。

二、人口规模的持续扩大

城镇化是人类社会走向现代文明的重要标志，是经济社会发展的必经阶段。城镇化过程不仅是农业人口向非农业人口转化的过程，也是农业用地向城镇建设用地转化的过程。长三角地区一体化发展的迅速推进及城镇化发展将不断推升人口总量规模。根据第六次全国人口普查数据显示，2010 年上海常住人口就达到

2 301.91 万，早已突破上海市城市总体规划(1999—2020 年)1 800 万人的目标(2020 年)。与 2000 年第五次全国人口普查结果相比，10 年间上海市常住人口共增加 628.14 万人，年均增长率为 3.24%，几乎是全国平均水平的 5.68 倍。目前则已达到 2 400 万常住人口，按城镇用地计算，上海人口密度高达 9 589 人/平方公里，其中中心城区 16 828 人/平方公里，是全国人口密度最大的城市。而国际上比较宜居的特大城市，城区人口密度一般只在 1 万人/平方公里。

上海市新一轮城市总体规划提出 2020 年上海人口将控制在 2 500 万人以内，较大的人口规模以及全球城市的发展目标，要求配套更加适宜和更高质量的居住空间、公共基础设施和商业服务设施。尽管这些可以通过建设用地的内部结构调整来解决，但仍不可避免地对上海市现存耕地资源的数量、质量和生态环境形成更大的压力和需求。

三、粮食安全的基本需求

上海市现代农业"十二五"规划资料显示，尽管上海耕地是逐渐减少的，但第一产业增加值和农业总产值仍然在增加。在粮食绝对产量上，"十一五"期间也已超过年均 100 万吨，2010 年达到 118.4 万吨，水稻单产创历史新高，蔬菜、畜禽等副食品产量保持稳定，农业综合生产能力也有较大提高。但不可忽视的是，城市对农产品的需求是刚性的，而农产品的供给却存在较大的不确定性和波动性。要将这种不确定性变成相对稳定的市场供给，则必须确保地产农产品的有效供给和质量安全。

为此，上海市实行了主要农产品最低保有量制度，其中水稻种植面积不低于 155 万亩，粮食年生产能力不低于 20 亿斤，在预期可持续发展的连片地块，加强高水平设施粮田建设，达到基本农田集中连片规模生产面积千亩以上，建设高水平设施粮田 18 万亩，实现粮食生产总量的基本稳定。并将主要农产品最低保有量逐级分解落实，实行"菜篮子"区县长负责制。在崇明、长兴和横沙三岛，农业生产用地要占到市郊的 34%，不仅要保持粮食生产适度规模，还要拓展蔬菜、特色瓜果、特色水产和特色畜禽生产，发挥生态环境、自然资源和土地资源优势，形成全市大的优质绿色农产品综合生产片区。金山中东部地区、松江浦南地区、奉贤区和浦东南部地区，农业生产用地则要占到市郊的 30%。青浦、松江、金山三区西部的黄浦江上游地区的农业生产用地约占市郊的 14%，巩固以水稻、水产养殖和水生经济作物为主的"三水"农业生产。青浦区北部地区、嘉定区西北部地区和宝山区西北部地区，这三个地区农业生产用地占市郊的 6%，以水稻和蔬菜生产为主。

这些不仅是粮食安全的基本保证，也对上海市耕地数量和质量提出了重要要求。一方面要严格执行耕地占补平衡制度保证耕地数量不减；另一方面还要切实加强基本农田保护，使耕地质量三等以上面积超过 90%，并持续提高耕地质量。

四、土壤环境质量备受关注

在经济利益的驱动下，土壤污染、设施农用地不规范使用给耕地资源的保护和管理会带来一定挑战。化肥、农药、地膜的不合理使用以及未达标的工业和生活废弃物排放等将会使土壤污染日益严重，对耕地土壤环境造成破坏。

以上海市为例，上海市耕地土壤环境达到《土壤环境质量标准》(GB 15618-1995)规定一级质量区的仅占总面积的 29.96%，二级质量区占总面积的 65.30%，三级及以上质量区占总面积的 4.75%，其中导致耕地土壤环境质量为三级及超三级的因素主要为元素 Hg、Ni、Zn 和 Cd 引起。全市约有 4.75%的现状耕地位于污染区域内，即约有 13 万亩耕地位于污染区域内，其中 11 万亩是国家重点保护的基本农田。

从布局上看，宝山区、嘉定区、闵行区和松江区等近郊区的耕地土壤环境质量水平相对较低，土壤三级及三级以上质量占耕地总面积的比例分别为 15.39%、12.89%、8.51%和 8.72%；崇明县[①]和金山区等远郊区的耕地土壤环境质量水平相对较高，土壤三级及三级以上质量占耕地总面积的比例分别为 1.42%和 1.83%。

近郊区中除松江区是以 Hg 污染为主外，宝山区、嘉定区和闵行区等区域的耕地土壤污染呈多样化特点，污染因素包括 Cd、Hg、Ni 和 Zn 等；远郊区的耕地土壤污染因素相对单一，崇明县以 Ni 为主，金山区、奉贤区和青浦区以 Hg 为主。

如果在耕地利用过程中仍然不注重对土壤的保护与修复，将给上海市耕地质量提高以及耕地保护目标的实现带来严峻压力。

五、生态文明建设的重视

党的十八大围绕 2020 年全面建成小康社会的宏伟目标，把生态文明建设放在突出位置，并提出要将生态文明建设融入经济建设、政治建设、文化建设、社会建设全过程，努力建设美丽中国。国土资源是生态文明建设的物质基础、能源来源、空间载体和构成要素，国土资源管理在生态文明建设全过程更是起源头管控作用。只有从源头

---

① 本书即将出版前，崇明已撤县设区，考虑到书中资料时限，为叙述方便，仍统称“崇明县”。

上管住了,生态文明建设的实施才会更加顺利。生态文明建设的成效如何,关键是看在生态国土建设上能否取得突破性的进展,而耕地资源的保护和合理利用更是责任重大。

耕地资源及基本农田对于上海而言,不仅仅直接关系到农产品的生产安全保障,而且还发挥着重要的基础生态屏障、绿色隔离、防止城市蔓延发展及生态安全底线作用。在上海市耕地数量有限的情况下,通过各种有效措施,加快推进耕地保护由数量保护向数量、质量和生态全面管护发展,可以确保耕地生产能力稳步提升,还可以提高耕地质量等级和生态景观服务功能,为上海市生态文明建设的持续平稳推进创造更有利的条件。

六、人们生活方式的转变

耕地以及农业的重要性不仅体现在国家层面,对一个大城市也同样如此。虽然保障城市农副产品供应始终是都市现代农业最核心最根本的功能,也是都市经济社会发展的稳定器,但都市的耕地和农业对市民还有更多其他的功能。现在城市郊区的耕地不仅可以为城市提供优质农产品、优良生态环境,还具有休闲娱乐、旅游观光、教育和创新功能。

从社会经济发展一般过程而言,人们生活水平提高后,通常会更希望看到耕地承载的乡村景观,享受耕地带来的生态环境,甚至希望有更多休闲采摘空间,这些都需要依托于一定的耕地资源或都市农庄来实现。在大都市保留一定的耕地是满足市民农产品和田园精神文化需求,实现城乡经济、社会和环境融合最有效的手段。

上海市对此也有着清醒的认识。20 世纪 80 年代中期,上海从乡村农业步入城郊农业。农业功能仅限于为城市提供鲜活和初级加工农产品,农业发展依靠自身,实力羸弱。90 年代初期,当市民消费需求趋于多元化,城市对农业发展也提出了更高的要求。上海市“九五”计划提出“要走出一条具有生态平衡、观光休闲、科技示范、出口创汇等多种功能的都市农业发展新路”。从 90 年代后期开始,上海都市农业逐渐转变为都市现代农业,城郊融合开始提速,郊区农村成为城市重要组成部分,以财政、金融、科技为主要内容的农业支持体系日臻完善。现代化温室、喷灌、滴灌等设施和技术得到普遍应用,并成为市民参观和游览的重要景观。同时,一系列发展农业多功能的文件也陆续出台,如上海市农业发展“十五”计划与 2010 年规划纲要、上海市农业发展的“十一五”规划、“十二五”规划等。其中,上海农业发展“十二五”规划还明确指出,坚持把拓展农业多种功能作为现代农业发展新的生长点。延伸农业产业链,发展农产品精深加工,搞活农产品流通,传承优秀农耕文化,发展休闲农业和创意农业,促进产业融合。

第二节　上海市耕地资源概况

一、耕地总数量及人均耕地面积呈下降趋势

“十分珍惜、合理利用土地和切实保护耕地”是我国一项基本国策，国家要求各省、自治区、直辖市人民政府确保行政区域内耕地总量不减少。上海作为全国的特

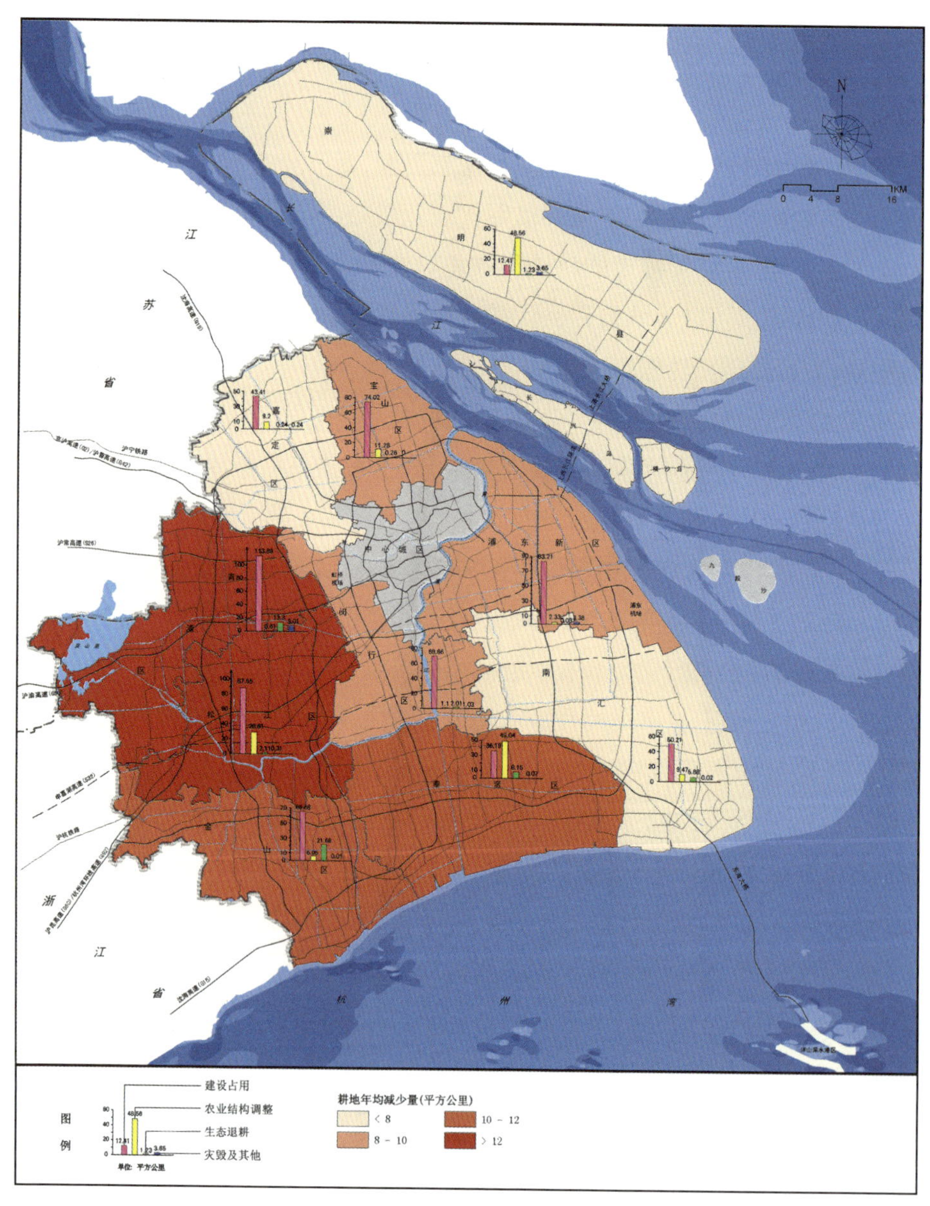

图 5-1
1997—2005 年耕地减少状况分析图

大型都市，同样也肩负着耕地数量不减少、耕地质量有提高的耕地保护重要使命。

在城镇化快速发展过程中，上海也同样面临着严峻的耕地保护形势，1978—2012 年，全市耕地规模呈现“从逐年下降到保持稳定”的态势，特别是由 2005 年 23.73 万公顷减少到 2006 年的 20.80 万公顷后，耕地减少势头得到了初步遏制。

进一步根据 1997—2005 年耕地规模增减变动趋势分析，该时期耕地减少的主要原因是建设占用和农业结构调整。其中，位于市域西部地区的青浦和松江区整体降幅最大，崇明县因建设占用而减少的耕地规模最少。

到 2012 年，全市耕地面积为 19.9 万公顷，占到陆域面积的比例为 29%。据分析，这一方面是由于统计口径问题，另一方面也是由于上海市在耕地占补平衡制度和土地用途管制制度的严格执行的缘故。

另一方面，尽管上海市耕地总量目前趋于稳定，但由于人口众多，人均耕地规模仍处于最低水平，土地资源约束压力大。2012 年常住人口 2 380 万人，陆域面积 6 787 平方公里，在 4 个直辖市中面积最小。2012 年的人均耕地面积仅 0.13 亩/人，不足全国水平(1.5 亩/人)的 10%。总体而言，上海市耕地依然具有总量不多、人均耕地下降的显著特征。

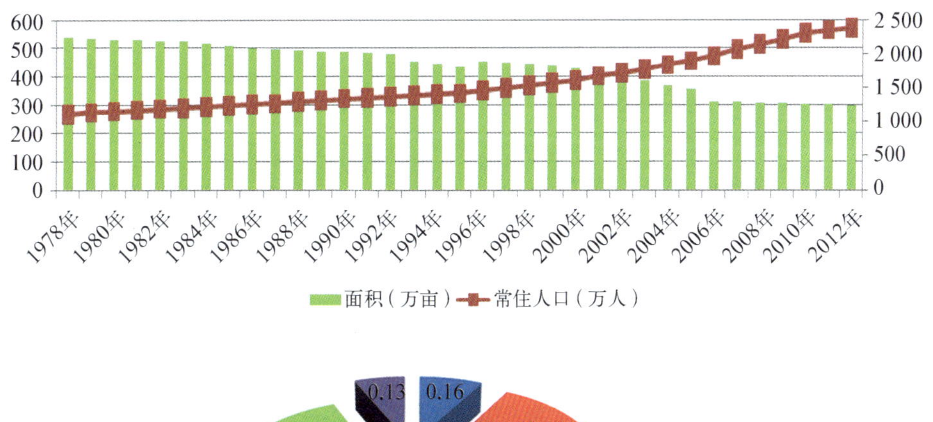

图 5-2
1978—2012 年上海市耕地面积和常住人口规模

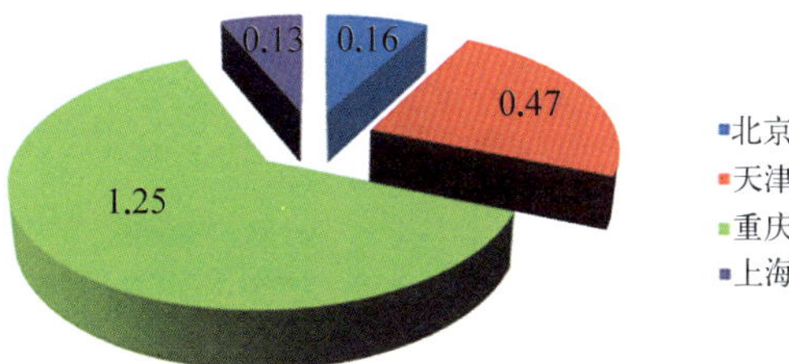

图 5-3
2012 年直辖市人均耕地规模(亩/人)

二、耕地质量处于全国中等水平，区域内分布不均衡

虽然上海地处长江三角洲东缘、太湖流域下游，河湖水网纵横、土壤富饶肥沃，

但根据全国各省耕地质量水平统计成果，上海耕地质量在全国处于中等水平，自然质量等、利用等和经济等别位于 4—7 等，以 5 或 6 等居多，在全市范围内分布也不均衡。

总体而言，中心城周边地区受城镇开发的影响，农田排灌等基础设施遭到一定程度破坏，耕地质量相对较低；崇明、奉贤、金山等远郊地区则由于多年农田建设投入的成效逐渐显现，耕地质量等级较高。

三、耕地分布分散，不利于耕地的成规模保护

上海耕地分布呈现“南丰北少”，耕地斑块破碎化、连通性低等特点。从空间分布来看，北部宝山、嘉定及闵行、原浦东等中心城拓展区耕地比重较低，约为 10%，这与城市产业布局、城乡接合部区位紧密相关；南部金山、奉贤区及崇明县等远郊地区承担着全市约 70%的耕地保护任务。从耕地景观指数来看，2008 年耕地斑块

图 5-4
2012 年上海市耕地分布图

个数为 44 245、斑块密度为 6.384，耕地破碎化特征明显。相对城市化地区而言，农村地区土地利用粗放、形态分散、集约度不高，据 2011 年土地利用变更调查成果数据，农村集体建设用地规模 868 平方公里，占全市集体土地总量的比重为 23%。其中，农村居民点数量大、规模小，多沿河沿路分布，各类村镇企业数量众多，在空间布局上"遍地开花"，这种"散、小、乱"的布局不利于形成集中连片的耕地保护建设，对农业生产效率的提高和规模化发展也造成了一定程度影响。

四、耕地后备资源有限，开发难度逐渐增大

由于国土资源和现实情况所限，上海市耕地后备资源捉襟见肘。全市陆域土地资源几乎已被全部利用，未利用土地不足 0.1%。耕地后备资源主要来源包括坑塘水面、农村道路、农田水利用地、晒谷场用地、苇地滩涂、荒草地、农村宅基地复垦、零星工矿用地和砖瓦黏土采场复垦，以及其他建设用地复垦等。后备资源的开发利用可以通过对不规则的零散地、中低产田、废弃闲置地进行改造，对分散、闲置低效农村居民点和高污染、高能耗、废弃闲置的低效工业用地进行整治，对沿海、沿江滩涂等未利用地进行围垦开发来增加耕地数量并提高耕地质量。

但由于上海市土地适应性强，农业结构调整频繁，果林等土地难以通过整理形成耕地，土地整理复垦也主要依靠坑塘水面填补和宅基地归并。而随着坑塘水面等土地资源的不断消耗，上海土地整理复垦新增耕地潜力也逐步降低。结果造成在长期的发展过程中，上海市质量较好、易于整理开发的土地资源日趋减少，耕地后备资源大多属于质量相对较差、开发难度大的土地。

尽管有人认为，合理的滩涂圈围是解决上海市人多地少、土地资源紧缺的一条重要途径，也是最经济有效的后备土地资源开发途径，但由于受成本高、建设使用、湿地保护等因素的影响，通过滩涂开发形成耕地后备资源也十分有限。文献资料显示，上海自 1949 年至 2004 年的 55 年间，每次圈围滩涂万亩以上共 36 次，沿江沿海圈围滩涂共 97 330 公顷(146 万亩)，约占上海土地面积 634 000 公顷的 15.35%，相当于是嘉定、闵行两区的土地面积总和。但在这些成陆的湿地上，已经建立了金山石化、宝山钢铁、漕泾化工和长兴造船等特大型企业，以及浦东机场、临港新城等重大城市基础设施。扣除定向圈围成建设用地的滩涂资源以及自然保护区的滩涂资源之后，上海其他区域滩涂资源已为数不多。

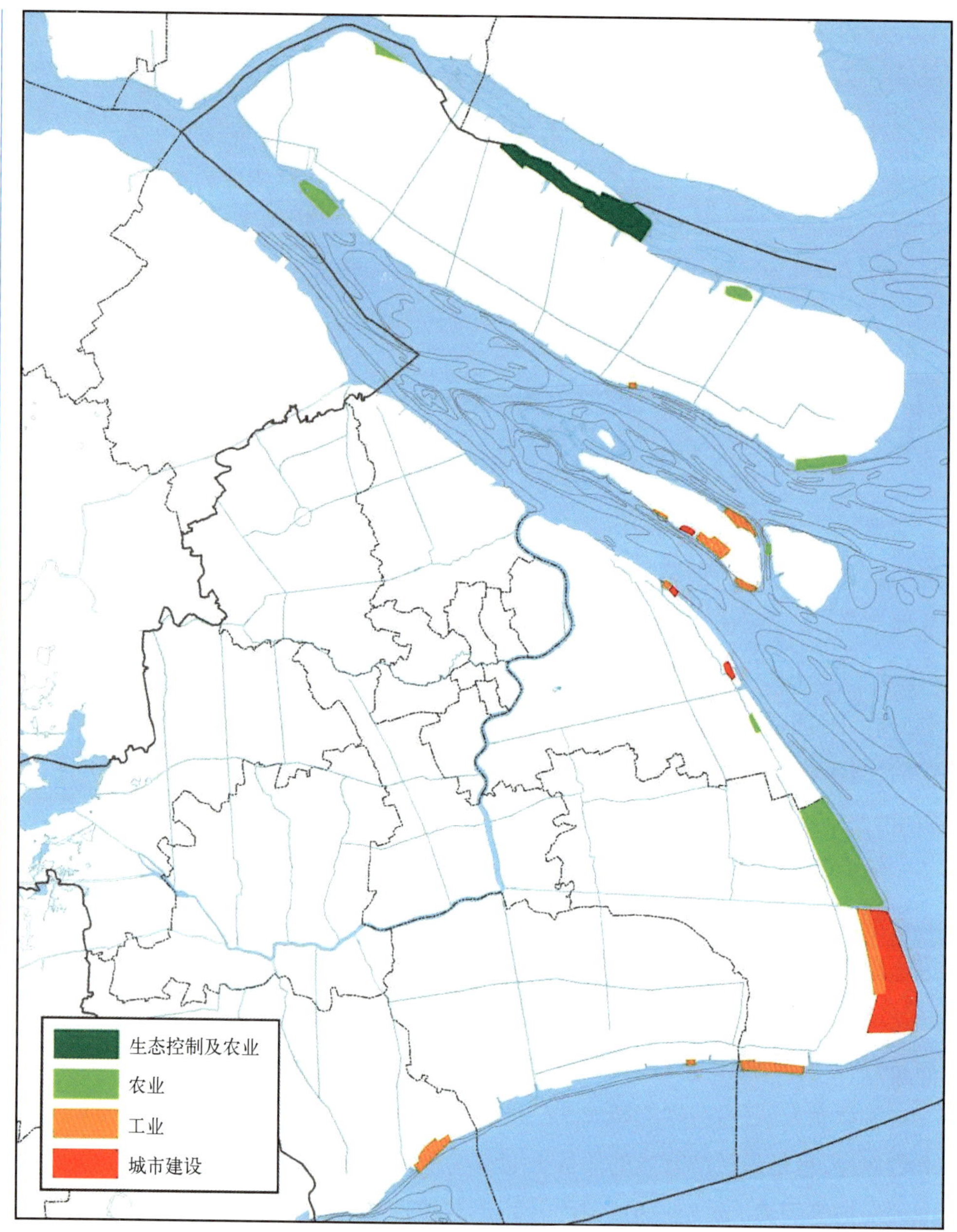

图 5-5
上海市"十五"圈围滩涂用途示意图

第三节　上海市耕地保护规划

上海市在耕地保护工作上极为重视规划的引导作用，通过《上海市土地利用总体规划(2006—2020 年)》、区(县)及镇(乡)土地利用总体规划等法定规划，明确了各级行政区耕地保护目标、主要任务和具体措施②。

一、耕地保护目标

在《上海市土地利用总体规划(2006—2020 年)》中，上海市提出“保护资源、保障发展、引领布局”的土地资源利用总体目标，坚持以控制耕地数量与提高耕地质量的手段来保障粮食、蔬菜能力和城市生态安全，实施最严格的耕地保护制度和最严格的节约集约用地制度，形成切实保护耕地资源、有效保障各类用地需求、引领城市空间发展布局的土地利用格局。

为贯彻上述总体目标，上海市设置耕地保有量、基本农田保护面积、新增建设占用耕地规模、整理复垦开发补充耕地规模等耕地保护相关的量化指标，落实上位规划《全国土地利用总体规划纲要(2006—2020 年)》的总体要求。在综合考虑区县经济发展水平、人口增长和建设用地挖潜能力等因素基础上，将上述指标分解下达至各区县，作为区县耕地保护相关的用地调控目标。2020 年规划中与耕地保护有关的用地调控目标包括：耕地保有量和基本农田保护面积规划目标(至 2020 年)分别为 374 万亩、328 万亩，且并列为全市耕地保护目标责任制的重要考核指标，新增建设占用耕地控制在 67.8 万亩以内，在空间上规划了长江口三岛农业区、黄浦江上游农业区、杭州湾北岸农业区和环城结合部农业区、沿海开发区等五大区域农业发展格局，保障全市 150 万亩粮田、50 万亩常年蔬菜和国家下达的 20 亿斤粮食生产能力。

表 5-1　各区县耕地保有量和基本农田保护面积指标表　　单位：万亩

名　称	耕地保有量	基本农田保护面积
浦东新区	52.70	43.86
宝山区	6.44	3.00
闵行区	6.90	4.70
嘉定区	20.02	17.50
金山区	47.43	41.00
松江区	30.71	29.60
青浦区	43.74	38.28
奉贤区	48.98	47.15
崇明县	117.04	110.00

② 本节涉及耕地保护目标和重点任务等内容根据《上海市土地利用总体规划(2006—2020 年)》以及目前上海市耕地保护趋势进行整理。

表 5-2　各区县近期新增建设用地及补充耕地指标表　　单位：万亩

名　称	2006—2010 年 新增建设占用耕地	2006—2010 年 补充耕地义务
浦东新区	6.03	6.03
宝山区	1.88	1.88
闵行区	2.04	2.04
嘉定区	2.30	2.30
金山区	2.40	2.40
松江区	2.25	2.25
青浦区	2.41	2.41
奉贤区	2.20	2.20
崇明县	2.70	2.70

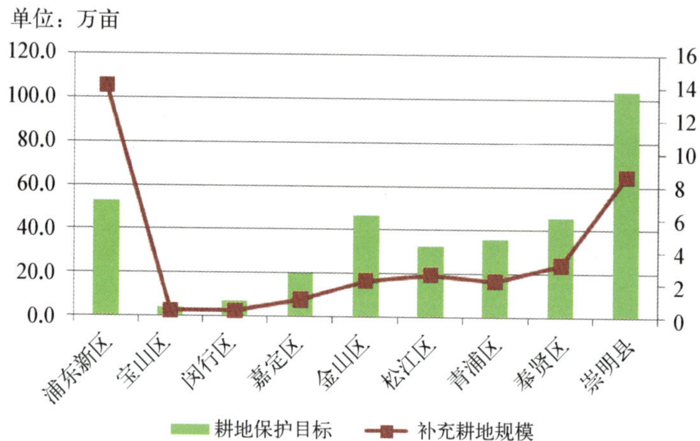

图 5-6
上海市各区县耕地保护保有量和补充耕地目标

二、耕地保护重点任务

《上海市土地利用总体规划(2006—2020 年)》制定了耕地保护重点任务，包括控制非农建设占用耕地、加强对农用地结构调整的引导、推进土地整治、加强基本农田保护和建设、促进耕地的生态功能建设等。

1. 严格保护耕地，确保耕地规模稳定

(1) 控制非农建设占用耕地

规划明确提出强化对非农建设占用耕地的控制和引导，加强项目选址和用地的评价和论证，以不占或少占耕地为基本原则，避让基本农田，确需占用耕地的，应尽量占用等级较低的耕地。

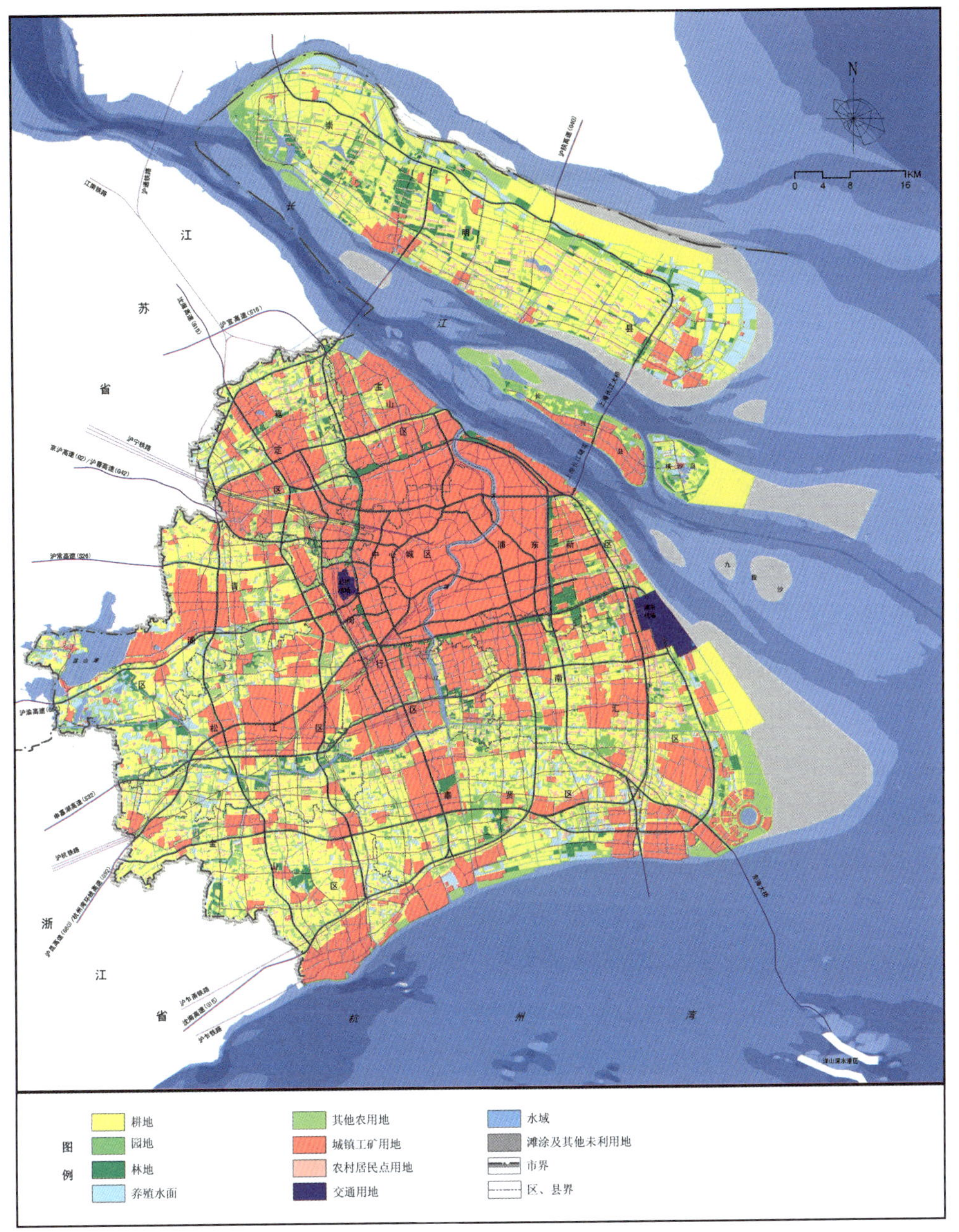

图 5-7
上海市土地利用总体规划图（2006—2020 年）

(2) 加强对农用地结构调整的引导

规划提出适应农业发展多样性，合理引导种植业内部结构调整，确保农业结构调整不破坏土壤耕作层。通过经济补偿机制、市场手段引导农业结构调整。

2. 推进土地综合整治，实现耕地数量、质量和生态“三位一体”管理

(1) 稳步推进土地整理复垦

转型发展时期，上海将土地整治作为破解新型城镇化建设中土地利用问题的

政策工具，作为夯实农业现代化发展基础、促进新农村建设的重要举措，通过土地整治，挖掘城镇发展空间与农村发展潜力，促进现代农业发展和生态环境改善。

上海市结合城乡土地资源潜力和城镇发展格局，规划崇明岛、沪北、沪西、浦南、沪东南土地整理复垦重点区和金山基本农田保护示范区等 6 大土地整理复垦区域，预计补充耕地面积约为 19.1 万亩，同时提升耕地质量水平。其中，崇明岛土地整理复垦重点区东起汲浜公路，北至环岛运河，西至环岛运河，南至环岛运河、陈海公路和团城公路，总面积 98 万亩，整理复垦后可新增耕地约 4.0 万亩；沪北土地整理复垦重点区东起沪太公路和联杨路，北至嘉定区界，西至娄陆公路、嘉唐公路和浏翔公路，南至宝安公路，总面积 18 万亩，整理复垦后可新增耕地约 0.7 万亩；沪西土地整理复垦重点区东起嘉松公路和 A30 高速，北至 A9 高速，西至与浙江省界，南至蒲泽塘和万枫公路，总面积 65 万亩，整理复垦后可新增耕地约 2.1 万亩；浦南土地整理复垦重点区东起南竹港、南沙港、A4 高速和金海公路，南至沪杭公路和亭枫公路，西至 A5 高速和张泾和，北至 A15 高速和黄浦江，总面积 49 万亩，整理复垦后可新增耕地约 1.5 万亩；沪东南土地整理复垦重点区东起 A30 高速，南至 A2 高速和新川南奉公路和南奉公路，西至金汇港，北至大治河，总面积 38 万亩，整理复垦后可新增耕地约 1.4 万亩；金山基本农田保护示范区东至 A6 高速公路，南至廊下与浙江边界，西至浙江省界、大泖河和枫泾镇边界，北至亭枫高速公路，总面积 12 万亩，整理复垦后可新增耕地约 0.3 万亩。

此外，上海作为国际化大都市历来重视生态文明建设，长期以来把生态环境建设放在重要位置，未来以全市 18 条生态间隔带及 8 条生态廊道等基础生态空间底线为重点区域，加大“田、水、路、林、村”综合整治力度，加快推进土地整理复垦，扩大城乡绿色生态空间，丰富城市生态景观。

(2) 合理有序开发沿海滩涂资源

广义上的涂资源包括可开发利用的潮下带(以水下－5 米为限)、潮上带和拥有全部的潮间带。上海的滩涂资源主要集中在长江口和杭州湾区域，长江以 9 050 亿立方米的多年平均径流量和 4.25 亿吨的多年平均入海泥沙量为长江口大规模围海造地创造了优越的资源环境条件。据 2007 年滩涂地形实测资料统计，上海市滩涂资源总量(“－5”米以上)约为 2 296 km^2。其中“3”米以上的滩涂资源量约为 125 km^2，“2”米以上的滩涂资源量约为 197 km^2，“0”米以上的中高滩资源量约为 506 km^2。依据滩涂资源动态演化规律，在保证滩涂湿地面积基本稳定、生态环境不破坏的前提下，确定滩涂湿地资源重点保护的区域，合理规划圈围布局和圈围方式，适度开发崇明北沿、横沙东滩和南汇东滩等地区的滩涂资源用以补充耕地，满足城市建设和耕地保护的双重需求。

根据上海市土地利用总体规划及《上海市滩涂资源开发土地利用规划及近期已圈围土地整理规划（2009—2020年）》，为处理好滩涂资源的开发利用与保护的关系，上海市明确要严格保护崇明、长兴、横沙三岛、南汇东滩及周边河口潮滩湿地及九段沙新生湿地生态系统，以自然保护区建设为重点，持续加大保护区建设力

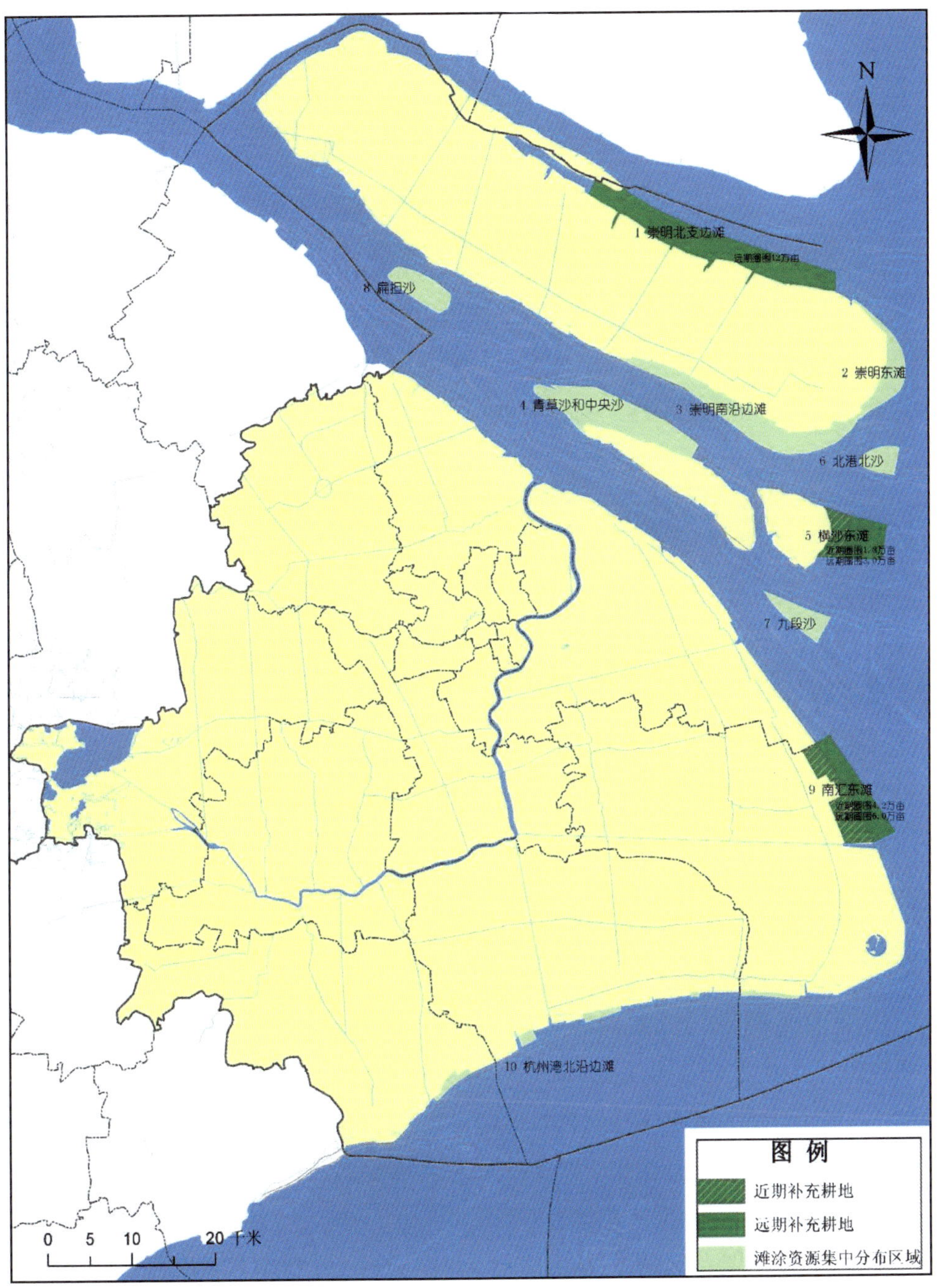

图 5-8
2006 — 2020 年上海市滩涂资源开发补充耕地分布图

度，通过湿地建设及退化湿地修复，保持长江口湿地的生态特征和生态服务功能，维护城市生态安全。至2020年规划滩涂圈围规模22万亩，分布于南汇东滩、横沙东滩、崇明北沿等地区，补充耕地467公顷(0.7万亩)。

(3) 确保补充耕地质量不降低

耕地质量建设是落实最严格的耕地保护制度的重要内容，是优化利用土地资源、提高农业综合生产能力的有效途径。规划提出通过土地整治的各项工程措施提高耕地质量、培肥土壤，进而提高补充耕地的生产能力。具体途径：一是加强对补充耕地等级的评定，从数量和等级两方面严格考核耕地占补平衡落实情况；二是加强耕地占补质量管理，实行等级折算，对补充耕地质量确实难以达到被占耕地质量的，按补充耕地实际等级实行等级折算，确保建设占用与补充的耕地质量相当；三是鼓励剥离建设占用耕地的耕作层，并在符合水土保持要求前提下，用于新开垦的耕地、劣质地或其他耕地的改良。

表5-3　各区县土地整理复垦开发潜力表　　单位：万亩

名　称	土地整理复垦补充耕地规模	滩涂开发补充耕地规模	合　计
浦东新区	3.60	10.50	14.10
宝山区	0.30	0	0.30
闵行区	0.30	0	0.30
嘉定区	1.00	0	1.00
金山区	2.20	0	2.20
松江区	2.60	0	2.60
青浦区	2.20	0	2.20
奉贤区	3.20	0	3.20
崇明县	3.70	4.90	8.60

3. 加强基本农田保护和管理

(1) 分级划定基本农田集中区-保护区-图斑

基本农田是指按照一定时期人口和社会经济发展对农产品的需求，依据土地利用总体规划确定的不得占用的耕地。特大型城市基本农田具有粮食生产和副食品供应、城市连绵发展生态间隔载体等功能，上海在各层次规划中都对基本农田十分重视，并实施精细化管理和严格保护。在划定基本农田集中区、区级划定基本农田保护区过程中，注意将基本农田分布在集中度较高、优质基本农田所占比例较大，需重点保护和建设区域，以集中区和保护区的形式在空间上固化。区内以基本

图 5-9 上海市土地整理复垦开发重点区域分布图

田为保护主体，鼓励开展基本农田建设，可进行直接为基本农田服务的农村道路、农田水利、农田防护林及其他农业设施的建设。全市划定 20 片基本农田集中区、36 片基本农田保护区（基本农田比例不低于 70%）和 335 万亩（含机动指标）基本农田，实施不同的管控措施。

（2）加强对基本农田调整划定的管理

根据《土地管理法》及《基本农田保护条例》等规定，对土地利用总体规划修编、建设项目占用及其他原因导致基本农田发生变化，应按照程序重新确定基本农田空间、数量、地类等现状信息。规划强调在基本农田调整划定中以优先保护集中成片的高产稳产的粮田和菜地为原则，结合农用地分等定级、耕地地力调查和基本农田环境质量普查成果，将全市基本农田保护任务逐级落实到区(县)、镇(乡)、村，落实到地块和农户，标注到土地承包经营权登记证书上。在具体管控上禁止改变基本农田的用途，禁止改变基本农田的位置，实现基本农田精细化管理，全市多划定基本农田保护面积 7 万亩，用于规划期内难以准确落位的新农村建设、农民建房、市政基础设施、军事等项目建设补划基本农田。

(3) 加强耕地和基本农田保护经济激励

经济激励是耕地和基本农田保护的重要手段，上海于 2009 年出台了《关于本市建立健全生态补偿机制的若干意见》和《生态补偿转移支付办法》，构建了覆盖基本农田、水源地和公益林等三类生态保护区的生态补偿机制基本框架，建立了市对区县生态补偿财政转移支付制度。规划强调建立健全约束与激励并行的耕地和基本农田保护长效机制，完善对基本农田和耕地保护的财政补贴机制，实行保护责任与财政补贴相衔接，加大地区之间财政转移支付力度，充分调动区(县)、镇(乡)政府和农户保护耕地的积极性与主动性，开展耕地分类分级保护和有偿保护试点。

(4) 开展基本农田保护动态巡查

基本农田保护动态巡查制度是及时发现和制止非法占用或破坏基本农田行为，加强基本农田保护管理的基本制度。规划明确提出市、区(县)土地行政主管部门会同同级农业行政主管部门按照各自职责，对重点镇(乡)、重点地段基本农田保护情况进行定期巡查，各镇(乡)人民政府对本镇(乡)基本农田保护情况进行日常巡查，对检查中发现的问题及时处理并上报，确保基本农田保护面积和质量。

4. 促进耕地的生态功能建设

上海自然资源相对匮乏，耕地的生态功能尤为突出，在土地资源开发利用过程中把耕地作为城市生态系统的一个子系统，将耕地资源的保护、开发利用与生态、环境、经济、社会构成一个相互联系的整体，以发挥综合效益。规划将耕地纳入城市生态空间网络系统，统筹安排城市绿地、耕地、林地、园地及滩涂湿地等具有生态功能的土地利用空间布局，加强规划引导和管制，统筹运用各类政策手段，促进土地生态系统建设与保护。

图 5-10 上海市基本农田集中区分布图

图 5-11
上海市生态空间体系图

参考文献

[1] 上海市统计局. 上海统计年鉴[J]. 北京：中国统计出版社，2000—2013.

[2] 上海市农业机械化管理办公室. 上海设施农业发展情况报告(2010)[EB/OL].

[3] 上海市人民政府. 上海十二五现代农业规划[Z].

[4] 王振，姚凯，孙新华. 新形势下上海优化土地利用的对策思路研究[R]. 上海市规划和国土资源管理局，2009.

[5] 国务院. 全国利用土地总体规划纲要(2006—2020)[Z]. 2008-10-24.

[6] 上海市规划和国土资源管理局. 上海市土地利用总体规划(2006—2020 年)[Z]. 2011.

第六章
上海市的耕地质量评价

第一节　上海市耕地质量评价工作概述

自国家实行各项耕地保护政策和制度以来，虽然我国各地市耕地数量减少的势头得到有效遏制，但长期以来地方政府却忽视了对耕地质量的建设和管理，加上土壤污染、水土流失和不合理高强度利用等因素，我国耕地质量呈总体下降趋势。这种耕地下降的趋势对区域粮食安全、生态环境和社会经济发展均构成不可忽视的严重威胁。特大型城市在防止耕地质量下降方面面临的压力更大，由于耕地质量评价是预防耕地质量下降和提升耕地质量管护能力的一项基础性工作，为此上海市在耕地质量评价方面作了不少努力。

耕地质量评价是综合多种手段将反映耕地的土壤质量、空间地理质量和经济质量的各类因素进行数量化，然后按照一定的规则计算综合分值，在此基础上根据一定的标准对耕地进行分级，以体现某一特定区域内不同耕地之间质量水平差异的一种方法。

中国很早就有土地等级评价和划分的记载。新中国成立后最早是查田定产（财政部，1951 年），较系统的土地评价始于 1958 年的荒地调查和第一次土壤普查，20 世纪 60 年代的农业区划进行了部分区域的土地评价。1978 年之后，相继开展了 1∶100 万土地资源图编制（中国科学院，1979 年）、县级土地评价（农业部，1985 年）、耕地地力等级划分（农业部，1996 年）、农用地分等定级与估价（国土资源部，1999 年）、耕地地力调查（农业部，2002 年）等。特别是农用地分等成果在理论上建立了全国统一可比的耕地质量评价指标体系和技术方法，在实践上第一次摸清了中国耕地质量等级与分布状况。此外，2008 年还开展了土壤质量地球化学评估工作，同年农业部《耕地地力调查与质量评价技术规程》国家标准颁布。2012 年国土资源部起草的《农用地质量分等规程》《农用地定级规程》和《农用地估价规程》也由行业标准正式上升为国家标准。以上这些工作都体现了国家在耕地质量建设保护方面的新思路。

除了根据国家要求进行农用地分等定级，上海市还于 2004 年启动了“上海市环境地球化学调查与评价”工作，系统地对全市土壤地球化学背景值进行了调查，分析了土壤环境地球化学特征，进行了环境地球化学风险评价，比较全面地掌握了上海市土壤环境质量现状。并在 2009 年和 2010 年先后完成了全市及典型县区(金山区)的土壤质量地球化学评估工作。

同时，上海市正在积极将土壤质量地球化学评估与农用地分等定级两项工作紧密结合，融合各项参数指标，提出土地质量等级对接方案，构建耕地质量等级监测体系。这样会更加有利于提升耕地质量，包括改善土壤环境、防治污染、提供监测预警、提升农产品品质等；也有利于指导产业布局调整，规范土地整治和占补平衡项目管理，提高补充耕地等级。

第二节　上海市耕地质量等别评价

耕地质量等别评价是根据影响土地质量的自然、经济、社会等因素对耕地进行质量的综合评定。耕地质量等别评价成果是实现土地管理由数量管理为主向数量、质量、生态保护相协调管理转变，建立资源节约型社会，发挥市场配置土地资源作用，促进土地资源节约集约合理利用，提高土地生产能力和效率的基础。耕地质量等别评价结果共包括自然质量等别、利用等别和经济等别三个层次，并分别侧重反映因耕地自然质量、现实利用水平和效益水平的不同所造成的耕地生产水平的差异。

一、上海市耕地质量分等参数体系

上海市耕地质量分等参数体系主要是借鉴国家《农用地分等规程》，结合上海市实际情况，按照标准耕作制度，根据规定的质量综合评定方法和程序实现市域内耕地质量等别的统一划分。耕地质量分等参数体系主要包括因素指标区、标准耕作制度、基准作物、指定作物、光温生产潜力指数(气候生产潜力指数)、产量比系数、分等因素及其权重等一系列内容，是实现耕地质量等别评定的基础。

1. 分等因素指标区

分等因素指标区是为适应因素法的耕地质量等别评价方法，根据主导因素原则和区域分异原则划分出分等因素一致的区域，一个指标区内分等因素对该区域耕地质量有明显的影响。根据《农用地分等规程》，全国分等因素指标区共划分出一级区和二级区两个级别，上海市的一级区属于长江中下游区，二级区属于沿江平原区，同一区中的影响因素大致相同，影响效果差异明显。

2. 标准耕作制度、基准作物和指定作物

标准耕作制度是指在当前的社会经济水平、生产条件和技术水平下，有利于生产或最大限度发挥当地土地生产潜力，在未来仍有较大发展前景，不造成生态破坏，能够满足社会需求，并已为(或将为)当地普遍采纳的农作方式，上海市标准耕作制度是一年二熟。基准作物是指全国比较普遍的主要粮食作物，上海市基准作物为一季稻。指定作物是指行政区所属耕作区标准耕作制度中所涉及的作物，上海市的指定作物为一季稻和冬小麦。

3. 光温生产潜力指数、气候生产潜力指数和产量比系数

光温生产潜力是在生产条件得到充分保证，水分、二氧化碳供应充足，其他环境条件适宜情况下，理想作物群体在当地光热资源条件下，所能达到的最高产量，亦即光合生产潜力受到地区温度条件限制后得到的理论产量。气候生产潜力是指在农业生产条件得到充分保证，其他环境因素均处于最适状态时，在当地实际光、热、水气候资源条件下，农作物群体所能达到的最高产量。产量比系数是以指定的标准粮食作物为基础，按当地各种作物单位面积最高理论产量之比计算的各种作物产品与标准粮单位折算的比率，用于综合反映耕地农作物产量水平。根据上海市区域位置和自然条件，上海市各区(县)光温条件对指定作物的影响差异明显，气候条件对指定作物的影响甚微，因此在进行耕地质量等别评定时主要考虑各区(县)指定作物的光温潜力指数。

表 6-1　上海市指定作物产量比系数

内　容	水　稻	小　麦
最高产量(kg/亩)	650	400
产量比系数	1	1.63

表 6-2　上海市各区县指定作物光温生产潜力

行政区名称	冬小麦(kg/亩)	一季稻(kg/亩)	高度(m)
闵行区	813	1 939	9.10
宝山区	949	2 054	8.20
浦东新区	886	2 025	8.80
嘉定区	901	1 993	8.20
崇明县	850	1 951	8.90
金山区	824	2 024	8.60
青浦区	852	1 925	7.60
松江区	834	1 980	8.50
奉贤区	864	1 984	9.30

4. 分等因素及权重

(1) 分等因素概述

耕地质量等别评价是考查耕地在自然、利用和经济等方面的综合质量水平，分等因素则是指能够客观反映耕地综合质量水平，对耕地质量水平影响显著的各类构成因素，涵盖地貌、水文、土壤和基本建设等方面内容。各分等因素的确定和获取主要遵循科学性、代表性、综合性、系统性和易获性等原则。同一因素指标区内，选定的分等因素对耕地质量有明显影响，不同分等因素对耕地质量的影响程度不同；不同因素指标区内相同分等因素对耕地质量的影响程度不同。根据分等因素的内容和特性，考虑耕地质量等别成果在全国范围内的可比性，《农用地分等规程》确定了 12 个全国推荐分等因素，即有效土层厚度、表层土壤质地、剖面构型、盐渍化程度、土壤有机质含量、土壤酸碱度、障碍层距地表深度、排水条件、地形坡度、灌溉保证率、地表岩石露头度和灌溉水源等；明确了省级可自选不超过 3 个的自选分等因素。

分等因素权重是表明各个评价指标(或者评价项目)重要性的权数，表示各个评价指标在总体中所起的不同作用，各分等因素对耕地质量的权重主要采用特尔菲法、因素成对比较法、主成分分析法、层次分析法等方法予以检验和确定。

(2) 上海市耕地分等因素选定

上海市分别从地貌、土壤、水文和基本建设等方面选定耕地分等因素。从地貌角度考虑，上海市全域地形平坦、地貌条件单一，没有明显的山地和丘陵地貌，属于长江三角洲以太湖为中心的碟形洼地的东缘，地势低平是其地形最重要的特点，地貌对耕地质量没有显著影响；从土壤角度考虑，上海市境内除西南部零散分布黄棕壤外，还有以江、海、河、湖不同沉积母质所发育的水稻土、灰潮土和滨海盐土不同的土壤类型对农作物生产和耕地质量影响显著；从水文角度考虑，上海市境内河道纵横，河网密布，水系发育，全市水质情况基本一致，水文条件对耕地质量也没有差异性影响；从农田基本建设角度考虑，上海市近郊和远郊的田间道路建设水平差异不大，但农田水利设施建设水平差异明显，近郊区设施建设水平明显高于远郊区，不同的农田水利设施建设水平对农作物生产和耕地质量影响显著。综合地貌、土壤、水文和基本农田建设情况，上海市耕地分等因素无需增设自选因素，仅在国家推荐因素里选定有效土层厚度、表层土壤质地、剖面构型、盐渍化程度、土壤有机质含量、土壤酸碱度、排水条件、灌溉保证率等 8 项影响耕地质量的主要分等因素。上海市耕地分等因素的权重采用特尔菲法确定，主要由权重调查者拟定调查表，按照既定程序，以书面问卷或函件的方式向专家组成员分别进行征询，而专家组成员又以匿名的方式提交反馈意见。经过几次反复征询和反馈，使专家组成员的意见逐步趋于集中，最后对所调查问题的权重获得具有很高准确率判断结果，见表 6-3。

表 6-3　上海市耕地质量等别评价参评因素及其权重

	有效土层厚度	表层土壤质地	剖面构型	盐渍化程度	土壤有机质含量	土壤酸碱度	排水条件	灌溉保证率
权重（水稻）	0.12	0.07	0.15	0.07	0.09	0.05	0.21	0.24
权重（小麦）	0.15	0.08	0.15	0.12	0.12	0.05	0.15	0.18

5. 分等因素水平量化

耕地分等因素水平量化是通过各分等因素所划的不同级别描述以及与之对应的记分规则实现。耕地分等因素中有效土层厚度是指土壤层和松散的母质层，依据不同的厚度划分为 5 个级别；表层土壤质地一般指土壤的质地，分为砂土、壤土、黏土和砾质土 4 个级别；剖面构型是指土壤剖面中不同质地的土层的排列次序，根据不同的排列次序划分了 7 个级别；土壤盐渍化程度是指单位土壤中的盐分含量，根据不同含量划分为：无、轻度盐化、中度盐化、重度盐化等 4 个级别；土壤有机质含量是指单位土壤中有机质的含量，根据不同含量分为 6 个级别；土壤 pH 值是指土壤的酸碱度，按照其对作物生长的影响程度分为 6 个级别；排水条件（包括抽排）是指受地形和排水体系共同影响的雨后地表积水情况，根据对农作物生长的影响分为 4 个级别；灌溉保证率是指预期灌溉用水量在多年灌溉中能够得到充分满足的年数的出现概率，共划分为 4 个级别。分等因素水平赋值采用 0—100 分的封闭区间体系，均在 0—100 分内计算其相对的得分，最优条件取值为 100。分等因素各级别的描述和分值规则表详见《农用地分等规程》相关内容。

二、上海市耕地质量等别划分技术及过程

耕地质量等别包括自然质量等别、利用等别和经济等别三个层次，其中自然质量等别是耕地在光温、气候和土地条件等自然条件优劣水平的体现，利用等别是耕地平均土地利用水平和产出水平的体现，经济等别是耕地平均效益水平的体现。

1. 耕地自然质量等指数

耕地自然质量等指数是按照标准耕作制度所确定的各指定作物，在耕地自然质量条件下，所能获得的按产量比系数折算的基准作物产量指数。该产量指数也可以理解为在最优土地利用水平和最有利经济条件下，评价区域内的耕地所能实现的最大可能单产水平。因此，也可以将其称为耕地的“本底”产量水平。主要计算过程如下：

(1) 采用加权平均法计算耕地图斑内指定作物的耕地自然质量分

计算公式为：

$$C_{Lij} = \frac{\sum_{k=1}^{m} \omega_k \cdot f_{ijk}}{100}$$

式中：$C_{L_{ij}}$ 为耕地图斑内指定作物的耕地自然质量分；i 为耕地图斑编号；j 为指定作物编号；k 为分等因素编号；m 为分等因素的数目，$\sum$ 为求和运算符号；ω_k 为第 k 个分等因素的权重；f_{ijk} 为第 i 个耕地图斑内第 j 种指定作物第 k 个分等因素的分值。

(2) 计算第 i 种指定作物自然质量等指数

具体公式为：

$$R_{ij} = a_{ij} \cdot C_{ij} \cdot \beta_j$$

式中：R_{ij} 为第 i 个耕地图斑内第 j 种指定作物的自然质量等指数；a_{ij} 为第 j 种作物的光温生产潜力指数；C_{ij} 为第 i 个耕地图斑内第 j 种指定作物的耕地自然

质量分；β_j 为第 j 种作物的产量比系数。

(3) 计算耕地图斑自然质量等指数

具体公式为：

$$R_i = \sum R_{ij}$$

式中：R_i 为第 i 个耕地图斑的耕地自然质量等指数；$\sum$ 为连加运算符，j 为指定作物种数。

2. 耕地利用等指数

耕地利用等是在自然质量等指数的基础上，根据土地利用系数修正后的结果。主要计算过程如下：

(1) 计算指定作物的土地利用系数

具体公式如下：

$$K_{Lij} = \frac{Y_{ij}}{Y_{j\max}}$$

式中：K_{Lij} 为某样点指定作物土地利用系数；Y_{ij} 为样点的第 j 种指定作物单产；$Y_{j\max}$ 为第 j 种指定作物的最高单产。

(2) 计算行政村指定作物土地利用系数

行政村指定作物土地利用系数是根据行政村内各样点指定作物的土地利用系数进行加权平均得出。其中，加权平均法的权重根据样点代表的面积比例确定，具体公式如下：

$$K_{Lj} = \sum_{i=1}^{m} \omega_i \cdot K_{Lij}$$

式中：K_{Lj} 为行政村第 j 种指定作物土地利用系数；i 为样点编号；m 为样点数目；ω_i 为第 i 个样点的权重。

(3) 计算耕地指定作物利用等指数

具体公式如下：

$$Y_{ij} = R_{ij} \cdot K_{Lj}$$

式中：Y_{ij} 为第 i 个耕地图斑内第 j 种指定作物的利用等指数；R_{ij} 为第 i 个耕地图斑内第 j 种指定作物的自然质量等指数；K_{Lj} 为耕地图斑所在行政村的第 j 种指定作物的土地利用系数。

(4) 计算耕地利用等指数

具体公式如下：

$$Y_i = \sum Y_{ij}$$

式中：Y_i 为第 i 个耕地图斑的利用等指数；Y_{ij} 意义同上。

3. 耕地经济等指数

耕地经济等指数是在利用等指数的基础上，根据土地经济系数修正后的结果。主要计算过程如下：

(1) 计算指定作物的土地经济系数

具体公式如下：

$$K_{cij} = \frac{a_{ij}}{A_j}$$

式中：K_{cij} 为第 i 个样点第 j 种指定作物土地经济系数；a_{ij} 为第 i 个样点第 j 种指定作物“产量-成本”指数；A_j 为第 j 种指定作物“产量-成本”指数的最大值。

(2) 计算行政村指定作用土地经济系数

根据行政村内各样点指定作物土地经济系数，采用加权平均法计算行政村指定作物土地经济系数，其中加权平均法的权重根据样点代表的面积比例确定具体公式如下：

$$K_{Cj} = \sum_{i=1}^{m} \omega_i \cdot K_{C_{ij}}$$

式中：K_{Cj} 为行政村第 j 种指定作物土地经济系数；i 为样点编号；m 为样点数目；ω_i 为第 i 个样点的权重。

(3) 计算指定作物的耕地经济等指数

具体公式如下：

$$G_{ij} = Y_{ij} \cdot K_{Cj}$$

式中：G_{ij} 为第 i 个耕地图斑第 j 种指定作物的经济等指数；Y_{ij} 为第 i 个耕地图斑第 j 种指定作物的耕地利用等指数；K_{Cj} 为第 j 种指定作物的土地经济系数。

(4) 计算耕地经济等指数

具体公式如下：

$$G_i = \sum G_{ij}$$

式中：G_i 为第 i 个耕地图斑的经济等指数；G_{ij} 意义同上。

4. 国家级耕地质量分等指数换算和等别划分

国家级耕地质量分等指数是为使全国各省市耕地质量等别统一可比，按照指数与实际标准粮产量的回归方程，将各省市的自然质量等指数、利用等指数和经济等指数进行统一换算后的指数。上海市耕地等指数与国家级耕地等指数平衡转换关系如下：

国家级自然质量等指数＝市级自然质量等指数×0.597 6＋2 078.32；

国家级利用等指数＝市级利用等指数×0.509 0＋791.42；

国家级经济等指数＝市级经济等指数×0.339 4＋1 454.62。

国家级耕地质量等别通过各层次等指数划定。按照 400 分的等间距确定，全国自然质量等别可以划分 1—15 等，其中 15 等自然质量等的质量最低，其国家级自然质量等指数范围为 0—400(下含上不含)，其他等别依次类推；按照 200 分的等间距确定，全国利用等别为 1—15 等，其中 15 等利用等质量最低，其国家级利用等指数范围为 0—200(下含上不含)，其他利用等别依次类推；按照 200 分的等间距确定国家级经济等别，全国经济等别为 1—15 等，其中 15 等经济等质量最低，其国家级经济等指数范围为 0—200(下含上不含)，其他经济等别依次类推。上海市耕地划分为 3 个自然质量等，划分为 5 个利用等，划分为 4 个经济等。

表 6-4　上海市耕地自然质量、利用和经济等别统计表

等别	自然质量等别		利用等别		经济等别	
	面积(公顷)	占全市耕地比例	面积(公顷)	占全市耕地比例	面积(公顷)	占全市耕地比例
4	—	—	3 424.35	1.83%	3 904.96	2.09%
5	22 016.12	11.77%	38 500.89	20.59%	37 972.35	20.30%
6	162 991.86	87.15%	130 714.29	69.89%	122 662.06	65.58%
7	2 021.54	1.08%	13 846.01	7.40%	22 490.15	12.02%
8	—	—	544.08	0.29%	—	—
合计	187 029.52	100.00%	187 029.52	100.00%	187 029.52	100.00%

图 6-1
上海市耕地质量等别面积分布图

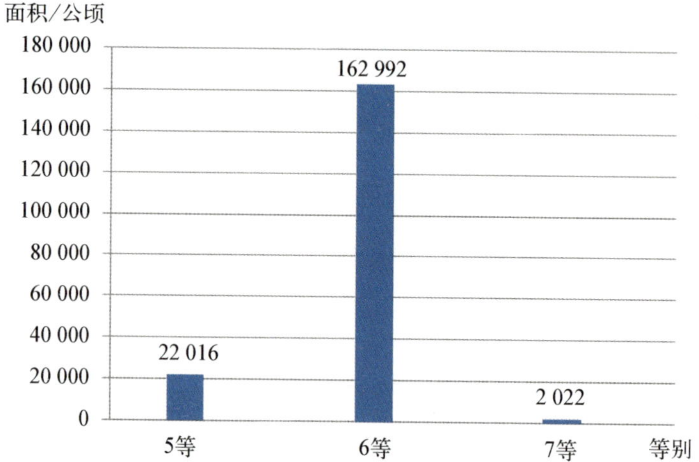

（1） 上海市自然质量等别面积统计直方图

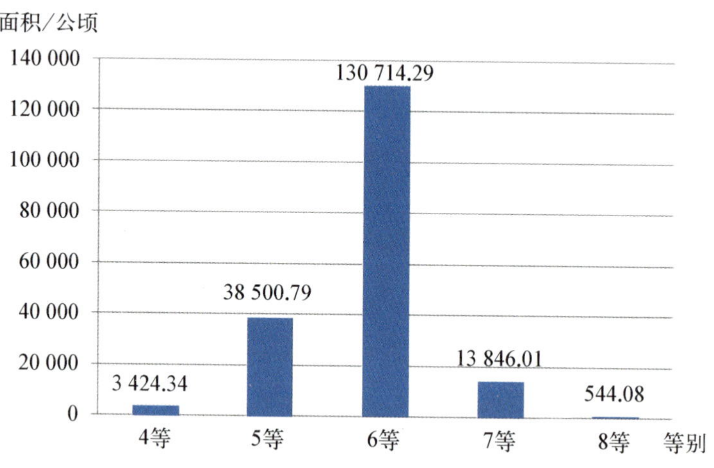

（2） 上海市利用等别面积统计直方图

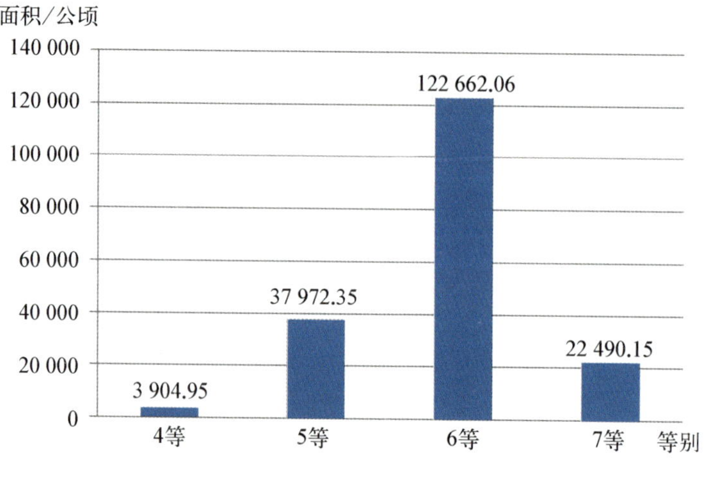

（3） 上海市经济等别面积统计直方图

上海市耕地质量等别水平在全国范围内属于中等偏上水平，且耕地质量相对均匀，见图 6-2。

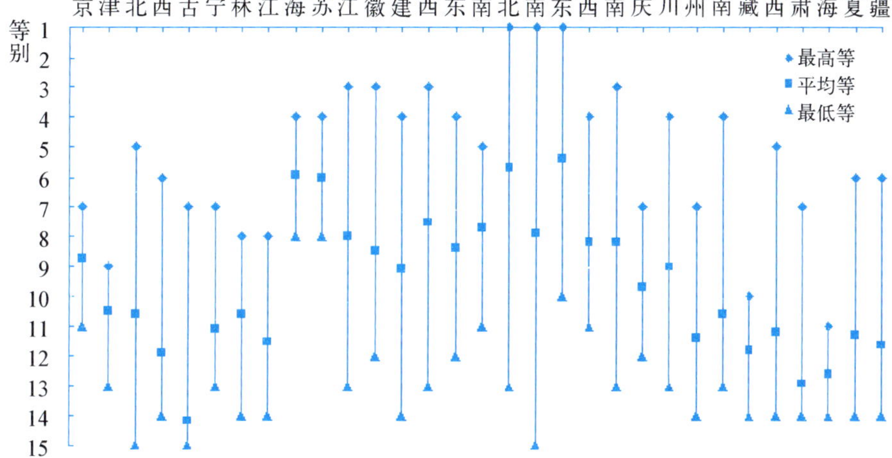

图 6-2
全国各省区市耕地质量水平统计图

三、上海市耕地质量等别空间分布特征

1. 自然质量等别空间分布

耕地自然质量等别分布态势与所处地形地貌、气候水文条件是紧密相关的。由于上海市位于长江中下游平原区，土壤以壤质土和黏质土为主，热量丰富，水分充足，因此自然质量等的中间等为 6 等的耕地占据了总面积比例的 87%。

上海市自然质量等高等别耕地主要分布在东部滨海平原区的老滨海平原和西部湖沼平原区的湖滨平原，仅崇明、奉贤和浦东自然质量等为 5 等的耕地，就分别达到了全市 5 等耕地的 39%、24%和 16%。此区域是上海市设施粮田和设施菜田的主要建设区域，经过多年的耕种和农田基础设施建设，土地本底质量较高，农田排灌设施完善。

上海市自然质量等低等别耕地主要分布在东部滨海平原区的滨海平原，嘉定、松江和青浦质量较差的 7 等耕地就分别达到了全市 7 等耕地的 16%、21%和 18%。此区域城市化高度发达，农田灌排设施遭到一定破坏，耕地质量有所下降。

2. 利用等别空间分布

据分析，上海市利用等别的中间 5 至 6 等耕地面积占全市耕地总面积的

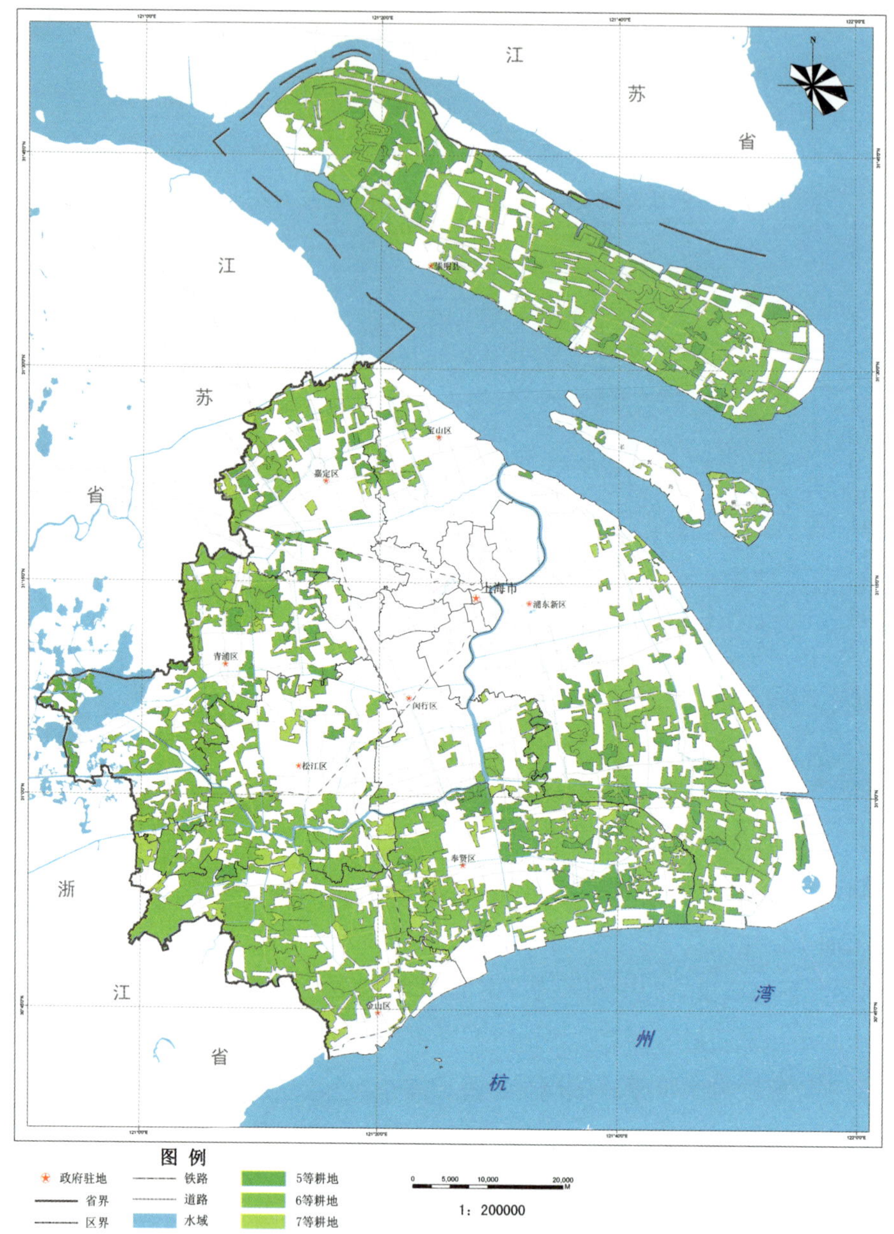

图 6-3
上海市耕地自然质量等别图（2011年）

90.48%，其他几个等别耕地面积占全市的比例都非常小。对于面积比例，质量较好的4等耕地中，奉贤和浦东两个区所占比例较大，分别达到了全市耕地利用等4等的86.9%和12.6%。质量较差的8等耕地中，青浦和松江所占比例较大，分别达到了全市耕地利用等8等的69.2%和22.5%。

利用等低等别耕地与自然质量等低等别耕地类似，主要分布在东部滨海平原区的滨海平原。利用等高等别耕地主要分布在东部滨海平原区的老滨海平原。

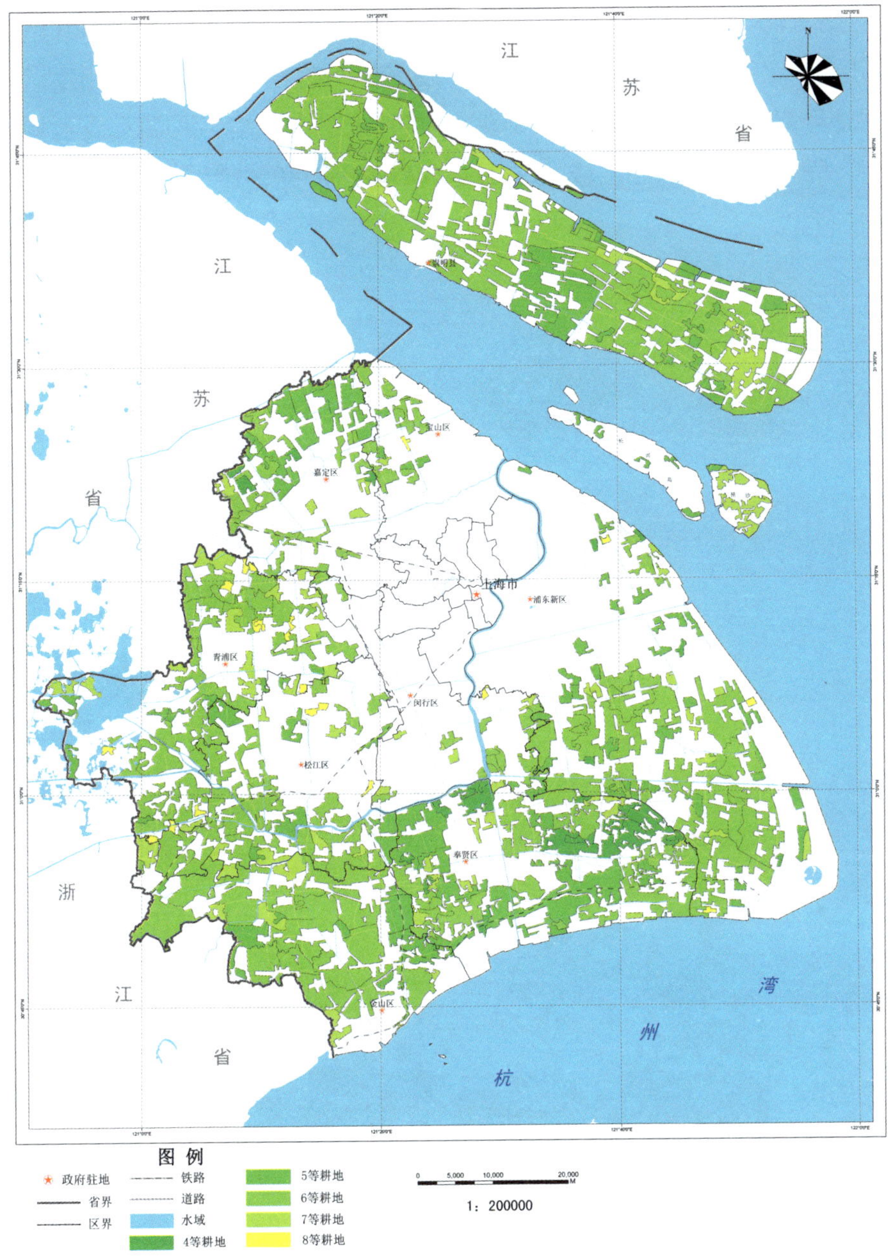

图 6-4
上海市耕地利用等别图(2011年)

3. 经济等别空间分布

上海市经济等别的中间 5 至 6 等耕地面积占全市耕地总面积的 85.9%,其他等别耕地面积占全市的比例都非常小。对于面积比例,质量较好的 4 等耕地中,奉贤和金山两个区所占比例较大,分别达到了全市耕地利用等 4 等的 77.6%和 8.9%。质量较差的 7 等耕地中,崇明和青浦所占比例较大,分别达到了全市耕地利用等 8 等的 70.6%和 9.4%。

经济等低等别耕地主要分布在三角洲平原和东部滨海平原，此区域农田灌排设施遭到一定破坏，耕地质量有所下降。且该区域农作物单产低，农业生产成本高，耕地经营收益低。经济等高等别耕地主要分布在东部滨海平原区，此区域是上海市优质耕地的主要分布区域，且该地区农作物单产高，生产成本适中，耕地经营收益较高。

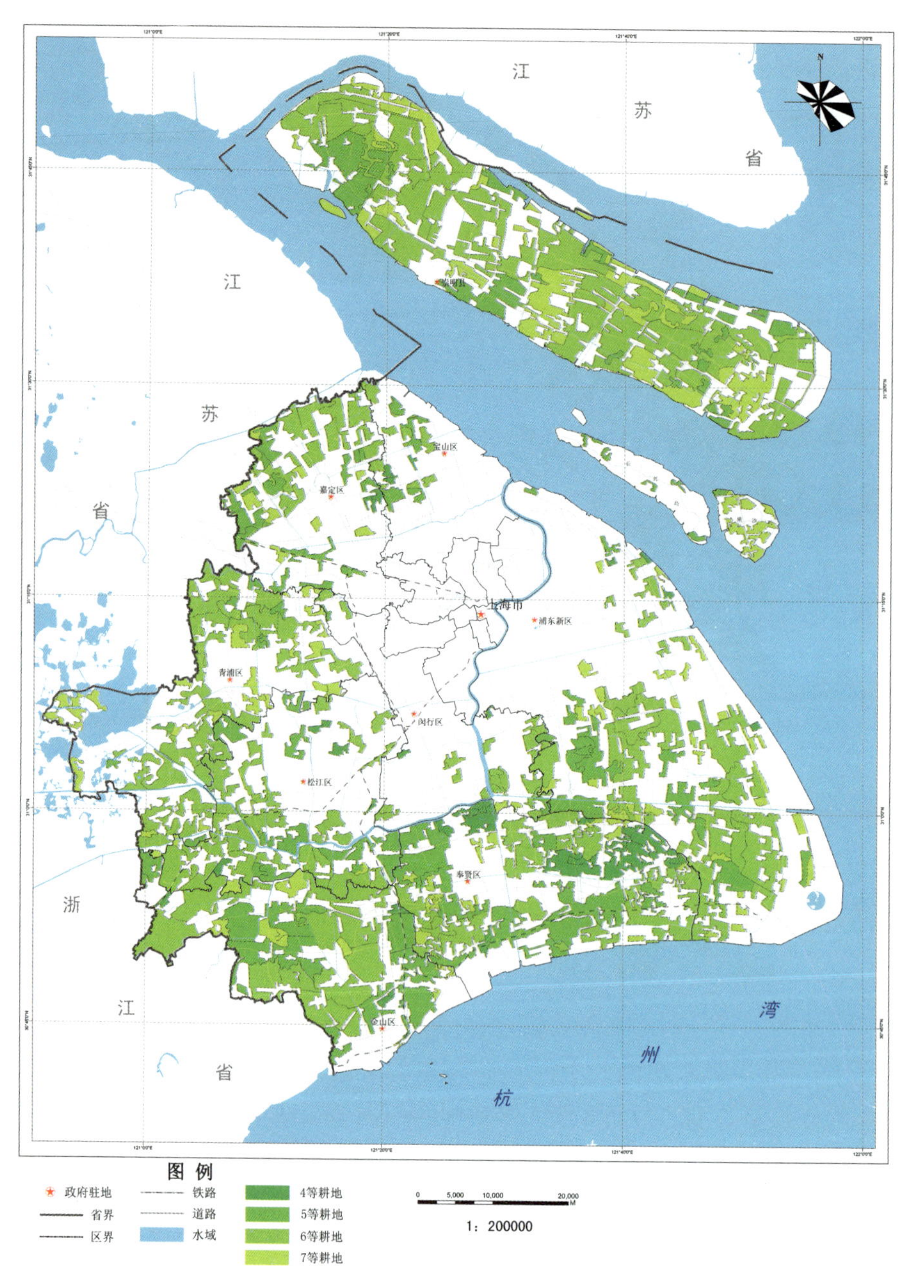

图 6-5
上海市耕地经济等别图（2011年）

第三节　上海市耕地土壤地球化学评价

一、土壤地球化学评价概述

土壤地球化学评估是多目标区域地球化学调查系统工程中的一项重要组成部分，是将地球化学调查和研究工作应用于国民经济建设的新领域，是土地质量管护的基本保证。该项工作是由中国地质调查局组织开展的试点工作，是以多目标区域地球化学调查为基础，以生态地球化学理论为指导，以科学量化土地质量为目的的一项综合评价工程，是依据土壤有益元素、有害元素和有机污染物含量水平等地球化学因素，及其对土地基本功能的影响程度而进行的土地质量级别的评定。评估指标以反映土地质量的地球化学要素如土壤肥力指标、土壤环境健康指标为主，以大气质量、水体质量和农产品安全为辅，综合考虑与土地利用有关的各种因素，以实现土壤质量的地球化学评估。

土壤质量地球化学评估工作分为国家、省级、市县级、乡镇级、村组级。不同级别的评估工作，方法技术基本相同，但根据其工作目的和服务对象的不同，评估指标的评价标准有所不同。国家和省级评估工作中，评估指标主要按照国家标准进行评价。上海市的土壤质量地球化学评估工作属于省级评估，工作比例尺为 1∶250 000，是利用上海市多目标区域地球化学调查工作的数据资料的成果应用。

土壤地球化学调查评价的实施主要是指利用开挖土壤剖面取地表以下 20—30 cm 的土壤样品，进行多个地球化学元素包括全量、有效含量在内的测试分析，以综合评价土壤环境质量。As、Cd、Cr、Cu、Pb、Hg、Ni、Zn 等八种重金属元素则被认为是土壤中一组地球化学活动性较强的元素；另外因农业生产残留和工业生产污染导致的两类含氯化合物对土壤环境质量也有很大影响。因此，目前耕地土壤环境质量评价重点是监测八种重金属和两类含氯化合物在土壤中的含量，并按照《土壤环境质量标准》(GB 15618-1995)划分耕地土壤环境质量级别。

《土壤环境质量标准》(GB 15618-1995)根据重金属元素和有机化合物在单位土壤中的含量对农作物生长和人体健康的影响，将农用地和耕地土壤划分为三个级别标准，见表 6-5。

表 6-5 土壤地球化学调查评价分级标准

级 别	标 准 内 容
一 级	为保护区域自然生态，维持自然背景的土壤环境质量的限制值
二 级	为保障农业生产，维护人体健康的土壤临界值
三 级	为保障农林业生产和植物正常生长的土壤临界值

二、上海市耕地土壤环境质量

根据上海市 2009—2012 年土壤地球化学调查评价工作结果统计，上海市耕地土壤一级质量区占总面积的 29.96%，二级质量区占总面积的 65.30%，三级及以上质量区占总面积的 4.75%，其中导致耕地土壤环境质量为三级及超三级的因素主要为元素 Hg、Ni、Zn 和 Cd，具体情况详见表 6-6 和表 6-7。

表 6-6 全市耕地土壤环境质量统计表

评价元素 / 等级	各级土壤环境质量百分比(%)								
	As	Cd	Cr	Cu	Hg	Ni	Pb	Zn	综合评价
一 级	99.12	67.64	81.49	73.59	60.26	84.96	86.69	56.88	29.96
二 级	0.76	31.60	18.41	26.16	37.65	13.95	13.28	42.15	65.30
三 级	0.09	0.55	0.06	0.18	2.04	1.09	0	0.76	4.16
超三级	0.03	0.21	0.03	0.06	0.06	0	0.03	0.21	0.58

表 6-7 全市耕地土壤环境质量三级超三级样点个数统计表

评价元素 / 等级	样 点 数 (个)							
	As	Cd	Cr	Cu	Hg	Ni	Pb	Zn
三 级	2	17	2	6	68	35	0	27
超三级	1	8	1	2	4	0	2	9
总 计	3	25	3	8	72	35	2	36

三、上海市各区县耕地土壤环境质量

同样根据上海市 2009—2012 年土壤地球化学调查评价工作结果统计，宝山、嘉定、闵行和松江等近郊区的耕地土壤环境质量水平相对较低，土壤三级及三级以上质量占耕地总面积的比例分别为 15.39%、12.89%、8.51%和 8.72%；崇明和金山等远郊区的耕地土壤环境质量水平相对较高，土壤三级及三级以上质量占耕地总面积的比例分别为 1.42%和 1.83%。近郊区中除松江是以 Hg 污染为主外，宝山、嘉定和闵行等区域的耕地土壤污染呈多样化特点，污染因素包括 Cd、Hg、Ni 和 Zn 等；远郊区的耕地土壤污染因素相对单一，崇明以 Ni 为主，金山、奉贤和青浦以 Hg 为主。各区县耕地土壤环境质量详见表 6-8 和表 6-9。

表 6-8　各区县耕地土壤环境质量情况统计表

区县名称 \ 评价元素		各级土壤环境质量百分比(%)								
		As	Cd	Cr	Cu	Hg	Ni	Pb	Zn	综合评价
宝山	一　级	98.90	30.77	46.15	53.85	40.66	81.32	63.74	9.89	5.49
	二　级	1.10	65.93	53.85	46.15	56.04	14.29	36.26	82.42	79.12
	三　级	0	3.30	0	0	3.30	4.40	0	6.59	14.29
	超三级	0	0	0	0	0	0	0	1.10	1.10
闵行	一　级	97.87	63.83	76.60	76.60	70.21	89.36	80.85	23.40	19.15
	二　级	0	34.04	23.40	21.28	29.79	6.38	19.15	72.34	72.34
	三　级	2.13	2.13	0	2.13	0	4.26	0	4.26	8.51
	超三级	0	0	0	0	0	0	0	0	0
浦东	一　级	98.02	67.09	80.04	67.81	70.14	80.58	87.41	40.29	29.14
	二　级	1.98	32.01	19.78	31.47	28.42	17.63	12.41	58.27	65.29
	三　级	0	0.72	0.18	0.54	1.44	1.80	0	0.90	4.68
	超三级	0	0.18	0	0.18	0	0	0.18	0.54	0.90
嘉定	一　级	100	42.22	69.78	49.33	23.11	75.11	61.78	21.33	8.89
	二　级	0	55.11	30.22	50.22	70.67	22.22	38.22	76.00	78.22
	三　级	0	1.78	0	0.44	5.78	2.67	0	1.78	10.67
	超三级	0	0.89	0	0	0.44	0	0	0.89	2.22
青浦	一　级	99.13	81.45	93.91	85.51	32.46	95.65	95.07	61.74	19.13
	二　级	0.29	17.68	6.09	14.49	63.48	4.06	4.93	37.68	75.36
	三　级	0.29	0.58	0	0	4.06	0.29	0	0.58	4.93
	超三级	0.29	0.29	0	0	0	0	0	0	0.58
松江	一　级	99.65	67.94	74.91	71.78	17.77	88.85	86.41	54.70	8.71
	二　级	0.35	31.36	24.39	27.87	76.31	11.15	13.59	43.90	82.58
	三　级	0	0.35	0.35	0.35	5.57	0	0	1.39	7.67
	超三级	0	0.35	0.35	0	0.35	0	0	0	1.05

续表

区县名称 \ 评价元素		各级土壤环境质量百分比(%)								
		As	Cd	Cr	Cu	Hg	Ni	Pb	Zn	综合评价
奉贤	一 级	99.32	86.82	88.41	89.55	71.82	87.27	97.73	70.91	46.59
	二 级	0.45	12.27	11.59	10.45	27.05	12.27	2.27	28.64	50.23
	三 级	0.23	0.45	0	0	1.14	0.45	0	0.45	2.73
	超三级	0	0.45	0	0	0	0	0	0	0.45
金山	一 级	100.00	84.82	62.04	64.14	34.29	77.23	60.73	44.76	11.26
	二 级	0	15.18	37.96	35.86	63.87	22.77	39.27	55.24	86.91
	三 级	0	0	0	0	1.83	0	0	0	1.83
	超三级	0	0	0	0	0	0	0	0	0
崇明	一 级	99.02	56.43	91.18	77.23	93.79	87.04	97.39	79.19	49.13
	二 级	0.98	43.46	8.82	22.66	6.10	11.76	2.61	20.70	49.46
	三 级	0	0.11	0	0	0.11	1.20	0	0	1.31
	超三级	0	0	0	0.11	0	0	0	0.11	0.11

表 6-9 各区县耕地土壤环境综合评价质量情况统计表

单位：%

等级 \ 区县名称	宝山	闵行	浦东	嘉定	青浦	松江	奉贤	金山	崇明
一 级	5.49	19.15	29.14	8.89	19.13	8.71	46.59	11.26	49.13
二 级	79.12	72.34	65.29	78.22	75.36	82.58	50.23	86.91	49.46
三 级	14.29	8.51	4.68	10.67	4.93	7.67	2.73	1.83	1.31
超三级	1.10	0	0.90	2.22	0.58	1.05	0.45	0	0.11

第四节 上海市耕地综合质量评价建议

耕地质量等别是对耕地的自然质量、平均利用水平和效益水平的综合评价，重点突出耕地的生产力水平；土壤地球化学调查评估是从土壤的肥力、环境与健康质量的影响。两者是从不同的角度反映耕地质量，侧重点有所不同。耕地综合质量评价则是将耕地质量等别评价和耕地土壤地球化学调查评估工作有机结合，更客观、更全面地反映耕地质量水平。目前，耕地质量综合评价主要思路是在不改变耕地分等内涵的基础上，综合土壤地球化学调查评估因素，重新构建评价指标体系，进而对耕地质量进行综合评价。该综合评估方法无法保证与国家现有标准和体系的有效衔接，形成的相关成果在全国范围内也无可比性；确定的耕地质量等别和地球化学调查结果之间的权重和各因素的分值也无法保证其科学性和准确性。因此，重新构建评价指标体系的综合评价方法还有很多弊端。这里结合上海实际情况和可操作性，建议本市采用耕地质量等别评价和土壤地球化学调查评价"并轨"操作的综合评价方法，即：土壤地球化学调查评价工作前置于耕地质量等别评价工作，土壤环境质量达到二级及以上水平的耕地划分耕地质量等别。具体思路如下：

首先，根据现有土壤地球化学调查评价成果，对全市耕地土壤环境质量予以分级，区分出土壤环境质量水平为一级、二级、三级和超三级的耕地。

然后，对土壤环境质量水平为一级和二级的耕地按照耕地质量等别评价方法评价出耕地质量等别，并赋加耕地土壤环境质量水平。

对于三级和超三级耕地重点采取质量建设、土壤改良、土壤环境治理和土壤修复等措施来提升耕地土壤环境质量水平并进行跟踪监测，当土壤环境质量达到二级以上水平的，再进行耕地质量等别评价。

参考文献

[1] 汪庆华，董岩翔，宋明义，刘军保，黄春雷. 土地质量地球化学评估与农用地分等成果整合方法研究——以浙江嘉善县和慈溪市为例[J]. 上海国土资源，2011，4：20-25.

[2] 温晓华. 省级、市县级、乡镇级土地质量地球化学评估方法及典型地区成果分析[J]. 上海国土资源，2013，4：71-76.

[3] 温晓华，何中发，张琢. 上海市土地环境质量调查评价及基本农田环境质量监控[J]. 上海国土资源，2011，1：8-13.

第七章 上海市耕地多功能的评价与规划

第一节 上海市耕地的生态系统服务功能

一、耕地生态系统服务功能的分析方法

耕地生态系统是一类特殊的生态系统类型，它是人类对自然生态系统改造的结果，由于人类对粮食和经济作物的需求不断扩大，农业过程中化肥、农药等的大量使用，也会对耕地的生产力和周围的自然生态系统造成一定的负面影响，从而耕地生态系统服务功能的大小受农业生产强度的影响很大（欧阳志云和李文华，2002），所以，对耕地生态系统服务功能的评价具有较大的复杂性。

不同类型的生态系统在维持区域生态安全中发挥着不同的生态服务功能，在国内外，生态系统服务价值的计量研究已经进行了很多。国际生态学会主席Costanza等人将生态系统服务功能分为：气候调节、水分调控、控制水土流失、物质循环、污染净化、娱乐及文化价值等17种功能，并把全球生态系统划分为海洋、森林、草原、湿地、水面、城市、农田等16大类26小类，并按16类生态系统估算其价值（Costanza等，1997）。Costanza等人的全球生态系统服务价值的估测方法首先对单位面积上每一类生态系统的某种生态服务功能进行估价，进而估计该生态系统单位面积上所有生态功能的总服务价值，以此为“单价”计算某一生态系统的总生态系统服务价值，用公式表示为：

$$V = \sum_{i=1}^{m} \cdot \sum_{i=1}^{n} P_{ij} \times A_i$$

式中：V 为研究区生态系统服务总价值（US）；P_{ij} 为单位面积上土地利用类型

i 第 j 种生态功能服务价值，m 表示土地利用类型数，n 为生态服务功能类型数，A_i 为研究区内土地利用类型 i 的分布面积(km^2)。

目前国内有很多有关单位面积生态价值计量的研究，基本是参照 Costanza 等人进行全球生态系统服务价值估算中的有关参数，但全球生态系统和中国乃至更小区域的生态系统以及土地利用/覆盖类型是有很大差异的，因此必须以 Costanza 等的研究为基础，根据研究区的实际情况，进行适当的调整。此处选用冉圣宏等人根据中国实际调整后的单位面积生态价值参数(冉圣宏等，2006a；2006b)，具体见表 7-1。

表 7-1　不同土地利用类型单位面积生态价值　　单位：元/公顷・年

土地利用类型	耕　地	园　地	林　地	水　域
大气调节	12.39	61.24	82.60	8.26
气候调节	/	363.85	726.88	8.26
扰动调节	41.30	344.03	413.00	/
水分调节	/	19.64	24.78	44 975.70
水供应	/	115.15	/	17 486.42
侵蚀控制	/	86.62	41.30	/
土壤形成	4.13	43.52	82.60	/
营养物循环	4.13	8.67	16.52	8.26
废物处理	/	683.70	718.62	5 492.90
传粉	115.64	139.46	165.20	/
生物控制	198.24	68.79	33.04	/
栖息地	/	91.82	165.20	/
食物供应	446.04	366.61	413.00	338.66
原材料	4.13	106.48	206.50	/
基因资源	4.13	7.85	14.87	/
娱乐	/	170.61	297.36	1 899.80
文化	/	34.97	16.52	/

注：“/”表示该项生态服务价值很低而忽略不计。

二、上海市耕地生态系统服务功能

为评价全市耕地的生态服务价值，将耕地中的纯耕地按表中耕地生态价值进行测算，可调整园地按上表园地生态价值进行测算，可调整林地按表中林地生态价值进行测算，可调整坑塘和养殖水面按水域生态价值进行测算。根据以上耕地生态服务功能分析方法，从全市各区县来看，由于宝山区、闵行区、浦东新区耕地较少，生态系统服务价值较低。浦东新区耕地中可调整林地比例较高，占耕地总面积的 38%，生态系统服务价值占浦东新区总的生态系统服务价值的 51%。奉贤区、金山区耕地中可调整水域面积较大，而水域的单位面积生态系统服务价值远高于耕地、可调整园地和可调整林地，因此其生态服务功能价值来源主要是水域。

此外，通过对全市各区县土地利用现状分析发现，2009—2013 年，全市耕地减少较多的依次是嘉定区、宝山区、青浦区，增加较多的依次是金山区、崇明县和松江区，其他郊区县也有少许变化。而松江区、金山区、嘉定区和奉贤区耕地内部结构结构调整较大，纯耕地转为可调整林地和可调整坑塘和养殖水面面积较大。因此，在生态系统服务功能价值变化方面：除了闵行区耕地基本无变化外，其余各郊区县均有所减少，2009—2013 年生态系统服务功能减少较大区依次是奉贤区、崇明县、金山区、嘉定区和松江区。而实际上奉贤区、崇明县、金山区和松江区的纯耕地均是增加的，只是可调整林地和可调整水域有所减少，而纯耕地增加幅度大于可调整林地和可调整水域减少幅度。但因为林地和水域的单位生态系统服务价值较高造成总的生态系统服务价值减少，嘉定区则是纯耕地和可调整林地均有所减少造成总的生态系统服务价值减少。

图 7-1
2009 年和 2013 年全市各区县耕地生态系统服务功能图

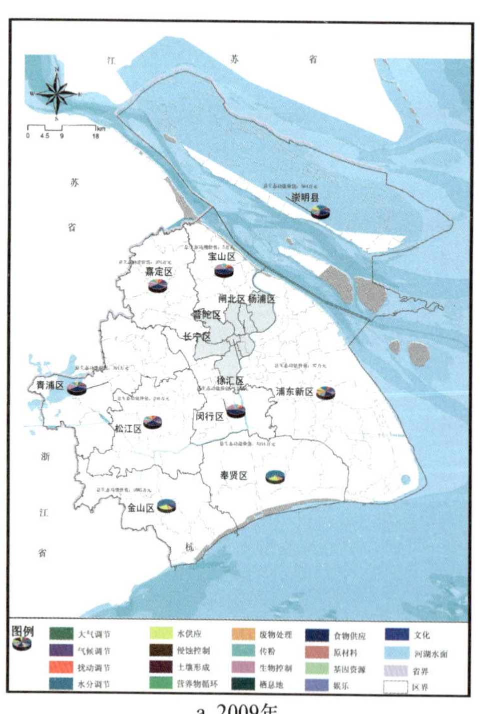

a. 2009年

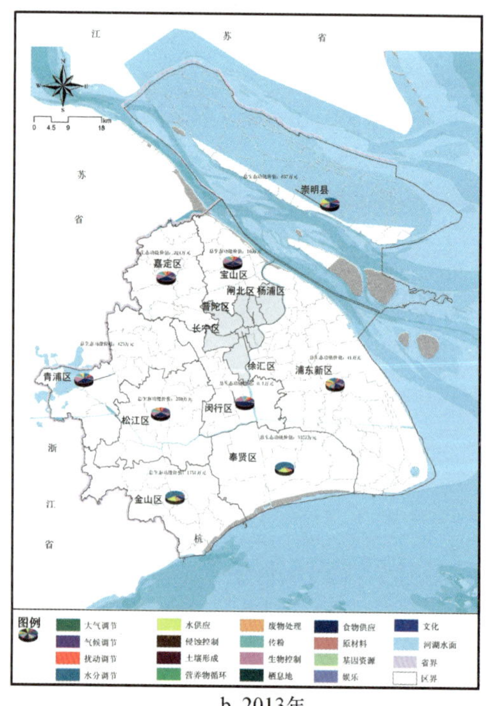

b. 2013年

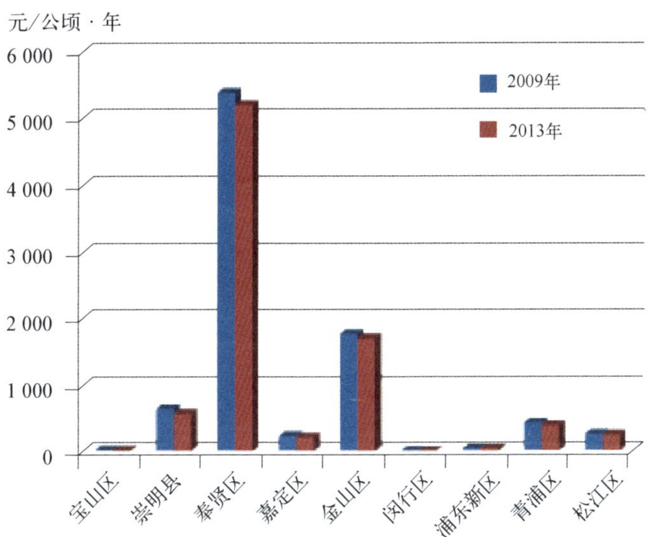

图 7-2
全市各区县2009年和2013年耕地生态系统服务功能变化情况

以乡镇为评价单元，各镇2009年和2013年耕地的各种生态价值如图7-3所示。由全区各镇耕地生态系统服务功能分布可以看出，耕地生态系统服务功能较高的镇主要分布在奉贤区、金山区、青浦区、崇明县，其中青浦区主要集中在淀山湖周围，浦东新区主要集中在浦东机场附近。

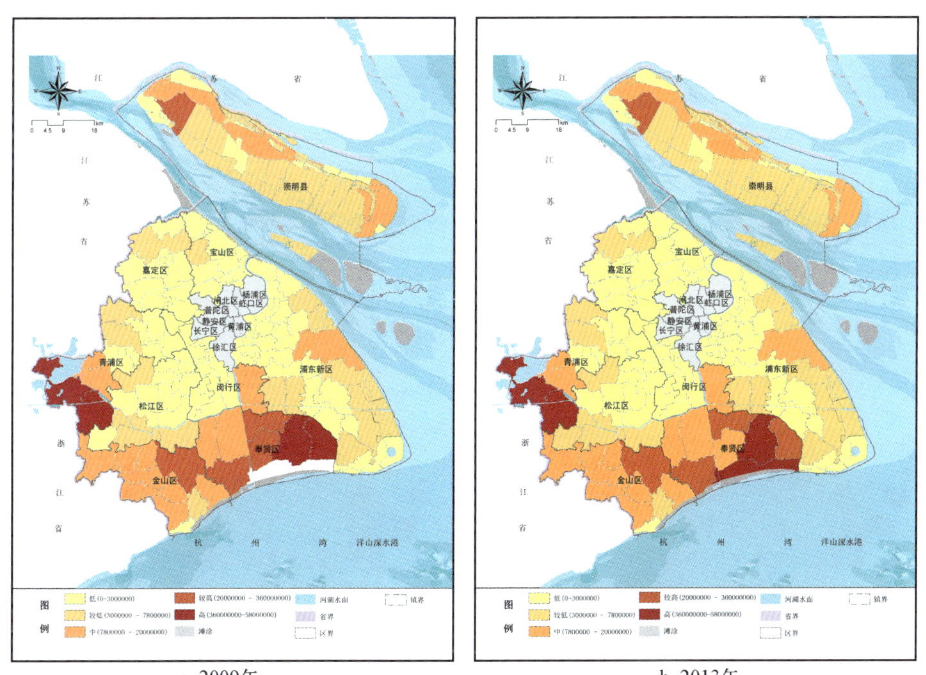

a. 2009年　　b. 2013年

图 7-3
2009年和2013年全市各镇耕地生态系统服务功能图

2009—2013年，耕地的水分调节功能、土壤形成功能、营养物循环功能变化以减少为主，变化原因主要是农业结构调整，耕地实施期内种植果树和苗木，调整为可调整园地和林地。2009—2013年，耕地的大气调节功能调整较大，闵行区浦江镇、奉贤区奉城镇大气调节功能有所减少，主要原因是可调整园林地退耕，青浦区练塘镇大气调节功能有所增加，主要原因是农业结构调整，耕地转为可调整园林地。因为篇幅关系，以下列出了几种重要生态服务功能的分镇2009年和2013年评价图。

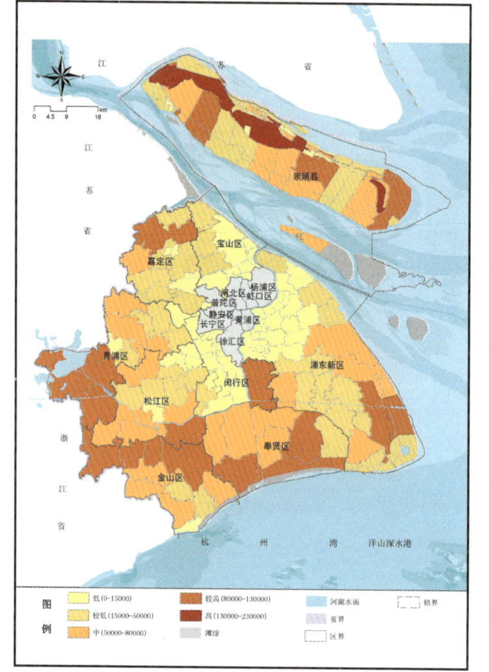

a. 2009年

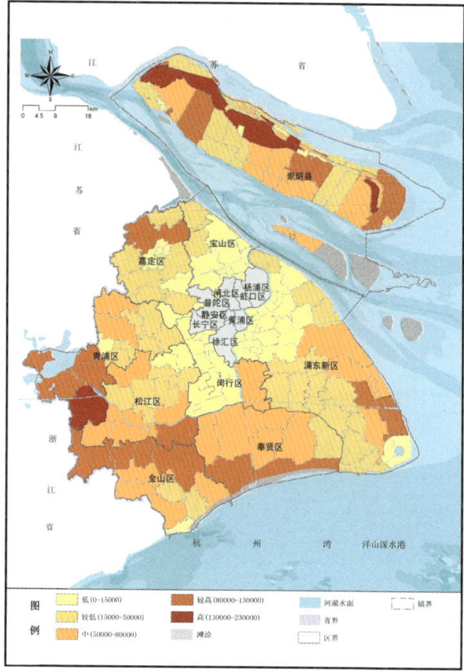

b. 2013年

图 7-4
2009年和2013年全市各镇耕地生态系统大气调节功能图

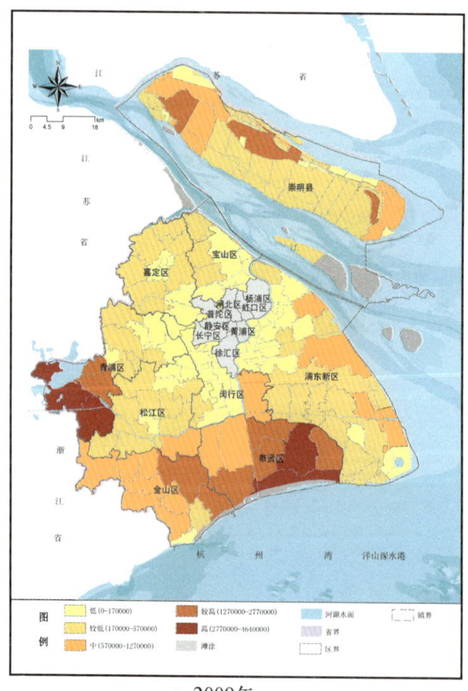

a. 2009年

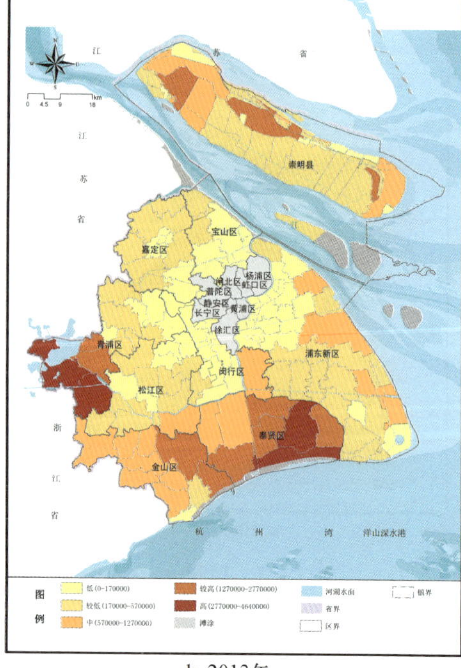

b. 2013年

图 7-5
2009年和2013年全市各镇耕地生态系统废物处理功能图

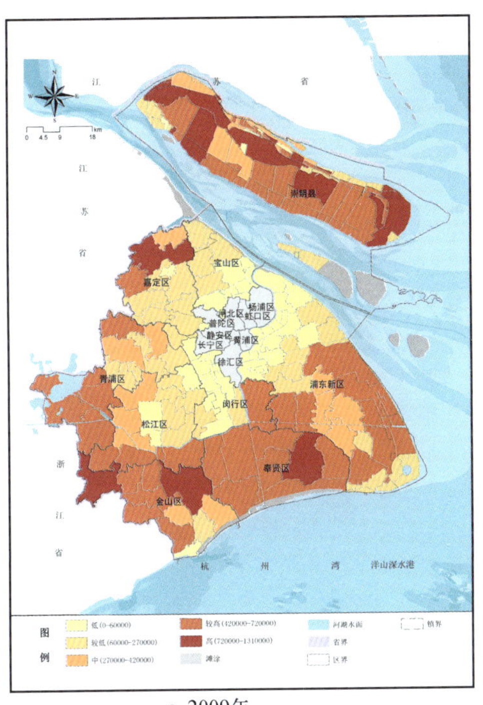

a. 2009年

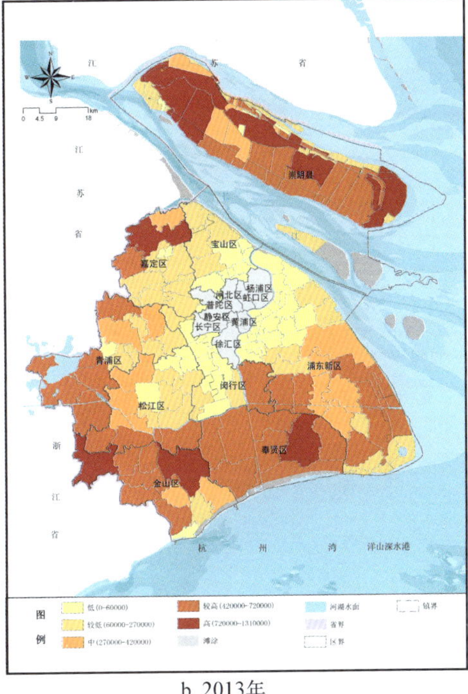

b. 2013年

图 7-6
2009 年和 2013 年全市各镇耕地生态系统生物控制功能图

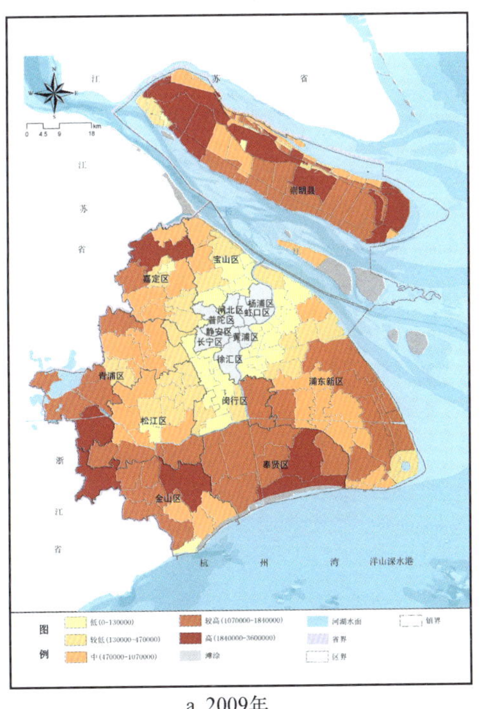

a. 2009年

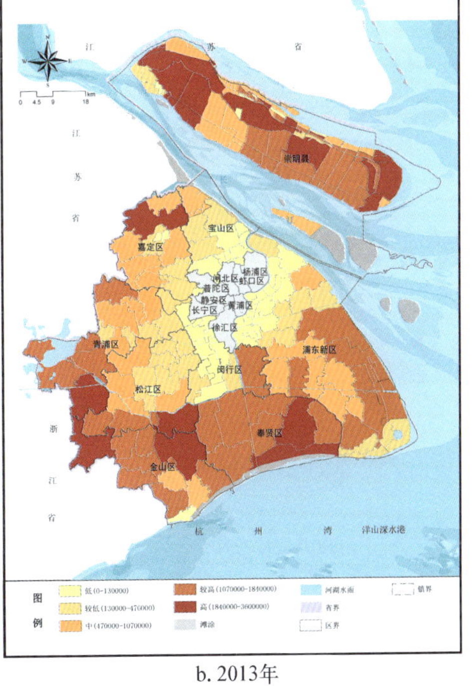

b. 2013年

图 7-7
2009 年和 2013 年全市各镇耕地生态系统食物供应功能图

图 7-8
2009 年和 2013 年全市各镇耕地生态系统文化功能图

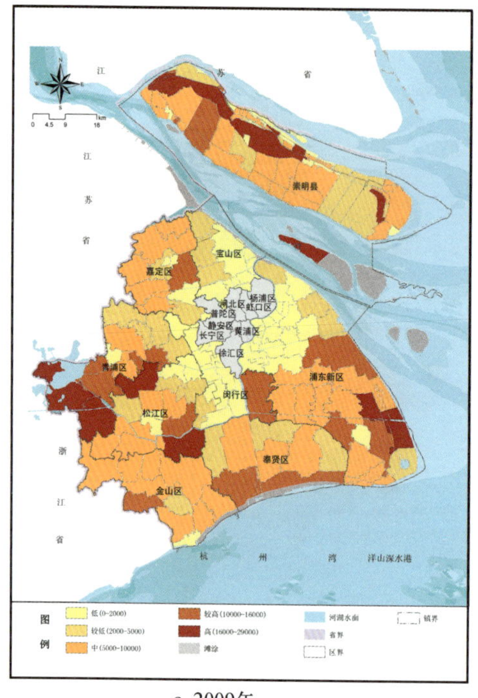

a. 2009年

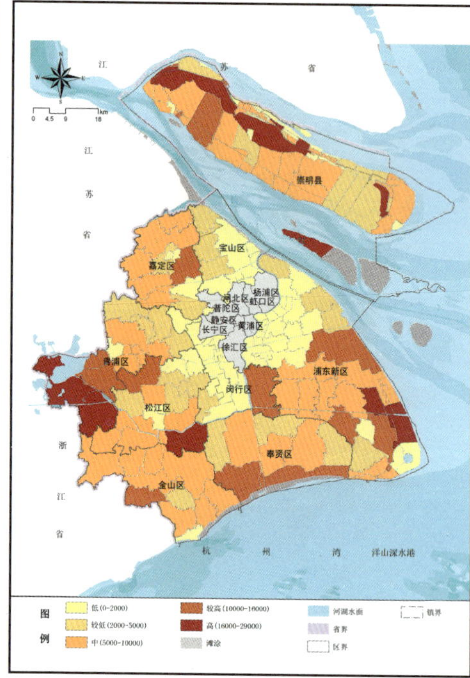

b. 2013年

图 7-9
2009 年和 2013 年全市各镇耕地生态系统娱乐功能

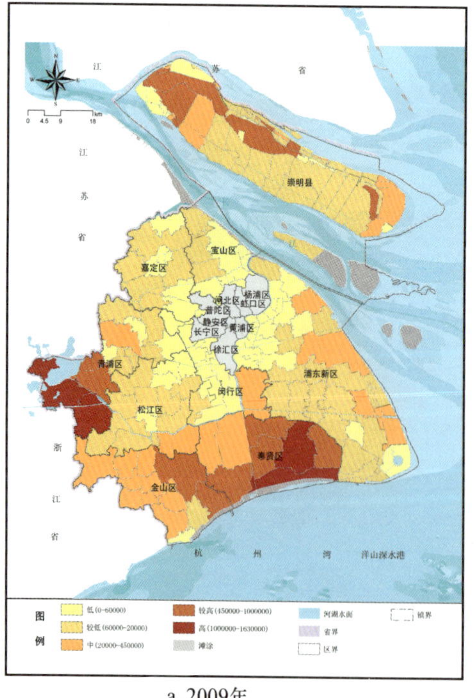

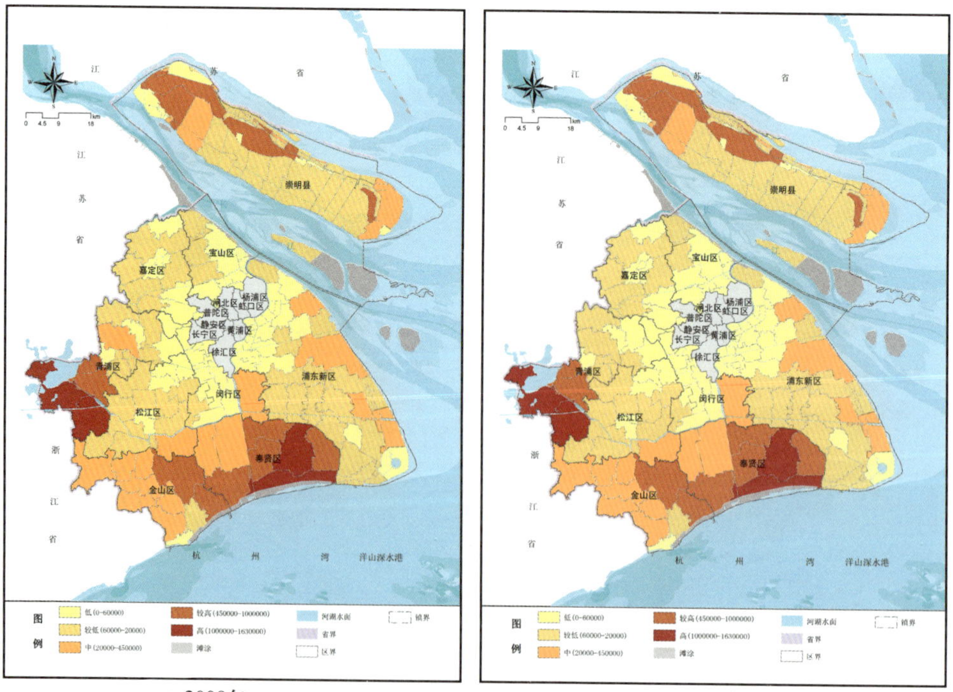

a. 2009年

b. 2013年

第二节　上海市多功能基本农田(耕地)规划

一、新时期上海市耕地的多种功能

特大型城市的耕地保护与生态保护、建设发展和农业生产之间关系日益复杂,单纯以耕地保护和粮食年产量保护为核心的耕地保护目标越来越不适宜,必须综合分析上海这一特大型城市的耕地生态系统服务功能。结合众多学者专家的分析,上海市耕地的服务功能应该主要包括应急农产品生产功能、景观隔离功能、维持生态平衡功能、文化教育娱乐功能、经济功能和社会保障功能。其中应急农产品生产功能、景观隔离功能和维持生态平衡功能是最基本功能。

(1) 耕地的应急农产品生产功能

耕地的生产功能,是指土地作为劳作对象直接获取或以土地为载体进行社会生产而产出各种产品和服务的功能,同时也为第二产业提供原材料,还可发挥其提供城市生活应急农产品保障的作用。我国东南沿海很多经济发达的大都市,农业生产占城市经济的比重很低,而粮食需求的对外依存度很高,因此,粮食和基本副食品供给都存在一定的安全隐患。一旦国家宏观粮食市场供求关系紧张,即使不考虑购买力的限制,这些大城市的粮食安全也将会受到国际政治经济因素和粮食需求竞争的威胁。

(2) 耕地的景观隔离功能

隔离,是指使之分开不能相互影响,常用在医学上,指控制并强制分离疑似带有传染病者。在景观生态学中,景观隔离带是指为维护良好的城市生态环境、防止城市建设用地无序蔓延,根据城市建设发展的特征,在建设组团之间设立的隔离用地。隔离带用地类型为非城市建设用地,主要包括各种保护区、农用地、公园等。

耕地的隔离功能,是指通过在城市建设用地组团(基础设施用地、城镇用地、工矿用地)周围保留现状耕地和规划一定的耕地或基本农田保护区,从而使耕地具有隔离和控制城市建设用地无序蔓延的作用。

(3) 耕地的维持生态平衡功能

耕地的维持生态平衡功能是指耕地生态系统包括人、阳光、田间作物、耕作土壤以及田间杂草等构成了一个相互联系、相互作用的系统,该系统的正常运转对于维持区域生态平衡具有一定的杠杆作用，该系统具有气候调节、水源涵养、水土保持、土壤肥力的更新与维持、营养物的循环、二氧化碳的固定等难以商品化的功能，通过这些功能确保生态系统安全。

耕地维持生态平衡的功能包括两层含义：一是区域内的耕地和其他农用地之间的生态平衡；二是区域内因耕地以及其他农用地与其他生态系统（如山体、水面等）的平衡。

(4) 耕地的文化教育娱乐功能

耕地的文化教育娱乐功能主要指耕地作为一种景观，能给人一种视觉上的美感，因此可以开展美术教学，提供观光休闲娱乐功能；另外，城乡接合部的农产品生产基地还可以作为体验式教学、农业知识普及教育的重要场所，通过提供这些服务来满足人类的精神需求。这一功能是容易被人忽略的一种功能，但目前逐步被广泛关注。

(5) 耕地的经济功能

耕地的经济功能主要指耕地可以创造经济价值，其中耕地的农产品生产和农业文化娱乐休闲产业均可以为人类带来一定的经济收益，但这些收益是以生产功能和文化教育功能为基础的。

(6) 耕地的社会保障功能

耕地的社会保障功能则是在以上所有功能的基础上获得的。生产功能提供生存的基础，生态安全功能确保生存环境健康安全，文化教育功能体现社会服务满足社会精神需求，生产功能和文化教育娱乐功能提供一定的就业岗位，这些都有利于保障地区的社会稳定。

二、上海市多功能基本农田（耕地）的规划原则和思路

1. 规划原则

(1) 确保数量、提升质量原则

“十分珍惜和合理利用每寸土地，切实保护耕地”是我国的一项基本国策，进行基本农田规划并划定基本农田保护区首要任务仍是保护耕地资源，满足人口高峰对粮食的需求。因此应优先将已建成的设施粮田、设施菜田等高标准农田，有良好水利与水土保持设施的高等别耕地划入基本农田，并确保划定数量不低于各区县基本农田中的现状耕地数量，同时积极开展基本农田内的土地整治和高标准基本农田建设，不断提升基本农田质量。

(2) 符合规划、统筹协调原则

基本农田规划必须符合上位土地利用总体规划，充分考虑土地利用现状情况，尽量保持土地利用结构与布局的相对稳定性，在充分考虑基本农田所具有的生态服务、应急农产品生产和建设用地隔离等功能和用途的基础上，对区域内的各类用地进行综合协调和统筹安排，正确处理好吃饭与建设的关系，协调城市对生态安全、经济安全和生产安全的不同要求，使非农业建设用地与农业用地得到合理配置，形成最佳的社会经济效益。统筹兼顾基本农田布局与数量，和农用地数量质量、设施粮田菜田、城市建设协调一致，形成科学合理的基本农田规划方案。

(3) 应保尽保、集中布局原则

充分衔接农业布局规划，优先将布局集中连片的耕地划入永久基本农田，保证划定后不改变土地用途和种植类型；由近及远、应保尽保，将城镇、村庄周边，铁路公路等交通沿线的优质耕地优先划入基本农田，基本农田已经划定的，城市建设必须跳出去，搞串联式、组团式、卫星城式发展。

2. 规划思路

传统的基本农田规划通过评价区域内农用地(主要是耕地)的粮食生产能力与该区域的粮食需求之间的供需关系，计算出该区域基本农田保护的数量，再通过逐级指标分解，落实到空间位置上。

目前，基本农田(耕地)具有的多种功能已经得到普遍认可，也越来越受到重视。但现实生活中，基本农田(耕地)多种功能通常是重叠在一起的。像经济功能和社会保障功能可以归结为生产功能的衍生作用，文化教育娱乐功能可以归纳为生态功能的衍生作用。因此，对于经济高速发展、非农产业有明显优势的大都市，更要突出生态功能的优先性、生产功能的部分可替代性、隔离功能的重要性。但由于基本农田利用和保护中存在多种不同利益主体，他们追求基本农田功能的侧重点不同，同一时期和空间的特定基本农田的三种功能间存在一定的冲突。如北京、上海等，由于长期以来早已形成的粮食供给能力远小于需求能力的历史现状，基本农田为城市提供农产品的经济功能大部分已由外地农区来替代。加之农用地的直接经济产出要比转移到二、三产业利用低几倍甚至几十倍，建设用地转化为耕地的压力巨大。此外，大都市基本农田还要承担更多的生态平衡功能。这些都致使大都市目前普遍面临以粮食供给能力为核心的基本农田保护政策的严重失效。

在规划思路上，为了与大都市多功能基本农田(耕地)多功能要求相对应，就必须放弃以粮食供需能力预测为依据的传统思路，综合考虑以大都市生态安全用地预测为依据的思路。具体来说，一要根据对大都市不同生态安全情景下生态用地空间分析，将具有重要作用的生态用地中的部分地类规划为基本农田，起到保障城市土地生态功能的作用；二要根据对城市建设用地(基础设施用地、城镇用地、工矿用地)的隔离需求分析，将蔓延程度严重的城市建设用地周围规划为基本农田，起到隔离和控制城市建设用地无序蔓延的作用；三要通过将城市土地质量高等别的农地规划为基本农田保护区，起到保障城市应急农产品生产功能的作用。

三、生态功能基本农田(耕地)的规划步骤

大都市生态功能基本农田(耕地)的规划，首先要在数据预处理基础上，构建城市生态用地(包括农地与其他生态用地)重要度评价模型，根据评价结果，提出城市生态安全的不同情景；其次，根据不同生态安全情景，制订不同的基本农田保护空间的规划标准；再次，将不同情景的基本农田保护空间范围与城市建设用地范围进行比较，选择既保障生态用地，又与城市规划冲突较小的方案，确定为生态功能基本农田(耕地)保护空间的入选方案。最后，将选定方案中可入选基本农田的生态用地类型，规划为基本农田保护区。具体步骤可以包括：

(1) 数据基础处理

包括多源数据的统一、分区县数据的拼接、数据空间插值等，使所有数据达到计算的精度要求。

第一，多源数据统一数据格式。对于空间数据，由于出自不同单位和不同数据类型，在统一到 ArcGIS 平台过程中存在投影信息丢失无法匹配等问题，因此，利用 ArcGIS 软件对相关数据和图件进行重新配准、投影变化、矢量化等处理后，转化成 1 公里×1 公里，或 100 m×100 m 的栅格数据，以便在 ArcGIS 平台下进行空间数据计算。

第二，分区县数据拼接。大都市不同区县的土地利用空间数据、土地质量空间数据和规划空间数据多以各自的行政区域分别保存，在进行全市数据计算前，必须根据不同的计算要求，在 ArcGIS 平台上提取相应的斑块，并进行数据的拼接。

第三，空间插值。有些数据，如遥感影像图由于精度难以达到计算要求，故在使用之前还要先进行空间插值。

(2) 计算生态用地重要程度综合指数

以空间化的栅格数据为基础，依据生态用地重要程度综合指数的计算公式，使用 ArcGIS，将各指标的栅格数据进行空间叠加，求出综合指标值的空间分布。由于各指标权重值的影响，综合指标值变成 0—5 之间的连续性函数值，故应按如下

标准(如表 7-2 所示)进行重新赋值。重新赋值后生成的空间数据即为大都市生态用地重要度综合指标的栅格数据。

表 7-2　生态用地重要度指数重新赋值

计算结果	0—1	1—2	2—3	3—4	4—5
重新赋值	1	2	3	4	5

(3) 提出不同情景下基本农田(耕地)保护空间预选方案

该预选方案应当包括下述九个子方案：底线生态安全情景下基本农田最小保护空间、底线生态安全情景下基本农田一般保护空间以及底线生态安全情景下基本农田最大保护空间；中等生态安全情景下基本农田最小保护空间、中等生态安全情景下基本农田一般保护空间以及中等生态安全情景下基本农田最大保护空间；理想生态安全情景下基本农田最小保护空间、理想生态安全情景下基本农田一般保护空间以及理想生态安全情景下基本农田最大保护空间。

(4) 选择生态功能基本农田(耕地)保护空间入选方案

将不同情景的基本农田保护空间范围与城市规划进行比较，选择既保障生态用地，又与城市规划冲突较小的方案，确定为生态功能基本农田(耕地)保护空间的入选方案。这其中不仅包括了农用地，还涉及建设用地和未利用地，所得到的结果仅为不同情景下基本农田保护空间的大致范围。

(5) 明确生态功能基本农田(耕地)规划空间

以基本农田保护空间入选方案为掩膜，提取保护空间中相应斑块的面积、类型，并使用空间统计功能，计算出各斑块的土地利用类型构成。进一步保留大部分农用地，扣除集中连片的建设用地和未利用地中的大面积水域，从而提出明确的生态功能基本农田(耕地)的空间规划方案。

四、隔离功能基本农田(耕地)规划步骤

隔离型基本农田作用是使基本农田具有隔离和控制城市建设用地无序蔓延的作用。重点在于将城市建设用地蔓延程度严重地区的农用地规划为基本农田。

要明确隔离功能基本农田(耕地)的空间位置与分布，需要解决两个关键性问题：第一，必须首先明确城市建设用地的隔离需求，即找出城市建设用地产生蔓延的空间，分析其蔓延程度与特征，明确是否有必要对其未来的蔓延实施隔离。在明

确城市建设用地的隔离需求时可通过模型法或归纳法。第二,制订合理的隔离功能基本农田(耕地)规划标准。即有针对性地在关键空间布置基本农田,根据蔓延程度与该区域周围农用地的资源状况,决定隔离功能基本农田(耕地)的缓冲距离,从而起到隔离和控制城市建设用地无序蔓延的作用。

因此,隔离功能基本农田(耕地)规划步骤如下:

1. 数据基础处理

包括多源数据的统一、分区县数据的拼接、数据空间插值等,使所有数据达到计算的精度要求。

2. 明确城市建设用地隔离需求的重点空间

城市建设用地隔离需求,其实质是通过对城市建设用地蔓延程度与空间特征的分析,找出需要实施隔离的重点空间。

(1) 隔离需求预测之模型法

借鉴城市扩展和城市蔓延的相关评价指标,从建设用地扩展度和建设用地蔓延度两个方面来建立城市建设用地蔓延度评价模型。通过准确的数据计算,明晰城市不同区域蔓延的综合指数值,将这些蔓延指数根据一定原则划分类别,表示不同水平的蔓延状态,并选择蔓延状态严重或较严重的区域作为隔离需求区域。

建设用地扩展度:根据建设用地扩展的类型和速度,确定需要实施隔离限制的区域,使用林地、绿地、农田等隔离性用地设置,限制具有明显扩展趋势的建设用地(主要指交通基础设施用地、城镇与工矿用地)的扩展发展。

建设用地蔓延度:根据建设用地蔓延度可判断出空间上明显表现为蔓延特征的区域,在这些区域周围划定一定范围的禁建区,起到隔离限制城市蔓延的作用。

具体的城市蔓延度评价指标体系如表 7-3 所示。

表 7-3　城市用地蔓延度评价指标

层　　次	指　　标
建设用地扩展度	用地转换类型 用地转换速度
建设用地蔓延度	人口密度 用地效益 聚集度 连通度 空间自相关性

这一方法的优点在于空间数据定量分析，客观性好。但目前有关城市蔓延度的定量评价指标多是基于西方的城市化背景提出的，并不能切实反映我国城市蔓延的独特成因和空间特征，而国内关于城市蔓延的针对性研究还比较少，还没有关于城市蔓延量化方法的系统研究（蒋芳等，2007）；所以该方法对数据要求高，应用受到的限制较多。

（2）隔离需求预测之归纳法

通过对比不同时期城市建设用地空间分布的差异，并结合历次城市规划、土地规划等相关研究的结论，确定出城市蔓延的主要地类与主要分布区域，归纳总结出城市建设用地的隔离需求区域。

具体包括：第一，归纳分析历次城市规划、土地规划中城市建设用地的扩展规律；第二，分析主要建设用地类型（工业用地、城镇用地等）的扩展强度与空间特征；第三，归纳总结城市建设用地空间蔓延模式与隔离模式；第四，明确城市建设用地隔离需求的重点空间。

这一方法的优点在于将定性分析与定量评价相结合，以相关研究成果的归纳梳理为主，避免了因城市蔓延指数选择失误而产生的错误，且对数据的要求相对较低，便于操作。但对相关成果的资料要求较高。

3. 入选隔离功能基本农田（耕地）的标准设定

根据重点隔离空间确定的范围，选择该范围内符合基本农田规划入选标准的地块，构成隔离功能基本农田（耕地）保护区。设定的入选标准为：第一，地类为农用地；第二，单个农用地斑块面积大于 1 hm^2；第三，单个农用地斑块小于 1 hm^2，但是与其他农用地斑块毗邻距离小于 20 m。以上条件同时满足第一和第二，或第一和第三，则均可规划为隔离功能基本农田（耕地）。

另外，根据各项评价数据的收集和处理程度不同，也可使用在重点隔离空间确定的范围内“反减”的方法，扣除该范围内不宜入选基本农田的指标标准，从而将剩下的空间规划为隔离功能基本农田（耕地）保护区。“反减”法的扣除标准为：第一，单个建设用地斑块面积大于 1 hm^2；第二，单个建设用地斑块小于 1 hm^2，但是与其他建设用地斑块毗邻距离小于 50 m；第三，未利用地中的市级河道、湖泊。以上三个条件满足其一则可列入扣除范围。

4. 提出隔离功能基本农田（耕地）规划方案

利用 ArcGIS 空间汇总统计功能，提取隔离功能基本农田（耕地）的保护空间内各用地属性，结合统计软件，分析其空间分布特征；最后，在隔离功能基本农田（耕地）的保护空间内进一步扣除集中连片的建设用地，即为隔离功能基本农田（耕地）保护区。

从目前我国此次土地利用规划修编的一般要求来看，对城镇工矿用地扩展的控制比对交通基础设施用地扩展控制的要求更加严格。因此，隔离功能基本农田（耕地）规划，应当首先确定生态功能基本农田（耕地）、交通基础设施的隔离功能基本农田（耕地）以及应急生产基本农田的空间布局，在此基础上对城镇工矿建设用地规划进行修正，见空插地布局城镇工矿用地。这既体现了先规划基本农田再确定建设用地的生态基础设施优先的反规划理念，又可对城镇工矿起到很好的隔离作用。

五、应急生产功能基本农田（耕地）规划步骤

把城市区域生产功能较高的农用地划入基本农田保护区实施保护，可在出现国际政治、经济因素变动等急切情况时，使之发挥应急生产功能，提供城市生活的应急农产品需求保障的作用。

应急生产功能的基本农田规划，必然是通过对农用地生产能力评价而确定的。与生态功能规划和隔离功能规划方法中的评价对象不同，应急生产功能基本农田（耕地）评价的对象直接是农用地，而且要是高质量和高生产能力的农用地。所以，为了减少数据的处理量，生产功能基本农田（耕地）规划的对象可以设定为未划入生态功能基本农田（耕地）保护区和隔离功能基本农田（耕地）保护区的农用地。其重点是将集中连片的优质农用地规划为基本农田，满足应急生产功能的需求，主要内容包括设定集中连片和质量等级的标准，确定应急生产功能基本农田（耕地）的空间布局、数量，分析与生态功能基本农田（耕地）和隔离功能基本农田（耕地）的协调程度等。具体步骤如下：

1. 数据基础处理

考虑到农用地分等定级成果的比例尺与土地利用现状数据比例尺不一致，将会给后续计算带来问题，故而首先将其在 ArcGIS 软件平台中，进行评价单元的重新划分，并将农地分等定级成果转存为 1 公里栅格数据。

2. 确定入选应急生产功能基本农田的指标

借鉴农用地分等定级的评价方法与成果，建立城市农用地应急生产能力评价

指标，主要包括自然质量等别和农用地利用等别和集中连片规模。具体指标及其计算方法如下：

(1) 自然质量等别

依据农用地分等定级规程，自然质量等别的分等因素主要包括：

地貌：地貌类型、海拔、坡度、坡向、坡型、地形部位；

土壤：土壤类型、土壤表层有机质含量、表层土壤质地、有效土层厚度、土壤盐碱状况、剖面构型、盐渍化程度、土壤 pH 值、障碍层特征、土壤侵蚀状况、土壤污染状况、土壤保水供水状况、土壤中砾石含量、地表岩石露头度等；

水文：水源类型(地表水、地下水)、水量、水质等；

农田基本建设：灌溉条件(水源保证率、灌溉保证率)、排水条件、田间道路条件、田块大小、平整度及破碎程度等。

农用地分等因素权重是指各项诊断指标对农用地质量影响的大小。权重越大，说明该性质对农用地质量的影响越大，权重越小，说明该性质对农用地质量的影响越小。分等因素权重的确定方法有多种，可直接采用国家《农用地分等规程》推荐的指标权重体系，也可以根据区域实际进行一定修正。

农用地自然质量等指数是按照标准耕作制度所确定的各指定作物，在农用地自然质量条件下，所能获得的按产量比系数折算的基准作物产量指数。农用地自然质量等是对自然质量等指数进行划分的结果，等别划分间距为每 200 分为一个等别。主要计算过程如下：

采用加权平均法计算分等单元指定作物的农用地自然质量分，计算公式为：

$$C_{L_{ij}} = \frac{\sum_{k=1}^{m} \omega_k \cdot f_{ijk}}{100} (i = 1, 2, \cdots, p; j = 1, 2, \cdots, n; k = 1, 2, \cdots, m)$$

式中：$C_{L_{ij}}$ 为分等单元指定作物的农用地自然质量分；i 为分等单元编号；j 为指定作物编号；k 为分等因素编号；p 为分等单元的数目；n 为指定作物的数目；m 为分等因素的数目；ω_k 为第 k 个分等因素的权重；f_{ijk} 为第 i 个分等单元内第 j 种指定作物第 k 个分等因素的分值。

第 j 种指定作物的自然质量等指数计算方法如下：

$$R_{ij} = \alpha_{tj} \cdot C_{ij} \cdot \beta_j$$

式中：R_{ij} 为第 i 个分等单元内第 j 种指定作物的自然质量等指数；α_{ij} 为第 j 种作物的光温生产潜力指数；C_{ij} 为第 i 个分等单元内第 j 种指定作物的农用地自然

质量分；β_j 为第 j 种作物的产量比系数。

农用地自然质量等指数由下式定义：

$$R_i = \sum R_{ij}$$

式中：R_i 为第 i 个分等单元的农用地自然质量等指数；R_{ij} 为第 i 个分等单元内第 j 种指定作物的自然质量等指数。

（2）土地利用等别

不同的社会经济条件和生产集约化水平能使潜力相同的土地表现出不同的生产能力，从而获得不同的土地产出，产生不同的土地利用系数。通过实地调查得到的作物实际产量去除以作物最高产量得出的利用系数能够反映当地现实经济发展水平下所能发掘农用地生产潜力的能力。

土地利用等别通过计算利用等指数划定，等别划分间距为 200 分一个等别。主要计算公式如下：

农用地第 j 种指定作物利用等指数由下式定义：

$$Y_{ij} = R_{ij} \cdot K_{Lj}$$

农用地利用等指数由下式定义：

$$Y_i = \sum Y_{ij}$$

式中：Y_{ij} 为第 i 个分等单元内第 j 种指定作物的利用等指数；Y_i 为第 i 个分等单元农用地利用等指数；R_{ij} 为第 i 个分等单元内第 j 种指定作物的自然质量等指数；K_{Li} 为分等单元所在等值区的第 j 种指定作物的土地利用系数。

（3）集中连片规模

城市应急生产功能的基本农田除了具有较高地自然质量等别以外，还需要有一定的经营规模，即集中连片规模。

3. 入选应急生产功能基本农田（耕地）的指标标准设定

（1）自然质量等别和农用地利用等别

由于我国地域辽阔，自然生态条件迥异，农地利用状况差异明显，从而使全国农用地的等别取值范围较大，不同区域的农用地等别从 1 到 30，呈现较大的区域差异性。因此，不同区域入选应急生产功能基本农田（耕地）的自然质量等别标准和农地利用等别标准不宜强求一致。并且，考虑到我国大都市多发源于农地生产条件较为优越区域，故大都市农地入选基本农田的自然质量等别标准和农地利用等别标准也不宜太低。

入选标准原则可以设定为：大都市农用地自然质量等别和农地利用等别，由低至高排列，选择全部等别的前 1/2 或 1/3 为宜。

(2) 集中连片规模

与前两个指标相同，考虑到我国农地利用现状的区域差异，入选基本农田的农地集中连片规模标准也不宜强求一致。而且，大都市农业发达，人均农用地少，农用地转换程度高，导致其农地利用的破碎化问题尤其严重，绝对集中连片规模难以达到。因此，入选基本农田的农地集中连片规模不仅要考虑单片农用地规模的大小，还应当考虑将间距较小的多片农用地近似看作整体。

集中连片规模的入选标准可以从两个方面确定：一是单片农用地的规模达到一个较高标准；二是多个小规模的农用地彼此之间的毗邻距离控制在一个较低标准。具体采用定量与定性相结合的方法，根据 ArcGIS 自动生成的农用地地类图斑的统计信息，计算待评价农用地图斑"面积—数量"分布频率，结合基本农田管理人员的经验，确定入选应急生产功能基本农田(耕地)集中连片规模的图斑标准。

4. 提取入选图斑，生成应急功能基本农田(耕地)规划结果

使用 ArcGIS 软件的数据提取功能，提取同时满足农用地自然质量等别、利用等别和集中连片规模的农用地图斑，生成应急生产能力基本农田规划结果；进一步提出保护区内各类用地的面积、地类、质量、等别以及区县等字段属性，结合 Excel 软件，分析应急生产能力基本农田保护区的空间分布特征和构成特点。

六、上海市多功能基本农田(耕地)布局

为了便于管理，根据空间布局和功能差异性，上海市将具备生态服务功能和隔离功能的基本农田分布区域整合成为生态型基本农田保护区，即划分为生产型和生态型基本农田两类。

其中生产型基本农田的功能包括应急生产功能、经济功能和社会保障功能，具体是以粮食和蔬菜等生产功能为主，布局集中连片、距离城镇较远的耕地和基本农田分布区域，包括农用地等级较高的以及高标准基本农田、设施粮田和设施菜田、

重要粮食蔬菜生产基地中的耕地;生态型基本农田的功能包括景观隔离功能、维持生态平衡功能和文化教育娱乐功能。具体是以保护生态空间为主,距离城镇、工业或交通用地较近,兼顾粮食和食品生产,布局相对集中连片的基本农田分布区域。区内土地以农林复合为主,包括一些耕作层未破坏的可调整地类,以便发挥其生态涵养和生态间隔作用。

根据以上规划方法和步骤,上海市共划定 38 片生产型基本农田保护区,区内基本农田占全市基本农田保护任务 67%,主要分布在黄浦江-大治河以南地区、崇明三岛地区以及嘉定青浦的北部地区。生态型基本农田保护区面积为 226 万亩,占全市基本农田保护任务 33%,与建设用地交叉布局,主要分布在集中建设区(以下简称"集建区")组团之间,保护城市生态空间,阻隔城市蔓延发展。

图 7-10
上海市基本农田保护区类型分布图

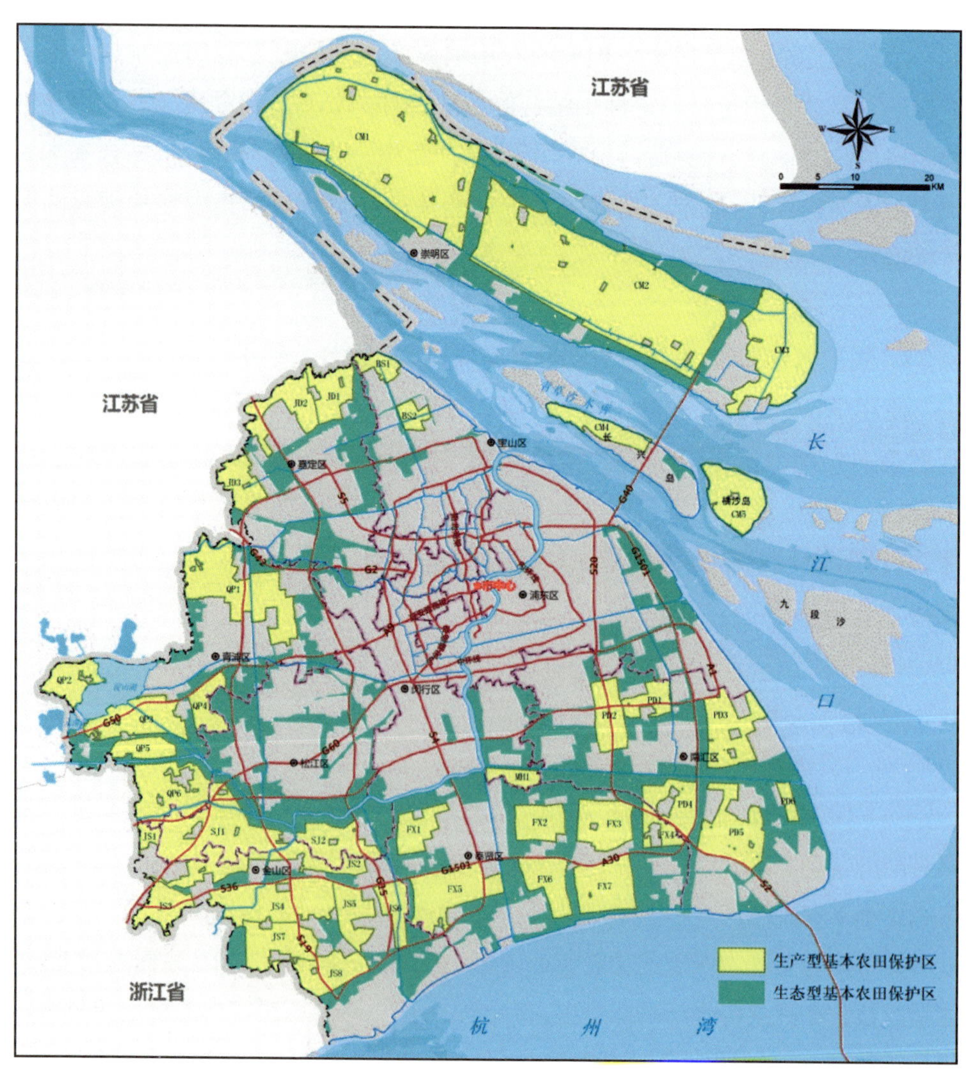

第三节　上海市生态用地(含耕地)的一体化空间布局及保护导向

生态用地(包含耕地)的一体化空间布局是在生态功能区划的基础上,将绿地、耕地、林地和湿地等生态元素进行融合和连接,形成以自然保护为主要目标,满足多种社会、文化和经济功能,多尺度、功能复合的城乡一体化绿色生态网络体系。可见,生态空间体系所对应的用地类型比耕地和城市绿地所涵盖的范围都要更广。包括城市建设用地中的城市绿地和其他具有生态、景观或游憩价值的开敞空间如公园等,以及建设用地之外的农地、林地、湿地、山体、水面等。在城市环境日益恶化的今天,城市生态网络空间体系更能体现城市与其周围的耕地和自然环境唇齿相依的整体关系。

上海市生态用地(含耕地)一体化空间布局的具体目标有: ① 发挥应急生产功能,提供城市生活的应急农产品需求保障的作用; ② 修复生态空间,确保生态安全,恢复生物多样性; ③ 明确城市边界,强化控制手段,优化空间结构; ④ 提升宜居环境,维持平衡碳氧,降低热岛效应; ⑤ 推进城乡统筹,满足功能需求。

根据生态用地(含耕地)一体化空间布局目标,基于利于实施和管控的目的对农用地区域和基本生态空间进行系统分类,将生态空间分为五种类型,分别是生态保育型、农林生产型、空间引导型、休闲游憩型和应急生产型。

生态保育型指生态空间内以生态环境保育为主的区域,主要分布在水源保护区、淀山湖和佘山地区、自然保护区和水库附近等。农林生产型指生态空间内农用地集中连片、以农副产品生产和农民生活为主,兼顾景观游憩和生态服务功能的区域。空间引导型指生态空间内为防止城市蔓延式发展,隔离工业区、道路和生活区而划定的区域,如工业防护绿地、外环绿带、近郊绿环和部分间隔带(主要是河道、道路两侧的间隔带)等。休闲游憩型指生态空间内以休闲游憩为主要功能的区域,现状建设用地比例高、用地类型复杂、规划建设活动较多,是未来政策聚焦的重点区域。应急生产型主要指基本农田集中区,以分布集中度较高的优质基本农田为主,是需要重点保护和建设的区域,起到城市应急生产和保障功能。

通过与土地利用现状数据进行叠加分析的结果显示,各类型生态空间总面积和生态用地比例中: 生态保育型生态空间面积最小仅有 227 km^2;应急生产型生态空间,也就是基本农田集中区面积最大 1 800 km^2,起到粮食生产保障作用,同时起到生态作用;其次为农林生产型生态空间面积达 872 km^2,空间引导型和休闲游憩型生态空间总面积均在 400 km^2 以上。应急生产型、农林生产型和休闲游憩型生态空间内农用地比例较高，空间引导型生态空间内绿地比例最高达到 7%，空间引导型和休闲游憩型生态空间内生态用地比例较低。

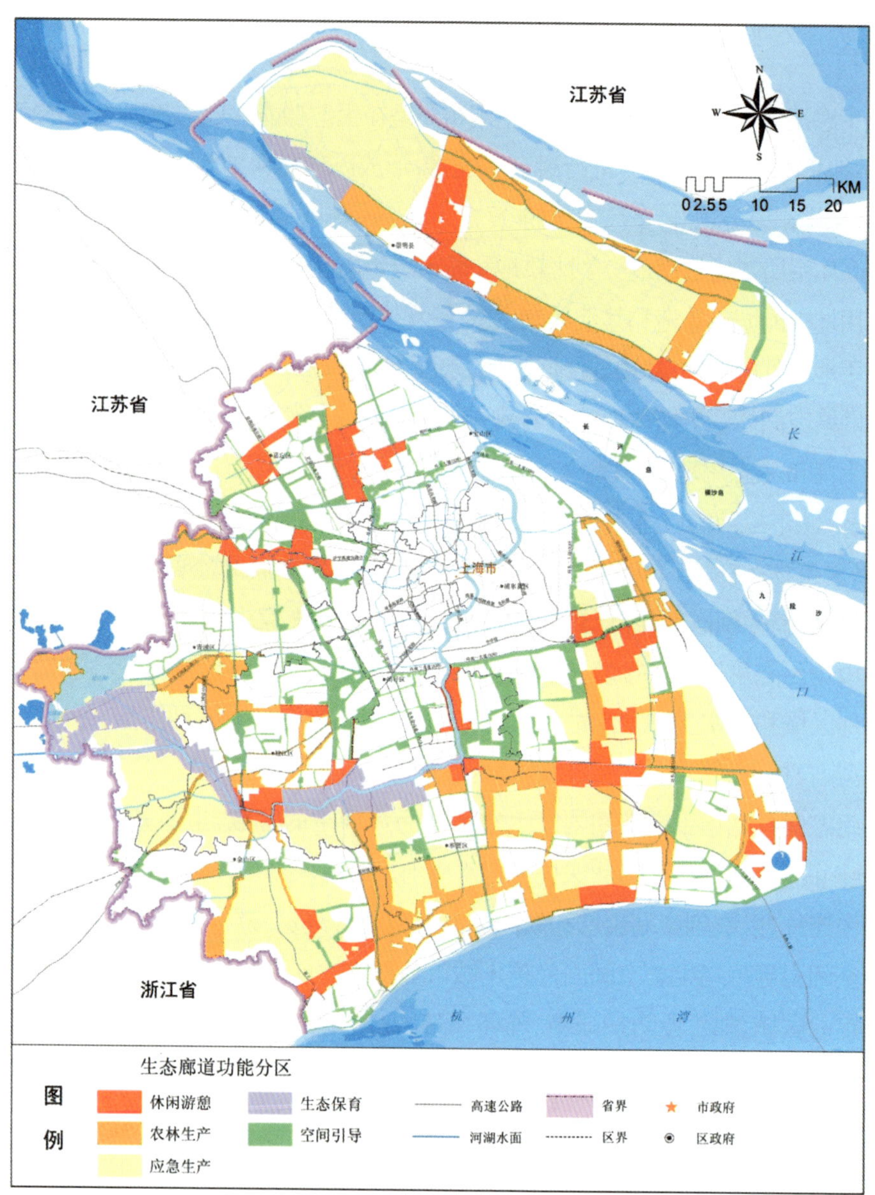

图 7-11
基本生态空间功能分区图

此外，根据生态用地类型不同，上海市还初步拟定了差别化的保护导向措施。

1. 生态保育型

严格项目准入制度。该区域用地以生态环境保护为主导用途，严格控制新增城镇建设用地及其他各类建设活动，严格禁止工业和高污染类用地进入，原则上不允许新建工业、仓储、商业、居住等经营性项目。土地利用需符合经批准的相关规划，影响生态环境安全的土地应调整为适宜用途，原有的各种生产、开发活动应逐步退出。在必要的情况下，仅允许下列四类用地进入：重大的道路交通设施；必要的市政公用设施；必要的旅游基础设施和核心游赏景观设施；必要的特殊用途设施。

该区域还要积极实施生态修复和生态环境治理项目(如水环境治理、湿地恢复、外来种控制等)，但要尽量减少对生态系统的干扰。

2. 农林生产型

维护基本农田制度。该区域在限制新增建设用地的前提下，允许进行能源、环保、交通、水利、军事等基础设施建设及农民建房；内部现有非农业建设用地和其他零星农用地应优先整治为耕地，逐步补划为基本农田；严格禁止占用内部基本农田，确需占用的应扣除相应机动额度。

积极推进生态产业。逐步引导不符合产业导向和环保要求的工业用地退出，鼓励发展生态农业、观光农业、生态旅游业等无污染、对生态环境无影响且能提高生态系统服务价值的产业，以农业、生态、旅游作为村庄发展的主导产业。

打造锦绣江南景观。鼓励开展城乡建设用地增减挂钩和土地整治活动，引导农村居民点归并集中，控制居民点无序蔓延；对于历史文化名镇、古村落要加强基础设施建设和景观规划，改善农村生态环境，逐步恢复历史文化风貌和人文景观。通过发展生态农业、生态林业、打造美好的农村景观，实现多重生态经济价值的叠加。

3. 空间引导型

控制内部建设活动，以种林和绿化为主。该区域可以大力发展工业仓储生态防护和绿色景观建设，加强主干道防护林地建设。允许一定的必要配套建筑设施建设；鼓励种植生态林和果林，提高绿化带的景观价值和经济价值。

工业用地逐步退出。近期需要逐步搬迁污染型工业，并对原有工业进行技术改造，实施清洁生产和循环经济。远期可以考虑将工业企业逐步退出，将工矿仓储用地转变为更加生态友好的用地类型。

4. 休闲游憩型

严格项目准入，禁止工业用地进入。该区域原有工业用地应逐步退出或转型。

在保证开敞连通的前提下,可在生态网络空间内开展相应公共服务设施和管理配套设施建设。

实行多元经营模式。该区域在符合相关专项规划的前提下,按照建设用地减量化原则,通过城乡建设用地增减挂钩等手段,布置度假村、文化体育设施、郊野公园等供群众旅游休闲的公共设施项目;在符合相关规定的前提下,集体建设用地也可用于生态友好型经营性项目。

5. 应急生产型

严格项目准入制度。该区域用地以应急农产品生产为主导用途,应落实基本农田保护区相关管控政策,尽量促进基本农田集中连片和质量提高。严格控制新增城镇建设用地及其他各类建设活动,严格禁止工业仓储、商业、居住等建设项目。土地利用需符合经批准的相关规划,影响农业生产和生态安全的土地应调整为适宜用途,原有的各种生产、开发活动应逐步退出。在必要的情况下,仅允许下列三类用地进入:重大的道路交通设施;必要的市政公用设施;必要的特殊用途设施。

该区域要建立基本农田保护管理台账和保护标识,强化基本农田质量动态监测,实现基本农田常态跟踪管理,鼓励通过土地综合整治、城乡建设用地增减挂钩等手段促进基本农田集中连片和质量提高。

参考文献

[1] Costanza R D, Arge R, Groot R, et al. The Value of the World's Ecosystem Service and Natural Capital. Nature, 1997(387): 253-256.

[2] de Groot R S, Wilson M A, et al. A typology for the classification, description and valuation of ecosystem functions, goods and services [J]. Ecological Economics, 2002, 41(3): 393-408.

[3] de Groot R S. Functions of nature: evaluation of nature in environmental planning, management and decision making [M]. Wolters-Noordhoff, Groningen, 1992.

[4] de Groot R. Function-analysis and Valuation as a tool to assess land use conflicts in planning for sustainable, multi-functional landscapes [J]. Landscape and urban Planning, 2006, 75(3-4): 175-186.

[5] Maslow A. A Theory of Human Motivation [J]. Psychological Review, 1943(50): 370-396.

[6] 艾勇军,肖荣波. 从结构规划走向空间管制——非建设用地规划回顾与展望[J]. 现代城市研究, 2011,(7): 64-66.

[7] 白晓飞,陈焕伟. 不同土地利用结构生态系统服务功能价值的变化研究——以内蒙古自治区伊金霍洛旗为例[J]. 中国生态农业学报,2004,12(1): 180-182.

[8] 陈百明,等. 中国土地利用与生态特征区划[M]. 北京: 气象出版社,2003,170-173.

[9] 程锋,石英,朱德举. 耕地入选基本农田决策模型研究[J]. 地理与地理信息科学,2003,19(3): 50-53.

[10] 邓小文,孙贻超,韩士杰. 城市生态用地分类及其规划的一般原则[J]. 应用生态学报,2005,16(10): 2003-2006.

[11] 邓元亮. 湖北省耕地资源及其生态系统服务功能研究[D]. 华中农业大学硕士学位论文,2009.

[12] 何梅,汪云,夏巍,等. 特大城市生态空间体系规划与管控研究[M]. 北京: 中国建筑工业出版社,2010.

[13] 孔祥斌,靳京,刘怡,等. 基于农用地利用等别的基本农田保护区划定[J]. 农业工程学报,2008,24(10): 46-51.

[14] 李文楷,李天宏,钱征寒. 深圳市土地利用变化对生态服务功能的影响[J]. 自然资源学报,2008,23(3): 440-446.

[15] 刘云霞,陈爽,姚士谋. 大都市地区生态保留地划分原则与方法——以南京市为例[J]. 地域研究与开发,2006,25(5): 90-93.

[16] 聂庆华,包浩生. 中国基本农田保护的回顾与展望[J]. 中国人口、资源与环境,1999,9(2): 31-35.

[17] 欧阳志云,李文华. 生态系统服务功能内涵与研究进展. 生态系统服务功能研究[M]. 北京: 气象出版社,2002.

[18] 冉圣宏,李秀彬,吕昌河. 土地覆被及生态服务价值变化的多时间尺度模拟——以四川省渔子溪流域为例[J]. 地理学报,2006,61(10): 1113-1120.

[19] 冉圣宏,吕昌河,贾克敬,等. 基于生态服务价值的全国土地利用变化环境影响评价[J]. 环境科学,2006,27(10): 2139-2144.

[20] 石英,朱德举,程锋,等. 属性层次模型在乡级基本农田保护区布局优化中的应用[J]. 农业工程学报,2006,22(3): 27-31.

[21] 王茜,任建兰. 耕地生态系统服务功能类型划分及其评价指标体系构建[J]. 山东师范大学学报(自然科学版),2012,27(4): 55-59.

[22] 吴宏安,蒋建军,张海龙,等. 西安地区城镇扩展及其生态环境效应研究[J]. 自然资源学报,2006,21(2): 311-317.

[23] 谢高地,甄霖,鲁春霞,等. 一个基于专家知识的生态系统服务价值化方法[J]. 自然资源学报,2008,23(5): 911-919.

[24] 杨树佳,郑新奇,王爱萍,等. 耕地保护与基本农田布局方法研究——以济南市为例[J].

水土保持研究,2007,14(2): 4-7.

[25] 詹运洲,李艳. 特大城市城乡生态空间规划方法及实施机制思考[J]. 城市规划学刊,2011,(2): 49-57.

[26] 展瑰琦,郑伟元. 关于基本农田保护区规划与划定的几个问题[J]. 中国土地科学,1997,11(1):12-14.

[27] 张凤荣,张晋科,张琳,等. 大都市区土地利用总体规划应将基本农田作为城市绿化隔离带[J]. 广东土地科学,2005,4(3): 4-6.

[28] 张蕾娜,刘晓燕. 农用地分等定级成果在基本农田保护中的应用研究[J]. 地域研究与开发,2007,26(4): 87-88.

[29] 张林波,李伟涛,王维,等. 基于 GIS 的城市最小生态用地空间分析模型研究——以深圳市为例[J]. 自然资源学报,2008,23(1): 69-78.

[30] 朱蕾. 土地利用/覆盖变化及其对生态安全的影响研究[D]. 浙江大学博士学位论文,2007.

[31] 章家恩,饶卫民. 农业生态系统的服务功能与可持续利用对策探讨[J]. 生态学杂志,2004,23(4): 99-102.

第八章
上海市耕地保护的相关政策措施

第一节　上海市耕地保护政策概述

近年来，上海市十分强调保护耕地对经济社会平稳运行和城市可持续发展的重要性，并在耕地保护管理制度与机制的建设、管理技术手段的提高等方面采取了一系列重大举措。

在制度建设上有土地用途管制制度、落实基本农田保护制度、耕地占补平衡制度等；在机制创新上有实行生态补偿机制、耕地保护责任目标考核机制、设施农用地管理机制等；在技术手段上，包括综合运用“3S”技术等多样化手段，实现耕地和基本农田的科学化、精确化、差别化管理等。这些管理手段、机制和制度建设对于实现耕地保护目标，促进土地精细化管理都发挥着重要作用。

第二节　土地用途管制制度

土地用途管制制度作为现行《土地管理法》的核心，是指国家为保证土地资源的合理利用，经济、社会和环境的协调发展，通过编制土地利用总体规划划定土地用途区域，确定土地使用限制条件，使土地的所有者、使用者均严格按照国家确定的用途利用土地的制度。

近年来，上海市不仅严格落实中央关于土地用途管制精神要求，根据耕地和建设用地控制指标合理分解土地利用计划，划分土地用途分区，确定每一块土地的用途，严格用地审批，还通过编制《上海市土地利用总体规划(2006—2020 年)》《上海市基本生态网络规划》《上海市土地整治规划(2011—2015 年)》等一系列规划，积极探索将土地用途管制扩大到各类自然生态空间，严格落实空间规划管制，划定生产、生活、生态空间开发管制界限，强化土地全生命周期管理，加强实际用途变更管理，合理控制土地开发强度，加大生态建设和保护力度。由于土地用途管制制度的内涵较为丰富，贯穿规划和土地管理的多个环节当中，因此以下着重从土地利用规划和用地审批角度阐述上海市土地用途管制制度的实行方式和执行效果。

一、上海的土地用途分区和控制线

上海市通过市-区(县)-乡(镇)三级土地利用总体规划划分土地分区，制定相应的管控措施，为土地用途管制制度的实施奠定基础。

市级规划划分中心城区、中心城区周边地区、浦东拓展地区、嘉青松虹地区、杭州湾北岸地区、长江口三岛地区等六类土地利用分区，各分区坚持分类引导和管制，制定了差别化的土地利用方向和土地利用政策、策略。区级土地利用总体规划划分了城镇工矿用地区、其他建设用地区、基本农田保护区和一般农地区等六类土地用途区。每类土地用途区制定管制措施，其中，城镇工矿用地区内新增城市开发项目和工业项目用地必须纳入城镇工矿用地区中统筹布局，严格按照国家、本市制定的相关行业用地定额标准用地；并鼓励利用存量工业用地进行二次开发。其他建设用地区可用于集建区外独立项目建设的区域。

上海在三级土地利用总体规划成果的基础上，提炼出集建区、产业区块和基本农田三条规划控制线，其中：集建区控制线为城镇集中开发的区域；产业用地控制线为新增产业项目集中布局区域；基本农田控制线为基本农田地块布局区域。

三条规划控制线纳入规划和国土资源管理信息系统，作为各类专项规划编制、管理和建设项目审批管理的依据。上海市在土地利用总体规划的框架下，制定了《关于本市实施土地利用总体规划的若干意见》(沪规土资总〔2013〕316 号)、《本市土地利用总体规划预留基本农田管理暂行规定》(沪规土资总〔2013〕799 号)等规划实施管理文件，明确了规划和项目审批程序、管控要求。同时，2006 年在对全市土地清查的基础上，建立了全市统一的土地资源管理信息系统平台，以信息化建设为支撑，严格土地审批管理，在土地审批时，严格锁定基本农田，通过“机器管人”，确保耕地和基本农田不被占用，为土地用途管制制度的严格实施提供了保障条件。

在上海新一轮城市总体规划和土地利用总体规划(2016—2040)中，还将从划定永久基本农田、锁定城市开发边界和确立生态保护红线三方面，建立健全“三线”引导和管控制度。

图 8-1
上海市土地分区图

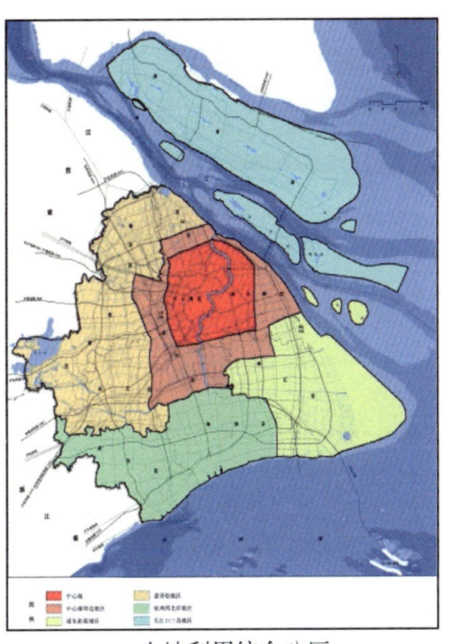

a. 土地利用综合分区

b. 土地用途分区

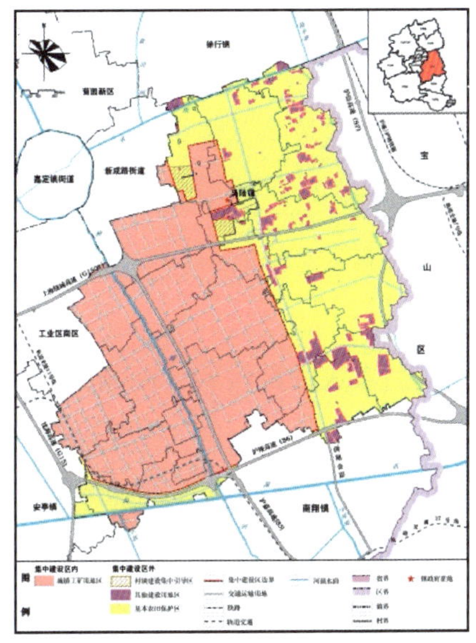

c. 土地利用规划地类图斑

二、上海土地用途管制制度的执行

1. 对相关规划编制的管理

在土地利用总体规划确定的基本格局和框架下，新市镇总体规划、土地整治规划、郊野单元规划、控制性详细规划和村庄规划等相关下位规划要在“规模减量、布局合理、用途可控”的原则下，落实土地利用总体规划要求。

其中，郊野单元规划、村庄规划应符合土地利用总体规划明确的各镇乡建设用地减量化任务的要求，对集建区外需保留、复垦和新增的用地进行落图；新市镇总体规划编制中在功能上加强与集建区的衔接，加强对远景规划的考虑，指导郊野单元规划的用地布局和功能定位。

2. 对建设项目的审批管理

土地利用总体规划借助于管理化平台的强大功能对建设项目实施精准管理，实行“以图管地”。根据集建区内外的差异分别实施不同的管控方式，对于集建区内的项目，符合下述两个条件之一的新增项目在审批时才被视为符合土地利用总体规划：一是其中工业项目同时位于工业区块内或符合已批准的控制性详细规划的新增建设项目；二是项目跨出集建区边界，或工业项目跨出工业区块边界100平方米以内(含100平方米)。

对于集建区外项目的审批主要依据相关专项规划和镇级土地利用总体规划确定的“其他建设用地区”，通过项目用途和规划预留的机动指标进行综合管理。新增用地项目用途可为交通市政设施及特殊用地、新农村项目、农民建房及旷地型旅游设施用地等四种类型，建设项目如涉及基本农田和建设用地机动指标，在农转用审批阶段对规划预留机动指标进行核减，视作符合土地利用总体规划。

3. 各类用地的用途管制导向

乡镇级土地利用总体规划将各类用地落到基本农田、一般农用地和土地综合整备用地图斑，实现以图管地。

其中，基本农田实行空间、规模双向管控。在调整补划方式上，基本农田调整补划要通过土地利用规划动态修编程序执行，将通过验收、符合条件的新增耕地调整补划为基本农田，逐步提高基本农田的质量；在保护共同责任制上，镇人民政府应与村民委员会签订基本农田保护责任书，确保保护责任到村、到人；在日常管理上，对现状保留的优质园林地、精养鱼塘等应按照基本农田标准进行管护，建立基本农田保护管理台账和保护标识，加强基本农田机动额度管理，强化基本农田质量动态监测，实现基本农田常态跟踪管理。

一般农用地的使用应严格限制新增建设用地，允许进行能源、环保、交通、水利、军事等基础设施等建设及农民单独建房，并鼓励通过土地综合整治、城乡建设用地增减挂钩等手段推进生态建设，在符合相关专项规划的前提下，按照建设用地减量化原则，可安排度假村、文化体育设施、郊野公园附属设施等旅游休闲配套的旷地型公共设施项目。

土地综合整备用地，管制较为严格，按照建设用地减量化原则，通过编制城乡建设用地增减挂钩土地综合整治等专项规划，进一步明确现状建设用地复垦方案，合理安排建设用地布局，逐步减少建设用地规模。

第三节　耕地保护目标责任制

一、上海市耕地保护目标责任制

自《土地管理法》实施以来，上海市认真贯彻“十分珍惜、合理利用土地和切实保护耕地”的基本国策，努力处理好经济社会发展和耕地保护之间的关系。为落实《国务院关于深化改革严格土地管理的决定》(国发〔2004〕28 号)、《国务院关于加强土地调控有关问题的通知》(国发〔2006〕31 号)和《国务院办公厅关于印发〈省级政府耕地保护责任目标考核办法〉的通知》(国办发〔2005〕52 号)等文件精神，上海市积极建立和实施耕地保护目标责任制度，切实加强耕地和基本农田保护工作。各级政府通过认真制定耕地保护责任目标考核办法，逐级签订耕地保护目标责任书，层层落实耕地保护责任，形成了市、区(县)、镇(乡)三级耕地保护目标责任制，并把年度考核结果纳入了政府领导班子和主要领导综合考核评价内容。

2006 年，上海市印发《上海市区(县)政府耕地保护责任目标考核办法》(沪府办〔2006〕109 号)，为上海市开展耕地保护责任目标考核提供依据。办法明确各区(县)人民政府对《上海市土地利用总体规划》确定的本行政区域内的耕地保有量和基本农田保护面积负责，区(县)长为第一责任人，并将耕地保护责任目标考核结果列为第一责任人工作业绩考核的重要内容。同时，也对区(县)政府层层落实耕地保护责任提出了要求。

2009 年，上海市结合土地利用规划编制工作成果分解落实各区县的耕地保有量和基本农田保护面积，并在此基础上，市区两级签订了《上海市耕地保护目标责任书(2009 年—2012 年)》。目标责任书中明确各区县人民政府对本行政区域内的耕地保有量和基本农田保护面积负责，区县长为第一责任人。耕地保有量、基本农田保护面积、补充耕地义务等作为工作任务写入责任书。

2013 年，为做好新一轮市区两级耕地保护目标责任书的签约工作，上海市规划和国土资源管理局(以下简称“上海市规划国土资源局”)结合近年来国家和本市耕地保护相关政策要求、政府耕保责任制履行情况检查、本市近年来耕地保护实践经验，制定了《上海市耕地保护目标责任书(2013—2016 年)》，并组织开展了新一轮市区两级耕地保护责任目标的签约工作。

二、区县政府耕地保护目标考核的落实

为切实做好年度区县政府耕地保护目标考核工作，上海市规划国土资源局根据《上海市区（县）政府耕地保护责任目标考核办法》（沪府办〔2006〕109 号），研究制定年度上海市区县政府耕地保护责任目标考核实施细则，进一步细化和明确考核内容、考核工作程序及方法、奖惩办法等内容。

考核对象为承担耕地保护责任的区（县）政府，区（县）长为第一责任人。考核内容包括：① 耕地保有量情况：本行政区域内的耕地保有量不低于市政府下达的任务数。② 基本农田保护情况：本行政区域内的基本农田保护面积不低于市政府下达的任务数。③ 土地利用年度计划执行情况：本行政区域内年度新增建设占用耕地规模不超过市下达的年度计划指标，且均落实了耕地占补平衡任务。市统筹项目不纳入考核范围。④ 土地整理复垦项目实施和报备情况：本行政区域内土地整理复垦项目立项、验收审批和报部备案情况及补充耕地任务完成情况。⑤ 城乡建设用地增减挂钩项目实施情况：本行政区域内城乡建设用地增减挂钩项目管理和实施推进情况。⑥ 耕地保护目标考核制度建设及落实情况：耕地保护目标纳入镇（乡）政府年度考核评价体系情况；制定镇（乡）政府耕地保护责任目标考核具体办法及开展考核情况；区（县）政府自查工作情况。⑦ 设施农用地管理情况：设施农用地审核备案的合法合规情况，日常监管落实情况。⑧ 违法占用耕地案件的预防和查处情况：严格落实土地执法检查、动态巡查以及责任追究制度，对各类违法占用耕地案件及时调查处理的情况。

耕地保护责任目标考核采用综合评分法进行，满分 100 分。综合考核评分 90—100 分之间为优秀，80—89 分之间为良好，60—79 分之间为合格，60 分（不含 60 分）以下为不合格。存在以下情况之一，区（县）耕地保护责任目标考核不合格：① 耕地保有量低于本年度耕地保有量目标；② 基本农田保护面积低于本年度基本农田保护目标；③ 出现重大违反土地管理法律法规的行为。

表 8-1 为上海市耕地保护责任目标考核评分表示例。

表 8-1　2011 年上海市耕地保护责任目标考核评分表

序号	考核内容		满分	评分标准	得分
1	耕地保有量变化情况（10 分）	年末耕地保有量	10	年末耕地保有量不低于耕地保有量目标值的，得 10；低于的，计 0 分。	

续表

序号	考核内容		满分	评　分　标　准	得分
2	基本农田保护情况(13分)	年末基本农田保护面积	10	年末基本农田面积不低于基本农田保护任务的,得10;低于的,计0分。	
		基本农田保护标志牌日常管护	3	标志牌完好率达100%的,得3分;标志牌完好率达80%的,得2分;标志牌完好率低于80%的,计0分。	
3	土地利用年度计划执行和耕地占补平衡情况(23)	年度建设占用耕地情况	10	年度建设占用耕地面积不超过所下达的计划指标的,得10分;超过计划量的,计0分。 城乡建设用地增减挂钩项目统一纳入年度计划管理,周转指标计入所下达的计划指标额度。	
		耕地占补平衡情况	10	完成年度耕地占补平衡任务,得10分,未完成年度耕地占补平衡任务的,计0分。	
			3	区(县)按要求在国土部耕地占补平衡动态监管系统中100%完成报部备案工作的,得3分;报部备案比例低于100%的,计0分。	
4	土地整理复垦情况(18分)	项目审批情况	3	土地整理复垦项目立项审批通过率达100%的,得3分;80%以上的,得2分;80%以下的计0分。	
			3	土地整理复垦项目验收审批通过率达100%的,得3分;80%以上的,得2分;80%以下的计0分。	
		补充耕地任务完成情况	8	年度补充耕地数量达到年度分解任务目标的,得8分;完成80%以上的,得6分;完成50%以上的,得4分;完成30%以上的,得2分;低于30%的,计0分。 完成计划达200%以上的,另加3分。	
		报部备案情况	2	土地整理复垦项目立项审批后,按要求在国土部农村土地整治监测监管系统中100%完成报部备案的,得2分;报部备案90%以上的,得1分;报部备案比例低于90%的,计0分。	
			2	土地整理复垦项目验收审批后,按要求在国土部农村土地整治监测监管系统中100%完成报部备案的,得2分;报部备案比例90%以上的,计1分;报部备案比例低于90%的,计0分。	
5	城乡建设用地增减挂钩情况(5分)	项目管理情况	2	建立挂钩周转指标管理台账,落实全程监管制度的,得2分。	
		挂钩周转指标归还情况	3	区(县)挂钩周转指标累计归还数达到承诺归还数的,得3分,未达到的,计0分。	

续表

序号	考核内容		满分	评分标准	得分
6	耕地保护目标责任制落实情况(15分)	考核制度的建立	3	耕地保护目标纳入镇(乡)级党政年度绩效考核的,得3分;未纳入的,计0分。	
			5	制定了耕地保护责任目标考核具体办法的,得5分,未制定的,计0分。	
		考核工作的开展	5	开展了年度镇(乡)耕地保护责任目标考核工作的,得5分,未开展的,计0分。	
		考核材料的上报	2	区县耕保考核材料(自查报告、核查材料等)上报完整、及时的,得2分;未按要求上报的,计0分。	
7	设施农用地管理情况(6分)	设施农用地审核情况	2	农业生产设施用地均签订复垦还耕承诺协议的,得2分;未签订的,计0分。	
			2	农业附属设施用地均落实补充耕地任务的,得2分;未落实的,计0分。	
		设施农用地日常管理情况	1	落实备案信息月报制度的,得1分;未落实的,计0分。	
			1	建立日常监管制度的,得1分;未建立的,计0分。	
8	违法案件发生和查处情况(10分)	年度违法用地占用耕地面积占批准新增建设用地中耕地面积的比例	0	年度无违法用地占用耕地案件的,不扣分;当年违法用地占用耕地面积占批准新增建设用地中耕地面积比例低于5%的,扣3分;5%—10%之间的,扣6分;高于10%的,扣10分。	
		违法占用耕地案件查处情况	10	当年发生违法占用耕地面积消除比例(包括拆除、完善手续等情况)达到100%的,记10分;达到80%以上的,记8分;达到50%以上的,记6分;达到30%以上的,记3分;低于30%的,记0分。	
	总分		100	综合考核评分90—100分之间为优秀,80—89分之间为良好,60—79之间为合格,60(不含60分)以下为不合格。	

第四节　基本农田划定、建档、立册和入库

一、上海市基本农田划定、建档、立册和入库工作概述

为贯彻落实国土资源部、农业部《关于划定基本农田实行永久保护的通知》(国土资发〔2009〕167 号)、国土资源部农业部关于《加强和完善永久基本农田划定有关工作的通知》(国土资发〔2010〕218 号)和国土资源部办公厅《关于加快开展基本农田数据库建设的通知》(国土资厅发〔2013〕38 号)的精神,上海市规划国土资源局在最新土地利用现状调查成果、区(县)、镇(乡)级土地利用总体规划成果的基础上,全面开展了上海市基本农田划定、建档、立册和数据库建设工作。基本农田数据库的成果将纳入到国土资源"一张图"和综合监管平台,用于耕地保护责任目标考核、建设用地审批、高标准基本农田建设以及执法检查等工作,力争实现"以图说数、以图管地"的目标。

该项工作主要目标是建立全市的基本农田数据库建设的基础数据。不仅按照国家相关文件和技术规程要求确定基本农田保护区、片、图斑,还进一步落实基本农田保护责任,明确基本农田质量,建立基本农田数据库,编制文本、表册和图件成果。其中包括落实基本农田保护地块,落实基本农田保护责任,编制基本农田相关图表册,建立基本农田数据库等多项主要任务。

具体工作开展上采用自下而上的方法,以上海市各区(县)人民政府为主体,市规划国土资源局、市农委相互配合,以区(县)政府为主体,区规土局会同区农委组织实施,市规划国土资源局所属相关事业单位配合市规划国土资源局开展技术工作。成果的验收按照区级自检和市级验收,自下而上进行。在完成划定成果编制、部门意见征询等工作后,区(县)规土局会同区(县)农委对成果进行全面自检,对不合格的成果及时更正。各项自检合格后才能向市规划国土资源局和市农委行文上报。市规划国土资源局和市农委在收到区县的上报成果后,要组织相关技术人员对区县成果进行审核,随机抽查区(县)基本农田图斑,并按照一定比例进行实地抽查核查。对于审核不合格的,要求区(县)对相关工作进行整改。待审核合格后再组织各部门对成果进行论证、验收。

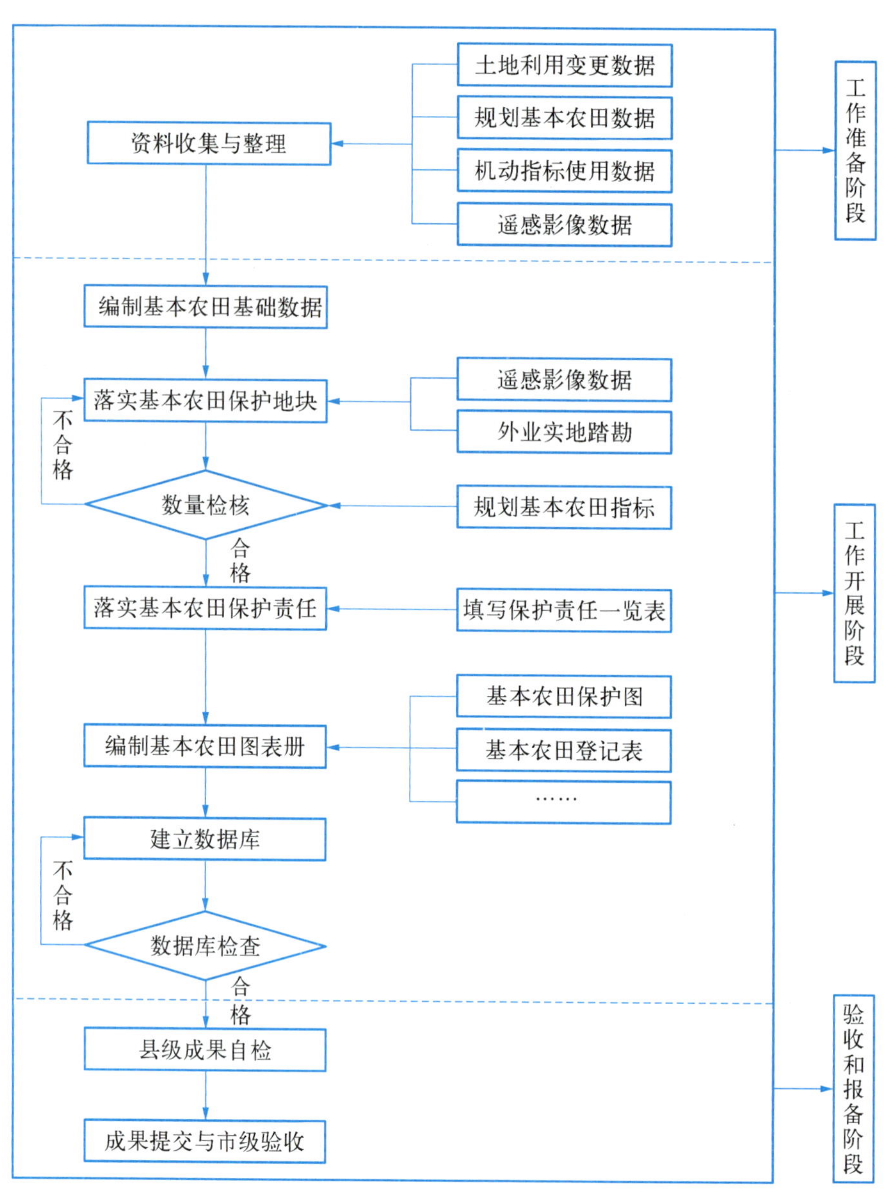

图 8-2
基本农田划定、建档、立册、入库管理流程图

二、上海市基本农田精细化管理的主要工作

(1) 落实基本农田保护地块

本工作主要是以土地利用现状调查数据为基础，依据各区(县)土地利用总体规划成果，通过内业比对和外业核查等方式核实基本农田保护地块，明确基本农田的地块边界、地类、面积、质量等级以及片(块)编号等信息。

基本农田保护地块核实认定主要是以规划基本农田数据为基础，并将其与基本农田机动指标使用数据、土地利用变更调查数据、最新遥感影像图数据进行内业比对，对有疑问的地块通过外业实地踏勘核实，将不符合本市基本农田划定口径的现状基本农田调出，最终确定基本农田保护图斑。在核实认定过程中，要求基本农田的土地现状应当为耕地。规划期内预期开发为耕地的未利用地和水域、预期整理复垦为耕地的建设用地、预期调整为耕地的非耕农用地等，不得划为基本农田。经与遥感影像比对，结合外业调查发现的现状建设用地、未利用地、不可调整或达不到耕地质量标准的农用地，不得划为基本农田。达不到耕地质量标准，因生产建设或自然灾害严重损毁且不能恢复耕种的耕地，未采取水土保持措施的耕地、易受自然灾害损毁的耕地；受重金属污染物或者其他有毒有害物质污染的耕地，治理后仍达不到国家有关标准的耕地，不得划为基本农田。

划定后区域内的基本农田数量应不少于规划基本农田指标，若不满足该数量要求，则需要开展基本农田补划工作。基本农田补划是在编制补划方案的基础上，结合土地利用总体规划修编，将土地利用变更调查数据中的现状耕地作为基本农田调入，按比例对新划入的基本农田进行实地核实确保划入的基本农田满足相关要求。

核实确定基本农田地块后，在区(县)土地利用总体规划确定的基本农田保护区的基础上，以镇(乡)为单位划分基本农田保护区，并对保护区进行编号。以行政村为单位，划分基本农田保护片，并对保护片进行编号。最后对划定的基本农田保护图斑进行编号。

(2) 落实基本农田保护责任

该项工作主要是通过签订或更新基本农田保护责任书、编制基本农田保护责任一览表和设立基本农田保护标志牌等方式将基本农田保护责任落实至各行政村。

首先，通过分村填写基本农田保护责任一览表，将基本农田保护责任落实至各行政村。区(县)统一制作表格，统一填写行政村、基本农田保护片编号、面积、质量等级等基本信息，村、村组责任人等内容由镇人民政府组织各行政村进行填写，表格具体样式及填写方式见下表。其次，在市-区责任书签订的基础上，签订区-镇和镇-村两级责任书。责任书内容如表 8-2 所示，包括：基本农田的范围、面积(注明其中的耕地面积)、地块、质量等级、保护措施、当事人的权利与义务、奖励与处罚等。

表 8-2　基本农田保护责任一览表

填表单位　　县(市)　　　　乡(镇)　　　　　　　　　　计量单位：　　公顷(0.00)

序号	行政区域(村)	基本农田保护片(块)				基本农田保护责任								备注
		编号	四至范围	面积	质量等级	涉及组		农户个数	面积	地类构成 a		村负责人	责任起始时间	
						组	组责任人			耕地	其他地类			
1	2	3	4	5	6	7	8	9	10	11	12	13	14	15
合计														
地类构成一栏中，耕地填至水田、水浇地旱地面积。其他地类按照 GB/T 21010-2007 填至二级类，并在园地、林地、草地、水域及水利设施用地中列出其中的可调整地类面积。														

审核人：　　　审核日期：　　年　月　日　　填表人：　　　填表日期：　　年　月　日

最后也是很重要的一项工作是设立基本农田保护标志牌。上海市规划国土资源局不仅前后印发《关于开展全市基本农田标志牌设立与管理工作的通知》(沪规土资综〔2010〕533 号)、《关于进一步推进全市基本农田标志牌设立与管理工作的通知》(沪规土资综〔2012〕8 号)等多项文件来规范基本农田标志牌设立工作，实践中各区县还结合区域实际，对基本农田保护标志牌工作全面开展落实。

上海市基本农田标志牌选址的原则是相对稳定、方便管理和均衡布局。相对稳定原则即要在基本农田稳定程度较高、有一定规模的区域设立，例如基本农田集中连片地区，设施良田和设施菜田，农产品示范基地等耕地资源集中的区域。方便管理原则是为方便实施巡查和管理，应尽可能使巡视路径便捷和可达，根据基本农田分布情况，在铁路、公路等主要交通沿线和城镇、村庄周边的显著位置设立标志牌。均衡布局原则即在区(县)分布有基本农田的区域内，标志牌布点位置显著、布点密度相对均衡。

设立好的基本农田标志牌正面包含基本农田保护标识、基本农田保护区域四至、面积、保护责任单位、举报电话、标志牌编号、设立单位、监制单位、设立时间等内容。标志牌背面一般附有耕地与基本农田保护、标志牌管理等有关的宣传标语。如果标志牌设立地点与农业主管部门的地力监测点一致,则标志牌背面还附有农业部门提供的地力相关信息。

图 8-3
基本农田保护标志牌正面示例

图 8-4
基本农田保护标志牌背面示例

1、地理位置：经度＿＿＿＿＿＿纬度＿＿＿＿＿＿

2、土壤类型：＿＿＿(土类)＿＿＿(亚类)＿＿＿(土属)＿＿＿(土种)

3、质地类型：＿＿＿＿＿＿＿＿

4、适宜作物：＿＿＿＿＿＿＿＿

5、推广耕地质量保护技术措施：秸秆还田、种植绿肥、使用有机肥、测土配方施肥等

6、监测点编号：＿＿＿＿＿＿＿

此外,上海市规划国土资源局在收到区县标志牌设立报件后 7 个工作日内,还要对区县标志牌设立工作进行验收并提出验收意见,进行基本农田保护标志牌初始登记。发现破坏或擅自改变基本农田保护标志牌行为的,区(县)国土资源管理部门可以根据《基本农田保护条例》进行处罚并责令恢复原状。各区(县)还相应制定了一系列标志牌管护措施,档案管理制度和巡查检查制度,明确专人管护,落实管护责任。截至 2013 年底,上海市九个郊区(县)共设立 350 块标志牌,提高了全社会保护耕地特别是基本农田意识。

图 8-5
上海市基本农田标志牌分布图

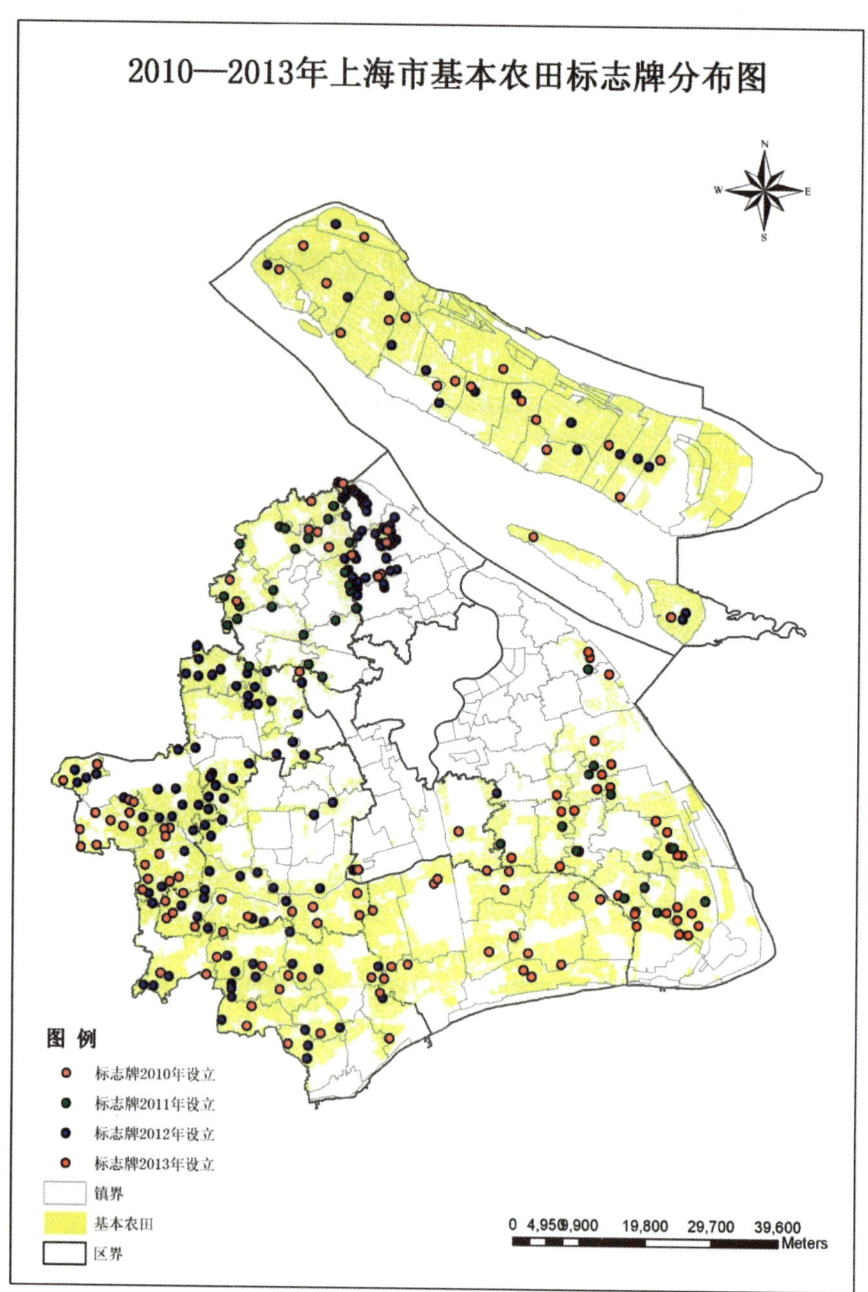

(3) 编制基本农田相关图表册

落实到地块的基本农田，以最新年度变更调查数据为基础，按照一定比例尺制作了能准确反映基本农田布局、数量、土地利用现状等信息的图件表格和文本。

其中：基本农田图件主要包括标准分幅基本农田保护图、乡级基本农田保护图、县级基本农田保护分布图。基本农田保护图、分布图的编制是在全要素的土地利用现状图的线划图上，以相应的图例图示，反映基本农田保护片、图斑的空间位置与编号,加注基本农田界桩和保护牌设立的信息。各类图件的图面整饰参照《基本农田划定技术规程》(TD/T 1032-2011)。

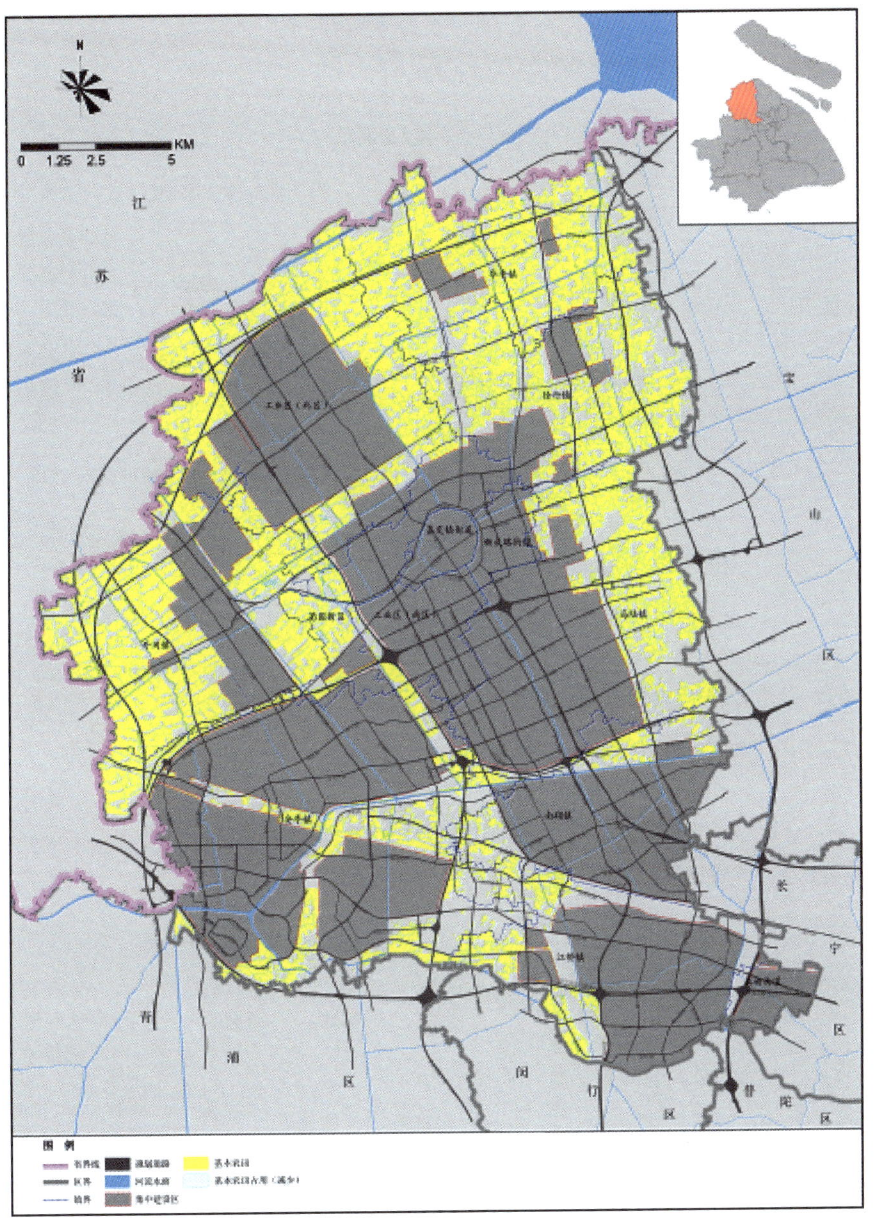

图 8-6
嘉定区基本农田分布图

基本农田表册包括现状登记表、现状汇总表、划定平衡表等。其中:基本农田现状登记表要分村编制和填写,主要内容包括各村基本农田保护片及其编号、基本农田面积、基本农田中耕地面积和其他地类面积等。基本农田现状汇总表主要内容包括基本农田总面积、基本农田中耕地面积和其他地类面积等。基本农田划定平衡表根据基本农田划定及调整情况分区(县)编制和填写,主要内容包括行政区名称及代码、规划基本农田保护任务、调整划定前基本农田情况、基本农田调整划定情况和调整划定后基本农田情况等。

表 8-3　基本农田现状登记表

填表单位：　　　县(市)　　　乡(镇)　　　村　　　　　计量单位：　　　公顷(0.00)

基本农田保护片(块)编号	基本农田面积																	
	合计	耕地				可调整地类小计	其他地类											
		小计	水田	水浇地	旱地		小计	园地		林地		草地		城镇村及工矿用地	交通运输用地	水域及水利设施用地		其他土地
								小计	可调整园地	小计	可调整林地	小计	可调整人工牧草地			小计	可调整坑塘水面	
1	2	3	4	5	6	7	8	9	10	11	12	13	14	15	16	17	18	19

表内关系：2=3+8;3=4+5+6;7=10+12+14+18;8=9+11+13+15+16+17+19。

注 1：本表是依据基本农田划定成果，对划定后基本农田保护片(块)中的土地利用现状地类进行统计。
注 2：园地、林地、草地、水域及水利设施用地中小计填写该地类面积之和，并列出其中可调整地类面积。

审核人：　　　审核日期：　　年　月　日　　　填表人：　　　填表日期：　　年　月　日

表 8-4　基本农田现状汇总表

填表单位：　　　省(自治区、直辖市)　　市　　县(市)　　　计量单位：　　公顷(0.00)

行政区域		合计	耕地				可调整地类小计	其他地类											
合计	代码		小计	水田	水浇地	旱地		小计	园地		林地		草地		城镇村及工矿用地	交通运输用地	水域及水利设施用地		其他土地
									小计	可调整园地	小计	可调整林地	小计	可调整人工牧草地			小计	可调整坑塘水面	
1	2	3	4	5	6	7	8	9	10	11	12	13	14	15	16	17	18	19	20

表内关系：3=4+9;4=5+6+7;8=11+13+15+19;9=10+12+14+16+17+18+20

审核人：　　　审核日期：　　年　月　日　　　填表人：　　　填表日期：　　年　月　日

表 8-5　基本农田划定平衡表

填表单位：　　　省(自治区、直辖市)　　　市　　　县(市)　　　计量单位：　　　公顷(0.00)

行政区域		规划基本农田面积			划定前基本农田			基本农田变化情况								划定后基本农田			备注
								划出基本农田				划入基本农田							
名称	代码	小计	上级规划下达的基本农田面积	多划基本农田面积	面积	地类构成 a		面积	地类构成 a		平均质量等级 b	面积	地类构成 a		平均质量等级 b	面积	地类构成 a		
						耕地	其他地类		耕地	其他地类			耕地	其他地类			耕地	其他地类	
1	2	3	4	5	6	7	8	9	10	11	12	13	14	15	16	17	18	19	20
合计																			

表内关系：3=4+5;17=6−9+13;17≥4。

注：本表以乡级行政区域为单位填写，并逐级汇总到县级。

a. 地类构成一栏中，耕地填至水田、水浇地、旱地面积。其他地类按照 GB/T 21010-2007 填至二级类，并在园地、林地、草地、水域及水利设施用地中列出其中的可调整地类面积。填表单位可根据实际存在的地类，自行展开表项。

b. 平均质量等级指依据农用地分等成果。按照 6.2.3 计算公式确定的基本农田质量等级。

审核人：　　　审核日期：　　年　月　日　　　填表人：　　　填表日期：　　年　月　日

其他文字成果还包括：基本农田划定工作方案、检验分析报告、工作总结报告等相关文字资料。

(4) 建立基本农田数据库

上海市划定基本农田之后将建立各区县及全市基本农田数据库，将基本农田图件、表册的内容，纳入数据库管理。

根据《基本农田数据库标准(调整试行版)》(国土资厅发〔2013〕38 号)，基本农田数据库要素包括基础地理信息要素、土地利用现状要素和基本农田要素等三类，按组织管理形式又分为空间要素和非空间要素。空间要素包括境界及行政区图层、土地利用图层、基本农田保护区域图层、基本农田保护界线图层、基本农田保护标志图层、基本农田划入划出图层、基本农田保护栅格图等。非空间要素主要是指表格、文档信息，其中表格信息采用二维关系表的方式进行组织管理。文档数据采用文件管理方式。

表 8-6　空间要素层名称及各层要素

层　名	层　要　素	几何特征	属性表名
境界与行政区	行政区	Polygon	XZQ
	行政区界线	Line	XZQJX
土地利用	地类图斑	Polygon	DLTB
	线状地物	Line	XZDW
基本农田保护区域	基本农田保护区	Polygon	JBNTBHQ
	基本农田保护片	Polygon	JBNTBHPK
	基本农田图斑	Polygon	JBNTBHTB
	基本农田注记	Point	JBNTZJ
基本农田保护界线	保护界线	Line	BHJX
基本农田保护标志	基本农田标志牌	Point	JBNTBZP
	基本农田标志牌注记	Point	JBNTBZPZJ
基本农田划入划出	基本农田划入划出	Polygon	JBNTHRHC
基本农田保护栅格图	标准分幅基本农田保护图	jpg	BFJBNTBHT
	乡级基本农田保护图	jpg	XJJBNTBHT
	县级基本农田保护图	jpg	XJJBNTFBT

划定的基本农田保护图斑还进行了特性分类，并将相关属性信息录入基本农田数据库。

表 8-7　基本农田特性分类

序号	字段名称	分类依据	分类结构	备　注
1	现状利用分类	遥感影像、现状地形等	建设用地	对照遥感影像，结合实地踏勘，核查入库基本农田(耕园林养)中违法搭建的相关地类。
			农村道路	
			设施农用地	
			河流水面	
			其他用地	
2	布局规划分类	农业布局规划	设施粮田	入库基本农田叠加相关布局规划。
			设施菜田	
			一般粮田	
			一般菜田	
			其他用地	
		林业布局规划	林地	

续表

序号	字段名称	分类依据	分类结构	备　注
3	建设投入分类	高标准基本农田实施范围线； 市级土地整治项目范围线	高标准基本农田区域	入库基本农田叠加高标准基本农田建设项目范围线、市级土地整治项目范围线。
			市级整治项目区域	
			其他未建设区域	

最后汇交的数据如图 8-7 所示。

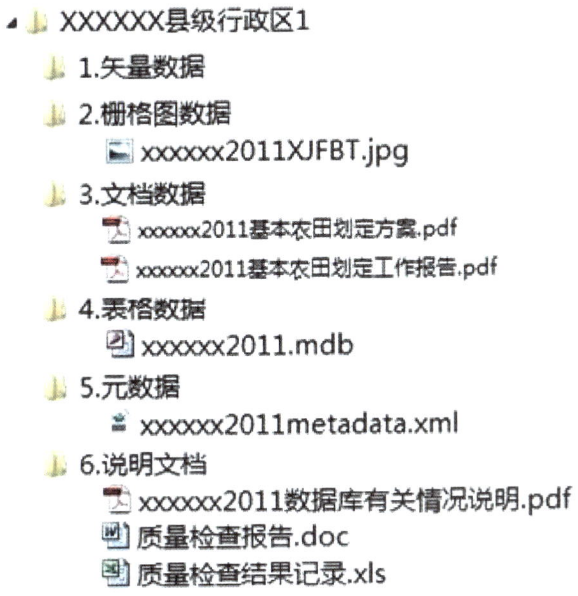

- XXXXXX县级行政区1
  - 1.矢量数据
  - 2.栅格图数据
    - xxxxxx2011XJFBT.jpg
  - 3.文档数据
    - xxxxxx2011基本农田划定方案.pdf
    - xxxxxx2011基本农田划定工作报告.pdf
  - 4.表格数据
    - xxxxxx2011.mdb
  - 5.元数据
    - xxxxxx2011metadata.xml
  - 6.说明文档
    - xxxxxx2011数据库有关情况说明.pdf
    - 质量检查报告.doc
    - 质量检查结果记录.xls

图 8-7
汇交数据样式

第五节　耕地占补平衡管理

一、上海市耕地占补平衡管理现状

为了确保耕地数量不减少，上海市一直以来很重视耕地占补平衡工作。根据《国土资源部关于全面实行耕地先补后占有关问题的通知》(国土资发〔2009〕31号)、《国土资源部关于土地整理复垦开发项目信息备案有关问题的通知》(国土资发(2008)288 号)精神，上海市发布了一系列与耕地占补平衡有关的政策文件。

2009 年发布《关于做好土地整理复垦开发相关事项的通知》(沪规土资综〔2009〕861 号)在形成占补平衡指标的口径上指出：养殖水面(不含 K 类)可以作为耕地后备资源，通过实施整理复垦形成耕地，可用于耕地占补平衡。对因农业结构调整、生态退耕等将耕地调整为园地、林地、其他农用地等地类的，此范围内实施土地整理复垦不确认新增耕地，不能用于耕地占补平衡。为严格控制侵占园地、林地进行整理复垦，此类项目仍不确认置换指标，不能用于耕地占补平衡。对历史违法用地拆除并实施整理复垦的，不确认新增耕地，不能用于占补平衡。乡镇申报的整理复垦开发范围应符合土地利用总体规划，与近期建设规划充分衔接，原则上不应在近期建设范围内实施整理复垦。

《关于做好耕地占补平衡信息报备工作的通知》(沪规土资综〔2010〕571 号)指出各区县规土部门要进一步明确承担耕地占补平衡信息报备工作的科室(单位)，落实具体责任人和承办人。各区(县)规土局须在每季度次月 5 日前上报当年累计到本季度审批通过建设用地项目和补充耕地项目(预)挂钩情况。涉及占用耕地并由区县落实占补平衡的项目，区(县)应在送市规划国土资源局受理农转用征地审查之前完成报备系统中建设项目和补充耕地项目预挂钩操作；并在建设用地批准后 10 个工作日内完成正式挂钩核销补充耕地指标的操作。

上海市现行耕地占补平衡管理主要依托土地行政审批平台，以占补平衡指标为核心，结合土地整理复垦审批和农转用审批环节进行实施运行。凡涉及新增耕地的土地整理复垦、土地整治、城乡建设用地增减挂钩和滩涂开发围垦等项目均需经土地整理复垦审批流程。占补平衡指标通过数字指标库的形式存在，按市-区(县)两级分层管理，即包括市统筹占补平衡指标和区(县)占补平衡指标，其中市统筹占补平衡指标原则上仅用于国家、市重大工程项目和民生项目等，可进行挂账处理，最终由市层面通过沿海滩涂开发的方式进行补充平衡；区(县)占补平衡指标仅限本区域范围内使用，且不得挂账，并在自身区域范围内进行补充平衡。农转用审批就是指农用地转为建设用地的审批权限和审批程序，按照国家相关规定，一般农转用审批权限为省级人民政府，上海市为推进国土资源行政管理创新，从 2012 年 1 月起，委托区县办理农转用审批，缺少占补平衡指标的区(县)，若建设项目涉及占用耕地的，则无法通过农转用审批。上海市耕地占补平衡管理机制基本框架如图 8-8 所示。

图 8-8
上海市耕地占补平衡管理机制框架

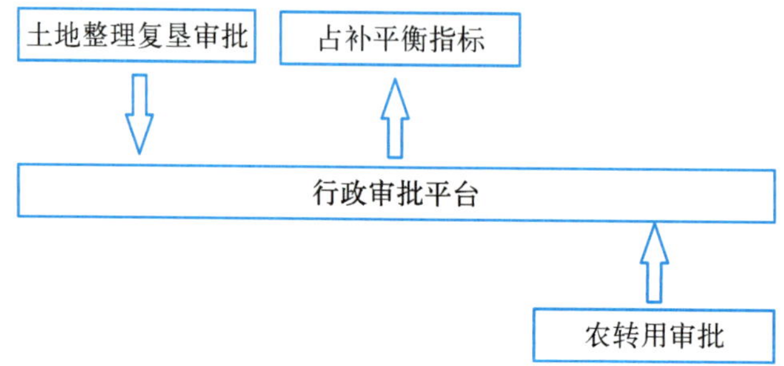

二、上海市新增耕地质量管理

为切实做好本市土地整理复垦工作，进一步规范项目管理，《上海市规划和国土资源管理局关于进一步规范区县土地整理复垦项目管理的通知》（沪规土资综〔2012〕677号）提出要在项目选址、可行性研究和立项上报阶段加强源头管理，提高项目审批效率；从项目立项申报、项目实施和项目验收、后期管护和档案管理上强化全程管理，提升项目建设质量。同时要求根据土地整理复垦项目新增耕地确认、资料归档等相关工作标准提高土地整理复垦项目的标准化管理。上海市针对项目中涉及的新增耕地除按常规要求对数量进行验收和确认外，还加强对新增耕地质量管理及其相关技术方面的研究和探索。

1. 新增耕地质量管理办法

为充分保证新增耕地的综合质量水平，上海市新增耕地质量管理依据农用地分等成果和土壤地球化学成果，综合考察新增耕地的生产力水平和环境质量水平。同时为保证管理办法的落实，将耕地质量水平与“占补平衡”制度严格挂钩。凡涉及新增耕地的项目，在项目实施完成后竣工验收前应对项目范围内的耕地进行质量监测，将监测结果作为项目验收是否合格的重要依据。对于土壤环境质量达到二级及其以上水平的耕地可直接纳入占补平衡指标，但必须赋予耕地质量等别和土壤环境质量等级信息；同时，纳入占补平衡指标的耕地必须要落到地块或者落实到项目区，便于对耕地质量进行实时跟踪监测和管理。在使用占补平衡指标时，应对土壤环境质量和耕地质量等别进行实时验证，对土壤环境质量水平降低至三级或超三级的耕地，不得再作为占补平衡指标使用；对于未满足土壤环境质量水平的耕地，按等级折算的原则进行占补平衡测算。

新增耕地的田块标准包括：

(1) 耕作田块布置

田块布置应与相关规划（如水利规划、农业规划等）相衔接，充分考虑相关规划对田块布置的影响。整理后田块应相对集中连片，便于机械化耕作。田块形状规整，原则上单个田块长度≤200 m，宽度≤100 m。

(2) 项目区标高

项目区平均标高与周边同类耕地标高保持衔接，满足水利工程设施的建设要求。

(3) 田面平整度

田面应满足灌溉排水和耕种要求。格田内田面高差应在±5 cm之间,相邻田块高差保持在0—30 cm之间。

(4) 土壤质量

土层厚度。新增耕地的有效土层厚度应在50 cm以上,耕作层厚度应在30 cm以上,土壤无污染。

表层土壤质地。表层土壤质地以砂壤至壤土为佳,表土疏松,土壤通气性好,心土紧实,保墒保肥。

新增耕地的配套标准包括:

(1) 田间道路工程

田间道路布局合理,满足小型农业机具通行、运输、作业的要求。与周边道路、村庄相连接,方便生产生活。

(2) 灌溉和排水工程

排灌渠道满足项目区灌溉和排水要求,各类沟渠布局合理,形成网络,坡度适宜,便于排灌。桥、涵、闸、放水口等配套设施齐全。

灌溉标准。规划以水田为主的田块,设计灌溉保证率应为95%以上;规划以旱地为主的田块,设计灌溉保证率应为90%以上。

排涝标准。以20年一遇一日暴雨量,24小时排除。

2. 新增耕地质量管理相关技术

(1) 耕地质量等级折算技术

耕地质量等级折算是根据各利用等别耕地的标准粮产量水平,建立相关函数关系式,以各等别对应标准粮产量之间关系进行折算系数的计算。上海市在以耕地质量等别为基础的农用地产能核算工作中,已在全市范围内分东部滨海平原指标区、河口三角洲指标区和西部湖沼平原指标区等三个区域分别建立了利用等指数与标准粮产量的线性关系,考虑到将来耕地占补可能实现跨区平衡,应在全市范围内统一建立利用等指数与标准粮产量的线性关系。经调查和统计,上海市利用等别从7—16等,耕地利用等指数从1 200—3 200;标准粮产量从1 018—1 234,根据一元线性回归模型,建立利用等指数和标准粮产量的线性关系。上海市耕地各利用等别间标准粮产量差异不大,国家也将本市两个等别归并为一个等别,为了简化操作,同时保持与国家相关工作的充分衔接,上海市将折抵系数按两个等别为间隔进行折抵。即:以两个等别为单位计算标准粮平均产量,然后以标准粮平均产量比值作为上一个相邻等别与下一个相邻等别之间的折抵系数。

表 8-8　上海市耕地利用等别折抵系数表

补地＼占地	7、8	9、10	11、12	13、14	15、16
7、8	1	1.04	1.08	1.12	1.16
9、10	1	1	1.04	1.08	1.12
11、12	1	1	1	1.04	1.08
13、14	1	1	1	1	1.04
15、16	1	1	1	1	1

(2) 耕地质量监测技术

上海市耕地质量监测采用“并轨运行”的质量体现方式，分为耕地质量等别监测和土壤环境质量监测。耕地质量监测过程中应遵循工作简化原则，即对于已有成果满足精确性和现势性要求的情况下，尽量采用已有成果作为监测结果；同时遵循操作性原则，即对于确实需要进行重新监测的，明确的监测内容和监测方法应便于操作。

耕地质量等别监测就是分别监测建设占用耕地的质量等别和补充耕地的质量等别情况，并将两者结果进行比较的工作。对于建设占用的耕地，直接根据本市耕地质量等别成果确定其自然质量等别和利用等别；补充耕地的质量等别需要重新监测，主要监测自然质量等别。自然质量等别监测内容主要包括有效土层厚度、表层土壤质地、剖面构型、盐渍化程度、土壤有机质含量、土壤酸碱度、排水条件和灌溉保证率等八项。其中，排水条件和灌溉保证率等因素根据项目设计资料，结合实地调查来确定；有效土层厚度、表层土壤质地和剖面构型、盐渍化程度、土壤有机质含量和土壤酸碱度等因素主要通过对土壤采样化验确定。

土壤环境质量监测工作主要应针对补充耕地。目前，上海市补充耕地的来源主要包括坑塘填埋、宅基地和荒废地整理复垦、工业用地复垦和滩涂开发等四类。因自然存在方式和人类生产生活的影响，不同来源的耕地的污染情况不尽相同，监测指标也有所差异。对于坑塘填埋的情况，主要根据填埋土方情况确定监测指标，如河道清淤土方填埋应重点考虑重金属元素指标，如来源土方周边为工业用地、宅基地或滩涂的，则应有不同的监测指标；对于宅基地和荒废地整理复垦的情况，主要监测指标应为重金属元素；对于工业用地转型土地，应考虑工业生产类型，除了基础指标外，增加具有针对性和敏感性的指标进行监测，例如重金属元素、挥发性有机污染物、挥发酚、多环芳烃、多氯联苯、苯并芘等对人体有危害的指标，对于滩涂地区，主要监测指标应包括重金属元素和其他有机物指标。

第六节　耕地生态补偿

一、上海市耕地生态补偿政策实施现状

在现行制度框架下，保护耕地特别是基本农田仅靠法律政策要求还不够，还需要一定的经济激励或补偿。所谓耕地或基本农田保护经济补偿，就是从公平角度出发，对耕地使用受到限制以及对其所具有的社会、生态功能在经济上进行的补偿。

党中央、全国人大、国务院高度重视生态补偿机制建设。2005 年，党的十六届五中全会《关于制定国民经济和社会发展第十一个五年规划的建议》首次提出，按照谁开发谁保护、谁受益谁补偿的原则，加快建立生态补偿机制。自十七届三中全会就耕地补偿专门提出“划定永久基本农田，建立保护补偿机制。”十八大报告明确要求建立反映市场供求和资源稀缺程度、体现生态价值和代际补偿的资源有偿使用制度和生态补偿制度。

近年来，部分省市积极探索了耕地保护经济补偿机制，上海市也于 2009 年出台了相关文件，统筹考虑基本农田、公益林和水源地，对生态补偿机制进行了积极探索。2009 年，上海市印发《上海市人民政府关于本市建立健全生态补偿机制的若干意见》(沪府〔2009〕82 号)，提出要从基本农田、公益林和水源地等入手，综合运用行政、法律、市场等手段，建立相应的生态补偿机制，并鼓励有条件的区县探索建立基本农田保护基金，对农民和农村集体管护、利用基本农田给予补贴和奖励。2011 年度市级财政对本市 9 个郊区县基本农田生态补偿转移支付资金达 2.6 亿元。

二、上海市区县耕地生态补偿情况

上海市各区县从耕地保护工作实际出发，结合财力状况，综合运用相关政策和资金，制定了适宜地方特点的耕地保护补偿方式、标准，充分调动了集体经济组织和农民保护耕地的积极性。

浦东新区从扶持基本农田区域发展的角度出发，建立了扶持基本农田区域发

展的专项资金,2010年就设立3.5亿元基本农田保护和扶持村级组织专项资金。专项基金重要任务之一便是将1.35亿元用于全区基本农田保护区域内的土地承包农户实施政策性补贴。已落实第二轮农村土地承包关系的"耕地",每年每亩补贴300元,其他农用地每年每亩补贴150元。此外还实行户籍农民务农补贴政策,对直接和间接从事农业生产领域的浦东户籍农民,每人每月补贴100元,全年1 200元。

闵行区从建立生态补偿机制的角度出发建立专项扶持资金,并对农民进行直接补贴,具体种田农民补贴、土地流转补贴、基本农田生态补偿等方面。种田农民补贴方面提出对本区直接从事农业生产的农民,在2007年每人每年600元的基础上每年环比递增12%,该政策2008—2010年间连续三年执行,补贴额度分别为每人每年672元、756元、852元。为适度加大补贴力度,2011年将补贴额度提高到每人每年1 200元(区财政和镇财政各承担50%)。土地流转补贴方面设置每亩每年1 000元的最低土地流转费指导价,同时建立土地流转补贴机制,即以土地流转合同规范、土地流转价格不低于最低指导价格为前提,对具有法人资格的各类农业生产经营主体一方,依流转土地规模的不同,给予不同标准的补贴:达到规模经营的,区财政按每亩每年500元补贴;适度规模经营的,按每亩每年300元补贴。2011年,为进一步扩大该政策的积极效应,区政府拟将最低土地流转费提高到每亩每年1 400元,将土地流转补贴直接补贴给农民,使农民的土地流转收益维持在大于或等于1 400元/亩的水平上。基本农田补贴方面提出将对基本农田生态补偿资金的50%直接补贴到农民,其余50%由各村统筹用于农村服务工作。2008年按300元/亩的标准进行基本农田生态补偿,农民和村集体各150元/亩,2009年为450元/亩的标准,农民和村集体各225元/亩,2010年为600元/亩,农民和村集体各300元/亩,补贴到村集体的资金用于村公共事业支出。2011年基本农田生态补偿补贴给农民的标准提高到500元/亩,使基本农田生态补偿总额每年保持适度增长。

第七节　设施农用地管理

一、上海市设施农用地分类

根据《土地利用现状分类》(GB/T 21010-2007),设施农用地是指直接用于经营性养殖的畜禽舍、工厂化作物栽培或水产养殖的生产设施用地及其相应附属设施用地，农村宅基地以外的晾晒场等农业设施用地。《关于完善设施农用地管理有关问题的通知》(国土资发〔2010〕155 号)依据《土地利用现状分类》(GB/T 21010-2007)和设施农用地特点，将设施农用地具体分为生产设施用地和附属设施用地。

其中，生产设施用地，即在农业项目区域内，直接用于农产品生产的设施用地。包括工厂化作物栽培中有钢架结构的连栋温室用地、规模化养殖中畜禽舍及畜禽有机物等生产设施和绿化隔离带用地、水产养殖池塘等生产设施用地、育种育苗所和简易的生产看护房用地等。附属设施用地，即管理和生活用房用地、仓库用地、硬化的晾晒场、生物质肥料生产场地、农村道路等。

在国土资源部、农业部 155 号文对农业生产设施和附属设施用地的原则规定基础上，上海市规划和国土资源局根据上海市实际情况，研究出台了《上海市设施农用地管理办法(试行)》(沪规土资综〔2011〕305 号)(以下简称《管理办法》)，对设施农用地进行细化分类。

生产设施用地是指在农业项目区域内，直接用于农产品生产的设施用地。包括：

工厂化作物栽培中有钢架结构的玻璃或 PC 板连栋温室用地；

规模化畜禽养殖中的生产设施用地和绿化隔离用地；

水产养殖池塘、工厂化养殖、进排水渠道等水产养殖的生产设施用地以及用于水处理的湿地等占用的地面或水面；

育种育苗相关场所用地；

简易的生产看护房用地，包括设施粮田(高水平粮田)、设施菜田所必需的生产人员看护用房和粗加工场地等。

附属设施用地是指农业项目区域内，直接辅助农产品生产的设施用地。包括：

农田生产辅助设施；

畜禽养殖设施中的附属设施用地；

标准化水产养殖设施中的管理服务用地和其他用地；

农机具库房及其附属设施场地；

硬化晾晒场、生物质肥料生产场地、符合“农村道路”规定的道路等用地。

二、上海市设施农用地管理主要内容

上海市的设施农用地管理注重通过建立设施农用地的用地备案、项目核验和用途巡查制度来强化对设施农用地的监管。明确规定在农地农用、符合规划、符合用地规模要求的前提条件下,农业生产设施和农业附属设施不需办理农转用审批手续,按照农用地进行审核和管理。农业生产设施占用耕地的,应尽量保护耕作层,并在生产结束后由用地单位负责复耕,不计入耕地减少考核;农业附属设施占用耕地的,必须由用地单位按照"占一补一"要求负责补充占用的耕地。

在设施农用地用地规模审核的程序上,上海市采取了乡镇申报、区县审核、市级备案复审的方式。在镇乡政府向区县农委、区县规划和土地管理局提交设施农用地申报及审核表等有关材料后,区县规划和土地管理局要会同区县农委进行用地规模审核。对农业生产设施或附属设施用地规模超过一定面积的,要求由区县农委会同区县规划和土地管理局形成初审意见,报送市农委和市规划国土资源局进行联合复审。

为支持农业和农村建设有关设施合理用地需求,进一步规范和加强用地规模管理,提高土地节约集约利用水平,上海市规划国土资源局、市农委、市发展改革委、市建设交通委会同有关部门和单位,共同编制完成了《上海市农村建设有关设施用地标准(试行)》(沪规土资综〔2010〕270 号)(以下简称《用地标准》),作为上海市农业和农村建设有关设施规划建设和技术指引和基本依据。上海市新建的设施农用地选址除必须符合上海市土地利用总体规划和农业布局规划还要符合《关于完善设施农用地管理有关问题的通知》(国土资发〔2010〕155 号)和《用地标准》关于设施农用地用地规模的要求,集约节约用地。

《用地标准》对农村建设有关设施的合法、合规、合规模做了原则规定,在操作口径上,也建立了设施农用地细化分类与《用地标准》相关设施用地的对应关系。并形成了包括农业生产设施、农业生产附属设施和中心村设施三个大类的农村建设有关设施标准体系,其中农业生产设施包含畜牧养殖和标准化水产养殖;农业生产附属设施包含种植业生产辅助设施;中心村设施包含公共设施。《用地标准》适用于上海市农村建设所涉及的主要设施,也包含设施农用地,为其确定用地规模提供了技术经济依据。对尚未明确用地标准的设施农用地,要求通过部门会审或专家论证等方式核定其用地规模。

参考文献

[1] DG/T J08-2079-2010,上海市土地开发整理工程建设技术标准[S].

[2] TD/T 1011-2000,土地开发整理规划编制规程[S].

[3] TD/T 1012-2000,土地开发整理项目规划设计规程[S].

[4] TD/T 1013-2000,土地开发整理项目验收规程[S].

[5] 财政部,国土资源部.财政部、国土资源部关于印发《土地开发整理项目预算定额标准》的通知[Z].2005-04-21.

[6] 国土资源部.关于印发《关于规范城镇建设用地增加与农村建设用地减少相挂钩试点工作的意见》的通知[Z].2005-10-11.

[7] 李珍贵.土地用途管制制度的产生、发展及成效[A].中国土地学会.中国土地学会625论坛-第十六个全国“土地日”:依法合理用地 促进科学发展论文集[C].中国土地学会,2006:4.

[8] 全国人民代表大会常务委员会.中华人民共和国土地管理法[Z].2004-08-28.

[9] 上海市规划和国土资源管理局,上海市农业委员会.关于印发《上海市设施农用地管理办法(试行)的通知》[Z].2011-05-30.

[10] 上海市规划和国土资源管理局,上海市农业委员会.《关于印发〈上海市农村建设有关设施用地标准〉(试行)的通知》[Z].2011-04-28.

[11] 上海市规划和国土资源管理局.关于印发《上海市市级土地整治项目和资金管理暂行办法》的通知[Z].2012-06-01.

[12] 上海市规划和国土资源管理局.上海市土地利用总体规划(2006—2020年)[Z].2011.

[13] 上海市嘉定区规划和土地管理局.嘉定区土地利用总体规划(2010—2020年)[Z].2013.

[14] 上海市人民代表大会常务委员会.《上海市实施〈中华人民共和国土地管理法〉办法》[Z].2000-11-17.

[15] 上海市人民代表大会常务委员会.上海市城乡规划条例[Z].2010-11-11.

[16] 上海市人民政府办公厅.上海市人民政府办公厅转发市农委、市规划国土资源局《关于本市实行城乡建设用地增减挂钩政策推进农民宅基地置换试点工作的若干意见》的通知[Z].2010-01-11.

[17] 姚凯,魏子新,张玮.探索上海特大型城市“两规合一”的新方法研究[R].上海市规划和国土资源管理局,2010.

[18] 国土资源部.2013中国国土资源公报[EB/OL].http://www.mlr.gov.cn/xwdt/jrxw/201404/t20140422_1313354.htm.2014-04-22.

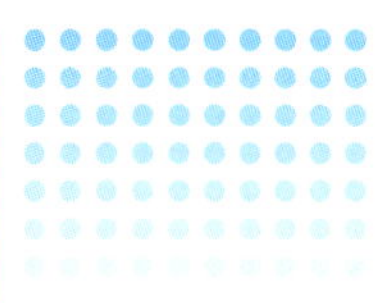

第九章

多功能保护目标下的上海市土地综合整治实践

第一节　土地整治内涵

土地整治源于我国之前提出的土地整理的概念,1999 年实施的《土地管理法》曾提到"国家鼓励土地整理"。后来陆续出现了很多概念,如土地开发整理、土地整理复垦开发、土地整理复垦、土地整治、土地综合整治、农村土地整治、土地开发整理复垦等。2003 年 3 月,国土资源部颁发的《全国土地开发整理规划(2001—2010)》,包含了土地整理、土地复垦和土地开发三项内容。给出了相关的定义:土地整理是指采用工程、生物等措施,对田、水、路、林、村进行综合整治,增加有效耕地面积,提高土地质量和利用效率,改善生产、生活条件和生态环境的活动;土地复垦是指采用工程、生物等措施,对在生产建设过程中因挖损、塌陷、压占造成破坏、废弃的土地和自然灾害造成破坏、废弃的土地进行整治,恢复利用的活动;土地开发是指在保护和改善生态环境、防止水土流失和土地荒漠化的前提下,采用工程、生物等措施,将未利用土地资源开发利用的活动。

直到 2012 年 3 月,新一轮《全国土地整治规划(2011—2015 年)》经国务院批准正式颁布实施时,才选择了"土地整治"这一术语,并在概念上进行了统一。《全国土地整治规划(2011—2015 年)》指出土地整治是对低效、空闲和不合理利用的土地进行综合整治,提高土地利用率和产出率的活动,是各类土地整理、复垦、开发等活动的统称。土地整治要遵循坚持促进"三农"发展,坚持统筹城乡发展,坚持维护农民合法权益,坚持因地制宜、量力而行等基本原则。同时,《全国土地整治规划(2011—2015 年)》还对土地整治的数量、质量和生态要求进行了统筹部署:"十二五"期间,全国土地整治将在补充 160 万公顷(2 400 万亩)耕地的基础上,全面加强耕地质量建设,大规模建设集中连片、设施配套、高产稳产、生态良好、抗灾能力强,与现代农业生产和经营方式相适应的高标准基本农田。

随着以高标准基本农田为主的耕地质量建设提速，土地整治“数量、质量、生态”三位一体的理念逐渐明晰，土地整治实践中“质量”与“生态”要素的分量也越来越重。2013年我国建成的1亿亩高标准基本农田正是综合利用工程、生物等手段最大限度维护和修复农地生态景观，改善耕地生态系统。工矿废弃地复垦更是在地质环境修复、绿色矿山建设等领域发挥了不可替代的作用。土地整治重大工程和示范省建设则加大保水、保土、保肥“三保田”建设力度，着力改善土地生态，实现了生态安全和粮食安全的有机结合。盐碱地暗管改碱技术的研发与应用，同样是着眼于通过工程改造技术来改善土地生态。如宁夏重大工程共整治沙漠5.6万亩，治理盐碱地13.7万亩，项目区80%的农田得到保护；吉林重大工程完成了大面积盐碱地整治，实现了水稻连年丰收；陕西延安把土地整治与生态建设紧密结合，实行山上退耕还林，山下治沟造地，成效显著。

可见，土地整治的功能也已不仅限于保护耕地与保障粮食安全，还承载着建设生态国土、统筹城乡发展、创新社会治理方式等重任，将在推进城乡要素平等交换、优化国土空间格局、促进生态文明建设、加强山水林田湖统一保护和修复中发挥更加积极作用。可以说，土地整治在我国全面转型升级的机遇期已经向“大国土、大整治”的国土综合整治，“数量、质量、生态”齐头并进的理念转变。在范围上，土地整治已由相对孤立的、分散的土地开发整理项目向集中连片的综合整治转变，从农村延伸到城镇；在内涵上，已由增加耕地数量为主向增加耕地数量、提高耕地质量、改善生态环境并重转变；在目标上，已由单纯的补充耕地向建设性保护耕地与推进新农村建设和城乡统筹发展相结合转变；在手段上，已由以项目为载体向以项目、工程为载体结合城乡建设用地增减挂钩、工矿废弃地复垦调整利用等政策的运用转变；从内容上，已由以农用地整理为主，转向农用地、农村建设用地、城镇工矿建设用地、未利用地开发与土地复垦等综合整治活动。

第二节　上海市土地整治的发展历程和新理念

一、上海市土地整治的发展历程

(1) 政策出台密集期

上海市一直以来都是以“规范推进多功能农地整治、合理有序推进滩涂圈围开发、积极开展集建区外工业用地渐进性整治、分类推进农村居民点整治和创新性探索价值提升型市地整治”作为土地整治的重点方向，通过多种技术手段、激励措施积极推动土地综合整治。并在《上海市土地利用总体规划(2006—2020)》中从全上海市域范围内规划了崇明岛、沪北、沪西、浦南、沪东南和金山基本农田保护示范区等 6 大土地整理复垦重点区域。

在国家标准基础上，上海市于 2007 年 3 月份起开始编制《土地开发整理工程建设技术标准》《上海市土地开发整理工程设计标准》《上海市土地开发整理预算定额》等一系列土地开发整理(现称土地整治相关)标准。其中，《土地开发整理工程建设技术标准》于 2010 年通过上海市城市建设和交通委员会的评审，并于 2011 年正式发布试用。《上海市土地开发整理工程设计标准》于 2012 年通过上海市规划和国土资源管理局评审，并发布试用。这些标准都在实践中指导着上海市土地整治项目的实施。

为加强上海市土地整治工作，规范市级土地整治项目管理和资金使用，根据相关法律法规和管理规定，2012 年上海市研究制订了《上海市市级土地整治项目和资金管理暂行办法》(沪规土资综〔2012〕459 号)。

(2) 多层次规划引领管控期

此外，上海市还通过多空间尺度的土地整治专项规划，包括土地整治规划、区县土地整治规划、土地整治项目等，层层落实土地利用总体规划关于耕地保护的目标，逐步深化细化补充耕地任务。特别是，市级土地整治规划《上海市土地整治规划(2011—2015 年)》也于 2012 年经国土资源部审核通过，并由上海市人民政府批准发布后实施。《上海市土地整治规划(2011—2015 年)》是指导全市土地整治活动的专项规划。规划立足于上海市作为长江三角洲经济区的龙头城市及国家对外开放窗口，围绕加快建设“四个中心”和加快推进“四个率先”的总体部署，拓展了土地整治功能，制定了“145”土地整治战略，即坚持“以综合型土地整治推进上海转型发展”为战略导向；聚焦“增加耕地数量”“提高集约水平”“完善生态网络”“优化空间形态”四大战略目标；确定了五项主要任务：一是积极推进多功能农地整治，促进都市型现代农业发展，建设高标准基本农田 148 万亩；二是分类推进农村建设用地整治，在集建区内和集建区外分别以“城市化推进型”和“乡村更新型”农村居民点整治为主推模式，实现“分区＋分类”相结合的农村居民点整治态势；三是积极开展集建区外低效工业用地整治，重点推动高污染、高耗能、低效利用、开工不足的小型独立工业点及生态网络控制线内的零星工业用地搬迁复垦；四是创新性探索市地整治，开展城市郊区城中村改造，加强历史文化风貌区保护，切实改善城区环境品质；五是合理有序推进滩涂圈围开发，贯彻“兼顾利用与保护，兼顾前期开发与后期管护”和“支撑城市发展用地需求，支撑城市外围生态空间”方针。此外，规划还明确了全市“十二五”期间土地整治的目标任务、“5 区 19 片”的重点区域、6 类土地整治重点工程和 21 个土地整治重点项目，以保障目标任务的实现。

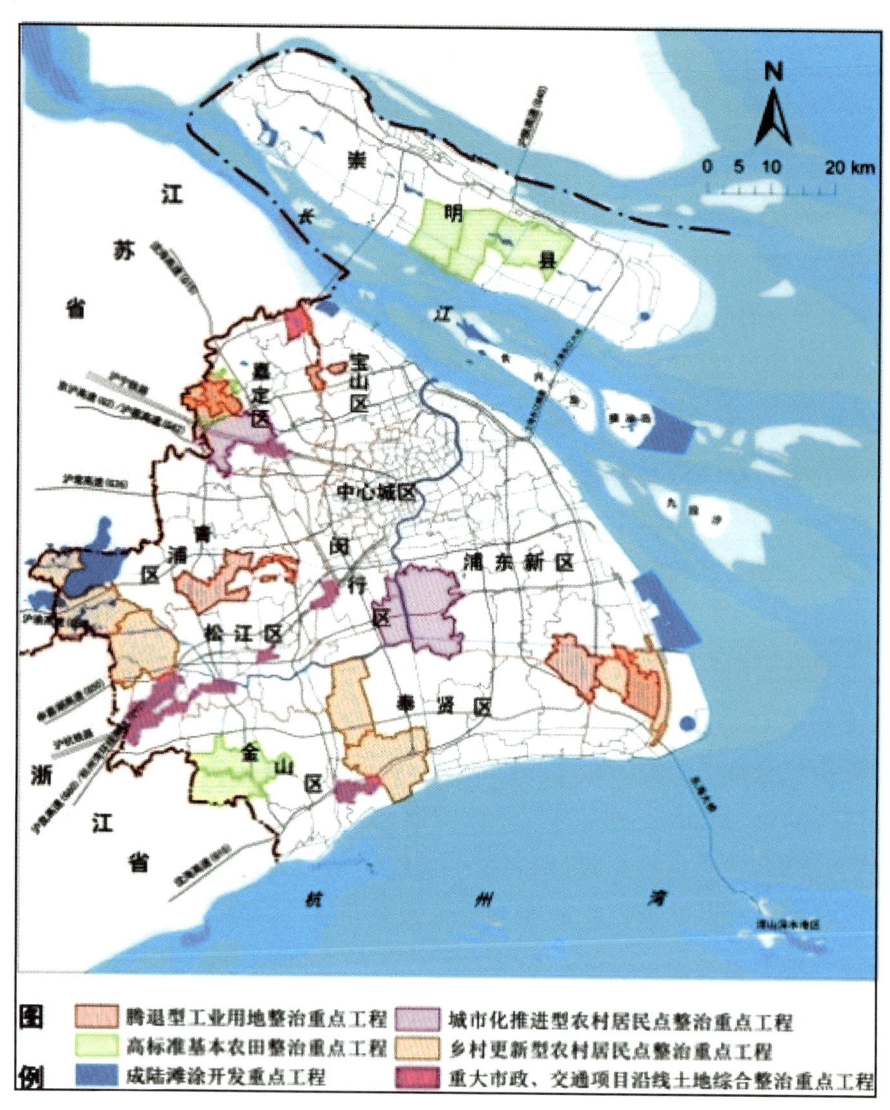

图 9-1 上海市土地整治规划重点工程分布图

2013 年上海市批复了包括奉贤等 9 个区县土地整治规划，进一步明确了各区县土地整治的规模指标和具体任务，包括高标准基本农田建设、建设用地减量化、补充耕地与耕地质量等级等核心要求。区县人民政府作为落实主体，十分重视政策制度的激励作用和实施性，纷纷以改善农村地区生产生活条件和生态环境为主导，以壮大集体经济组织和农民增收为核心任务，制定了相应的土地整治配套政策措施。

图 9-2 奉贤区土地整治规划布局图

二、上海市土地整治的新理念与耕地保护

围绕“创新驱动、转型发展”和提高国际竞争力的大局，结合上海发展定位和人口密集、土地资源紧缺的实际情况，上海市在“有效补充耕地、确保国家粮食安全”的土地整治基本要求下，着力实现土地整治理念转变，全面提升土地整治工作站位，以土地综合整治助力构建城乡生态文明格局，土地整治目标由“增地提等”，向锚固城乡生态空间等综合目标转变。

结合土地整治规划的“145”战略，上海市开创性地提出了“郊野单元规划”概念，以土地综合整治为平台，以提升郊野地区生态效益和用地效率为首要目标，对上海郊野地区开展全覆盖的单元网格化管理。郊野单元规划的产生虽然基于镇乡级土地整治规划，但更强调土地整治理念的宏观站位、区域统筹、政策配套和实施管理，结合市域生态网络结构实施的需要，从传统的土地整治项目引导和管理向“改善生态环境、锚固城乡生态结构、优化城乡空间布局”的规划目标延伸。

郊野单元规划建立起了统筹农村地区各类涉农规划、建设管理要求以及实施政策措施的平台，通过整合政策措施支持郊野地区发展。规划编制过程中，根据土地利用总体规划划定的基本农田、生态网络等禁止和限制发展空间，划定重点减量化整治区域，整合关于土地整治、产业结构调整、生态补偿、片林建设、农田水利、农业布局、村庄改造等各部门规划、工程、资金及其他政策资源，综合谋划郊野地区人口、生产、生活、生态等城乡建设格局，引导城乡郊野地区有序发展，避免反复投入、错时投入造成的大量资金浪费和流失。

第三节　土地开发整理工程类型区和工程模式

《土地开发整理工程建设技术标准》(DG/T J08-2079-2010,J11790-2010)根据上海市地势、地貌、水文等特征将上海市划分为三个土地开发整理工程类型区，分别为河口沙洲平原工程类型区、冈东滨平原工程类型区、西部湖沼平原工程类型区。在此基础上，又根据各区在土地开发整理工程建设特征的差异，以土壤类型、灌排方式、渠道形式、主要土地利用限制条件等因素为划分依据，划分出盐化滩涂、沿江平原、平原河网和水网圩田等四种工程模式。

一、土地开发整理工程类型区

(1) 河口沙洲平原类型区

主体地域特征：本类型区主体分布于长江河口的崇明、长兴、横沙三岛，主要由长江水体携带的大量泥沙淤积而成，地貌类型为河口三角洲平原。河口沙洲平原工程类型区主要包括本区成陆较晚，水资源较丰富，但地势低平，沟河水位高，地下水位较高，涝渍灾害较严重。土壤发育年幼，多数质地偏砂，部分质地较粘，土壤质地以壤土和黏土为主，土壤类型主要为水稻土中的夹砂泥和潮土中的夹砂土，主要分布在崇明岛南部老河口地区、长兴岛和横沙岛，占沙岛平原的 64.8%，北部和东部沿海有大片盐土分布，占沙岛平原的 36.2%。

土地利用限制条件：以壤土和黏土为主；灌排条件差，缺乏灌排设施；地下水位较高，涝渍灾害较严重。土地开发整理重点和方向：科学布局排水系统，缩小排水设施服务范围，加大排水沟深度；且可适当抬高田面，降低地下水位，缓解反盐威胁；加强农田防护林建设，合理布局林带方向、林带间距和林带宽度，降低风害；着重对现有的排水沟、河道进行清淤，扩大过水能力，改善农田排灌系统，做到有灌有排，消除涝害、潜害，加速土壤脱盐。

(2) 冈东滨海平原类型区

主体地域特征：本类型区主体分布于“冈身”以东的闵行、嘉定、川沙、南汇、奉贤等地区主要由不同时期的滨海沉积物组成。地质环境较简单区域，有断裂构造分布，隐伏活动性断裂。表土层以黏性土为主，但暗浜或填土发育，天然地基条件变化较大，有轻度地面沉降。本区地势较高，地下水位埋深 1 m 以下。土壤类型以黄泥、园林灰潮土和潮泥沙组合为主，土层深厚，熟化度较高，保水保肥性能较好，养分含量比较丰富，供求较协调。

土地利用限制条件：土壤不同程度地存在盐渍现象，土壤质地黏重，略显碱性，地下水矿化度高，部分有滞渍现象，土地基础肥力有下降趋势；灌排水体系尚不健全，丰水年暴雨后有短期洪涝发生。

土地开发整理重点和方向：加强土壤改良力度，注重改善农田排灌系统，做到有灌有排，消除涝害、渍害，加快土地脱盐进度；在部分条件较好的地区进一步加强农田水利设施建设，修建灌溉斗、农渠，对原有设施进行更新、改造、新建，改善农田排灌系统，做到有灌有排，消除涝害、潜害，灌溉保证率达 90%。

(3) 西部湖沼平原类型区

主体地域特征：本类型区主体分布于青浦、松江和金山等区域。本区主要由较为封闭的碟形洼地组成，地势低洼，多低田、洼地，碟形洼地的碟底地面高程多在 3.2 m 以下，稳定地下水埋深为 0.5—0.8 m，但碟缘部位的地势稍高，地面高程以 3.8—4.5 m 居多，稳定地下水位已降至 1.0 m 左右，区域内湖荡众多，岛状地形发育，部分土体渍水较严重，土壤抗逆性弱，内排水性能差。土壤类型以青紫泥、青泥土、青黄泥组合为主，其次是青紫头、青紫土和小粉土。此外，若干残丘风化母质上有地带性黄棕壤分布。

土地利用限制条件：土壤厚度较小，轻度盐渍在一定范围内存在，另有部分地区地势低洼，多低田洼地，且以囊水型、滞水型居多；地下水位高，土壤抗逆性弱，土地潜渍明显，内排水性能差，易板结和滞水；灌排设施不够完善。

土地开发整理重点和方向：进一步完善农田水利设施建设，灌排分开，降低地下水位，消除涝害、渍害，开展土地平整等是今后土地开发整理工程的重点。

二、土地开发整理工程模式

(1) 盐化滩涂工程模式

土壤盐渍化是该工程模式地区主要的土地利用限制条件，开发滩涂洗盐排渍是土地开发整理工程的主要任务。加强农田灌排设施建设，增加有效耕地面积，完善田间道路建设，强化农田生态防护，合理拆并零星居民点、建设农业生产辅助设施是该工程模式布局的要求。

(2) 沿江平原工程模式

沿江平原工程模式范围内，地势较低、地下水位高、涝渍灾害、土壤偏碱是主要的土地利用限制因素，加强农田灌排设施建设，增加有效耕地面积，进行土壤改良，科学规划耕地，增加田间道路建设，加强农田生态防护建设，合理拆并零星居民点、建设农业生产辅助设施是本工程模式布局的要求。

(3) 平原河网工程模式

平原河网工程模式范围内，农业生产条件、基础设施较好，科学规划耕地，增加有效耕地面积，加强农田灌排、道路设施建设，合理拆并零星居民点，建设农业生产辅助设施，加强农田生态防护是本工程模式布局的要求。

(4) 水网圩田工程模式

水网圩田工程模式范围内，地势低洼，地下水位高，排水不畅，灌排设施不完善，土壤潜渍明显，易板结和滞水。加强农田灌排设施建设，降低地下水位，科学规划耕地，增加有效耕地面积，建设田间道路、林网，合理拆并零星居民点，建设农业生产辅助设施是本工程模式布局要求。

表 9-1　上海市土地开发整理类型区和工程模式对应关系表

类型区	工程模式	主体分布典型行政区
沪河口沙洲平原类型区	盐化滩涂工程模式	崇明岛的新河口沙岛地貌区，分布在崇明岛西北至东北部沿江沿海一带，包括跃进农场、新海农场、新村乡、红星农场、东风农场、长江农场、长征农场、前进农场、前哨农场、团结沙垦区和陈家镇的沿海部分；浦东的曹路镇(东部)、合庆镇(部分)、机场镇、祝桥镇(部分)、老港镇、书院镇、泥城镇、大团镇、万祥镇、芦潮港镇、芦潮港农场、朝阳镇和惠南镇(部分)；奉贤的四团镇、奉城镇(大部分)、海湾镇(部分)和柘林镇(部分)。

续表

类型区	工程模式	主体分布典型行政区
沪河口沙洲平原类型区	沿江平原工程模式	崇明岛的老河口沙岛地貌区、长兴岛和横沙岛，以及崇明岛南侧濒临长江部分，还包括崇明的绿华镇、三星镇、庙镇、港西镇、城桥镇、建设镇、新河镇、竖新镇、堡镇、向化镇(部分)、中兴镇(部分)。
沪冈东滨海平原类型区	平原河网工程模式	嘉定区、宝山区、闵行区的全部、浦东新区、奉贤区中扣除临海部分的盐化滩涂工程模式地区；青浦的赵屯镇、白鹤镇、重固镇、华新镇和徐泾镇；松江的九亭镇和新桥镇(部分)；金山区漕泾镇、金山卫镇、廊下镇、吕巷镇、干巷镇、亭林镇、张堰镇、山阳镇和松隐镇(部分)等地区。
沪西部湖沼平原类型区	水网圩田工程模式	青浦区、松江区和金山区中非水网圩田工程模式的乡镇。

第四节　上海市土地整治项目管理

《上海市市级土地整治项目和资金管理暂行办法》(沪规土资综〔2012〕459 号)明确指出市级土地整治项目是指使用市财政专项资金，对宜农未利用土地、废弃地等进行开垦，对田、水、路、林、村等实行综合整治，增加有效耕地面积，提高耕地质量，改善农业生产条件和生态环境的土地整治项目，包括基本农田建设项目、农村土地综合整治项目和滩涂成陆土地开发整理项目等。而土地整治的市财政专项资金包括新增建设用地土地有偿使用费、耕地开垦费、土地出让金收入用于农业土地开发的部分等。

一、土地整治相关机构

上海市规划国土资源局负责市级土地整治项目的立项、规划设计及预算审批，实施监督检查以及竣工验收等行政管理工作。上海市财政局(以下简称市财政局)负责市级土地整治资金的统筹安排、拨付使用和监督检查等行政管理工作。

市规划国土资源局所属市级土地整理机构，具体承担土地整治项目管理中的技术性、事务性工作。区县规划和土地管理局(以下简称区县级国土管理部门)配合做好本行政区域内土地整治项目的组织实施。区县级国土管理部门应提请区县政府成立土地整治项目实施领导小组,负责协调解决项目实施中的有关问题。上海市土地储备中心(以下简称市土地储备中心)配合实施滩涂成陆土地开发整理项目的具体工作。

市级土地整治项目形成的耕地占补平衡指标可按如下原则分配:滩涂成陆土地开发整理项目形成的耕地占补平衡指标由市统筹安排使用,其他市级土地整治项目形成的耕地占补平衡指标,原则上可由区县统筹安排使用。

二、土地整治项目申报立项

市级土地整治项目立项遵循“土地相对集中连片、突出综合整治示范效应”的原则,项目申报应符合以下条件:① 符合土地利用总体规划等规划要求;② 项目区建设规模原则上不低于 300 亩;③ 项目区土地权属清晰无争议;④ 滩涂成陆土地开发整理项目的新增耕地率一般应当达到 70%,其他项目的新增耕地率一般应当达到 3%以上;⑤ 项目区建设条件应符合《土地开发整理工程建设技术标准》(上海市工程建设规范 DG/T J08-2079-2010)的有关规定。

土地整治项目选址上主要包括土地利用总体规划确定的基本农田保护区、滩涂土地开发重点区域、生态走廊和生态间隔带等区域。整村推进及实施“田、水、路、林、村”综合整治的项目,可优先予以安排,财政资金予以重点扶持。

区县级国土管理部门、市土地储备中心应当在每年 10 月底前向市级土地整理机构申报纳入下一年度市级土地整治项目实施计划的项目。市级土地整理机构经汇总后报市规划国土资源局。市规划国土资源局根据市财政专项资金情况以及各区县土地整治工作成效等对区县申报项目进行审核后,制定本市下一年度市级土地整治项目实施计划。

列入年度市级土地整治项目实施计划的项目,市级土地整理机构会同区县级国土管理部门、市土地储备中心采取招标等公开方式选择具备相应资质的单位,按照有关技术规范组织编制项目可行性研究报告后,报市规划国土资源局申请立项。市规划国土资源局应当组织有关专家对项目可行性研究报告进行评审。评审通过的,市规划国土资源局同意项目立项并抄报市财政局;未通过的,根据评审意见修改完善后重新上报。

三、土地整治项目的规划设计和预算

市级土地整治项目立项后，市级土地整理机构会同区县级国土管理部门、市土地储备中心采取招标等公开方式选择具备相应资质的单位，根据有关技术规范编制项目规划设计和预算。项目规划设计及预算应满足编制施工招标文件和指导施工的需要。

区县级国土管理部门应将规划设计方案在项目区公告，征求项目所在地乡镇人民政府、村民委员会和村民的意见。公告期不少于 15 天。区县级国土管理部门、市土地储备中心及编制单位根据征求意见进一步优化规划设计和预算。市级土地整理机构按照有关规定进行审核，出具审核意见，并报市规划国土资源局审批。

市规划国土资源局组织市农业、水务（海洋）等相关行政主管部门和专家对项目规划设计进行评审；市规划国土资源局会同市财政局对项目预算进行财政投资评审。评审通过的，由市规划国土资源局和市财政局共同下达项目规划设计和预算批复；未通过的，应根据评审意见修改完善后重新上报。

项目规划设计和预算审批后，项目实施应严格按照批准的项目规划设计和预算执行，未经批准不得随意变更调整项目规划设计及预算。项目规划设计变更，由区县级国土管理部门、市土地储备中心提出申请，市规划国土资源局审批；项目预算变更（包含物价因素造成预算调整），由区县级国土管理部门、市土地储备中心提出申请，经市规划国土资源局审核后报市财政局批准。

四、土地整治项目的竣工验收

项目施工完成后，区县级国土管理部门应进行项目先行验收，并对项目新增耕地面积、建设规模、工程数量和质量、工程决算等负责。市级土地整理机构对项目先行验收情况进行检查复核，确认合格的，报市规划国土资源局申请竣工验收。滩涂成陆土地开发整理项目由市土地储备中心先行验收通过后报市规划国土资源局申请竣工验收。

项目竣工验收应由市规划国土资源局会同市财政、农业、水务（海洋）等部门组织实施。市级土地整治项目经验收合格的，由市规划国土资源局确认耕地占补平衡指标。验收不合格的，由市规划国土资源局责令限期整改。

项目竣工验收合格后,应当按照土地权属,及时移交有关设施,明确管护责任,落实耕种。滩涂成陆土地开发整理项目竣工验收后,由市土地储备中心落实耕种和管护责任。

市级土地整理机构应当会同区县级国土管理部门、市土地储备中心收集整理从项目申报到竣工验收通过的有关文件和资料,建立项目档案,立卷归档。

五、土地整治项目的资金管理

市级土地整理机构应当根据土地整治项目立项情况编制土地整治年度项目资金使用计划,报市规划国土资源局。市规划国土资源局根据《上海市政府性基金预算管理办法》的有关规定和年度项目资金使用计划,编制年度土地整治资金支出预算,报送市财政局。市财政局按规定程序纳入年度财政预算。

市级土地整治项目资金分为整治施工费用、搬迁补偿费用和其他费用。整治施工费用是指对项目区实施土地平整、农田水利、田间道路及其配套工程所发生的费用,包括工程施工费和设备购置费,其中设备购置费是指项目规划设计中确定配套设备的购置支出。搬迁补偿费用是指项目实施过程中按相关标准对项目区内房屋搬迁、林木及青苗损毁等的补偿费用。其他费用是指项目建设和管理过程中发生的费用,包括前期工作费(可研编制、规划设计及预算编制等费用)、项目监理费用、竣工验收费、业主管理费和不可预见费。

市规划国土资源局根据经批准的年度土地整治资金支出预算,向市财政局申请拨付市级土地整治项目资金。市财政局根据财政资金管理的要求,除按规定要通过政府采购的整治施工费用外,将搬迁补偿费用和其他费用拨付至市级土地整理机构。其中,整治施工费用由市财政局依据国库集中支付的相关规定和以下要求按进度拨付。施工单位依据项目资金预算、建设合同以及监理报告等提出申请,经项目所在镇政府、区县级国土管理部门初审,市级土地整理机构复核后上报市规划国土资源局。市规划国土资源局审定后函商市财政局拨付资金。搬迁补偿费用和其他费用由区县级国土管理部门、市土地储备中心、提供服务单位按规定向市级土地整理机构请款,经市规划国土资源局审核后拨付。此外,原则上在项目竣工验收前预留 15%的工程款;项目竣工验收后,预留 5%工程质量保证金,待工程质量保证期满后拨付,工程质量保证期按照合同由双方约定。

市级土地整治项目成本核算上的项目成本构成和标准应按照《土地开发整理

项目预算定额标准》(财综〔2011〕128号)和国家有关规定执行。

市级土地整理机构、市土地储备中心和区县应当按照相关要求开设土地整治项目资金专户(专账),实行专户(专账)管理、专款专用,不得将资金拆借、滞留及挪作他用。每个市级土地整治项目应当单独建账,单独核算。

市级土地整治项目实行财务(投资)监理制度。市规划国土资源局按有关规定选择具有相应资质的社会中介机构进行财务(投资)监理和项目竣工财务决算审计,结果抄送市财政局。项目因不可抗逆的原因而终止,市规划国土资源局和市财政局组织对项目进行清算,清算后剩余的资金按原拨款渠道上缴。年终未完工项目的资金结余,可结转下年度继续使用。

市财政局按照国家有关要求,加强资金使用监管,对项目预算编制、预算执行、资金使用等情况进行监督、检查和跟踪问效。

第五节　上海市郊野公园建设

一、上海市郊野公园建设背景

郊野公园是推进生态文明建设、实现城乡统筹发展要求、提升城市空间品质以及满足市民活动需求的重要载体。国际经验显示,以生态保育、自然保护、休闲游乐、健身康体为主导功能的郊野公园是满足保护生态环境、市民活动需求、优化大都市空间结构的重要资源。对上海这样一个特大型城市,面对人口规模持续快速增长,既要耕地保护压力又要保障发展,土地资源紧约束等多重压力,推进以郊野公园为载体的大型游憩空间和生态环境建设,不仅可以改善生态环境、提升城市生态文明水平,对增加市民游憩空间,促进农业增产和农民增收,优化城市空间布局也有重要意义。

2012年5月,上海市政府根据上海市土地利用总体规划和上海市总体规划,批复《上海市基本生态网络规划》,明确要求本市基本生态网络建设以郊野公园为抓手,统筹农、林、绿、湿等生态要素,建设上海特色生态空间。2013年初,上海市规划国土资源局批复《上海市郊野公园布局选址和试点基地概念规划》,根据聚焦自然资源较好且具有一定规模的地区;聚焦对生态功能有影响的重要节点地区;优先选择毗邻新城和大型居住社区的地区;优先选择交通条件较好的地区等选址原则在郊区初步确定了21个郊野公园,近期郊野公园选址5个,远期郊野公园选址16个,总用地面积约400 km^2。

目前,5个试点郊野公园的规划方案国际征集活动已在相关区政府(管委会)的主导下基本结束。上海市规划国土资源局也成立了专门工作领导小组,在为试点基地规划建设提供技术支持的同时,还制定相关扶持政策和保障措施,如《郊野单元规划编制审批和管理若干意见(试行)》(沪规土资综[2013]406号)、《郊野单元(含郊野公园)实施推进政策要点(一)》(沪规土资综〔2013〕416号)、《关于本市郊野公园建设管理的指导意见》等。为保障规划实施,上海市规划国土资源局还同步开展了以郊野公园为代表的郊野地区规划编制体系和后续实施政策等体制机制性的课题研究。

郊野公园建设上要求以郊区基本农田、生态片林、水系湿地、自然村落、历史风貌等现有生态人文资源为基础,通过统筹和整合土地整治、"198"地块(规划产业区外、规划集建区以外的现状工业用地)内工业企业拆除复垦、农民宅基地置换、村庄改造、美丽乡村和高标准基本农田建设、生态林建设等相关工作,聚焦并创新土地规划、农业农村、生态环境、水利水务、林业绿化、观光旅游等各领域政策资源,在本市郊区建设一批具有一定规模、拥有良好的田园风光、郊野植被及自然景观,以保护生态环境资源、展现自然人文风貌、提供都市休闲游憩空间为主要特征的郊野开放空间,实现改善生态环境、增加游憩空间、促进农业生产、增加农民收益、优化城市布局等多重成效。

二、上海市郊野公园建设的支持政策

上海市郊野公园的规划和建设不仅以规划为引领,还以城乡建设用地增减挂钩等政策为工具,以土地综合整治为平台,实现建设目标。具体包括:

(1) 建设用地增减挂钩指标支持

上海市规定在区县规划建设用地总规模负增长前提下,对郊野公园范围内实现的建设用地减量,可相应获取耕地占补平衡指标和新增建设用地指标。这些计划指标除了一部分可用于类集建区的使用开发外,剩余的指标可统筹用于集建区内地块开发。对于放弃类集建区建设空间的,可获得不低于放弃类集建区空间量的用地指标奖励。

(2) 土地整治专项资金支持

对第一批郊野公园的一期工程,上海市决定给予市土地整治专项资金支持,按照土地整治项目支出总金额的70%给予市级补助。土地整治专项资金按项目实施进度拨付。

(3) 土地出让收入市得部分支持

涉及宅基地置换项目，按照本市面上相关政策执行。对郊野公园内属“198”地块范围的工业地块减量化，按照本市有关规定执行。对市级特定区域，按照特定区域政策实施。

(4) 整合聚焦各相关领域的优先支持政策

对郊野公园内符合条件的项目，通过上海市与郊野公园建设管理相关的村庄改造、产业结构调整、公益林建设、农田水利、农村污水处理、河道整治、旅游发展等专项资金，给予优先安排和重点支持。园内市级道路等基础设施建设，要配合郊野公园建设开园进度，予以提前、优先安排市级建设计划。

(5) 采取适当的国有建设用地土地出让方式

在产权清晰、受益人明确的前提下，由区县政府决策，可按照减量化实施方案，在减量化挂钩建新区内的国有建设用地使用权出让中，要求配建一定规模的经营性物业，无偿或限价提供给建设用地减量化的集体经济组织，建立“造血机制”保障长远收益。在产权清晰、受益人明确的前提下，由区县政府决策，可按照减量化实施方案，在减量化挂钩建新区内的国有建设用地使用权出让中，通过带规划设计方案、带功能使用要求、带基础设施条件等方式，优先供应给实施建设用地减量化的集体经济组织或该集体经济组织授权的区属国有公司，形成“造血机制”保障长远收益。

减量化挂钩建新区内国有建设用地处置方式，由区县政府统筹协调。

(6) 推进园内农民就业

园内游憩服务和管理维护、承包利用园内流转农用地的企业等由于郊野公园建设运营带来的新增就业岗位，优先吸纳安排当地农民。

(7) 引导支持农宅等综合使用

区县政府要积极创造条件，鼓励和引导农民充分利用自有房屋等现有资源，开展住宿、餐饮、农家乐等休闲游憩相关服务。试点开展不改变集体建设用地性质继续供集体经济组织使用，主要发展与郊野公园游憩配套或农业生产直接相关的餐饮、农家乐、农产品贸易等服务业。

(8) 支持开展相关已批控详规划的适度调整

对因郊野公园内建设用地减量化引起的安置和开发用地，如位于集建区内并有控详规划覆盖的，经郊野单元规划整体研究确认，可按照简化控详规划调整程序，支持开展控详规划适度调整，包括开发强度和用地性质的优化；由此带来的土地出让收益增量部分的区县级部分，原则上全部用于郊野公园建设。

三、青西郊野公园案例

青西郊野公园以水域为主要特色，拥有“湖、滩、荡、堤、圩、岛”等水环境，以骨干河道、水网、荷塘、鱼塘，以及村旁的支流水系构成具有江南特色的水系景观；连片农田塑造独特农业景观，金秋时节，稻穗飘香；大量林地分布于拦路港以东区域，树种多样，错落有致；村落大多依水而建，散落其中，具有独特的江南水乡空间格局，展现出特有的江南水乡风情；地域文化、农耕文化、历史底蕴更为公园增添独特的人文景观。

在景观格局方面，规划围绕“漂在水上的江南”的主题，以现状生态基底为基础，通过梳理、组织和提升，塑造体现自然野趣、郊野特色的多样化的游憩景观空间。

作为首批的郊野公园建设项目，青西郊野公园的一期土地整治工程纳入到上海市土地整治专项资金支持项目。项目区主要位于青浦区西部的金泽镇，东与朱家角古镇相邻，一期项目范围总面积 1 135.08 公顷，由北横港新开河港-莲横湾-姚浜-新泾港-东谢庄港-拦路港组成的区域。规划形成以水森林为中心，集湿地体验、湿地科普、湿地观光为特色的生态区、田园水乡区。

图 9-3
青西郊野公园土地整治项目一期规划图

项目区原有耕地 401.16 公顷(6 017.4 亩)，经过整治后耕地面积达到 471.99 公顷(7 079.85 亩)，新增耕地 70.83 公顷(1 062.45 亩)，新增耕地率 11.32%。

表 9-2　青西郊野公园土地整治项目一期土地利用结构变化

用　地　分　类	整理前(ha)	整理后(ha)	增减(ha)
耕地	401.16	471.99	70.83
林地	18.88	19.55	0.67
其他农用地	347.03	262.89	−84.14
工矿仓储用地	52.31	0	−52.31
公共设施用地	7.25	13.44	6.19
住宅用地	52.63	50.20	−2.43
其他建设用地	12.20	12.20	0
城镇集中建设用地	48.60	48.60	0
河流及未利用地	195.02	256.21	65.19

近期建设重点主要有以下几个方面：

第一，重视生态肌理提炼与升华，通过理水、护林、整田等策略实现生态环境保育，引入休闲和游憩功能，彰显郊野特色品牌。

第二，对产能落后、布局零散的企业逐步实施清退与置换，拆除建筑质量较差、景观风貌欠佳且与开发建设相矛盾的村庄，对于保留村庄结合水系疏浚连通进行整治。

第三，修建滨湖慢行步道，完善路网功能。

第四，整治现状水网，并进行适当的联通、拓宽，形成畅通水系，提高景观与生态功能。

项目实施后预计会为所在区域带来社会、生态和经济等综合效益。

社会效益方面，一是在完成生态林地建设的同时，开发的农业休闲健身、生态体验功能，有利于拓展旅游空间，同时又能够以农业旅游为龙头，带动餐饮、交通运输、农产品加工等行业的发展，对本区域的农业产业结构起到优化调整的作用；二是可增加区域就业机会，提高人均收入。

生态效益方面，优化生态环境是郊野公园(郊野单元)规划的核心内容，生态环境效益主要体现在现状建设用地减量、现状污染排放减量和生态功能用地的增量预计通过项目建设用地复垦，改善路、水系结构，兴建的防护林网，可以促进自然景观建设，改善水土结构和田间小气候，增强抵御自然灾害的能力；土壤改良与生态环境保持工程的实施也有助于改善农作物生长环境，促进生态系统的稳定和土地生产力的提高，为建立生态农业奠定良好的生态基础。

经济效益方面，预计土地整治会提高农用地等级，有利于项目所在区开展农业规模化生产、集约化经营，促进农村经济的良好发展。通过发展项目区的休闲农业可以使锁住区域农村经济由单一型向多元型方向发展，并通过科技示范推广和培训、旅游农产品的加工和销售、特色餐饮等获得较高的经济回报。

第六节　上海新浜镇土地整治项目的多功能实践

一、新浜镇土地整治项目建设背景

虽然土地整治早已成为国家层面的战略部署，但之前上海市土地整治大多只针对小规模坑塘填埋进行，直至2011年后，上海市才开始逐步推进市级土地整治项目。松江区新浜镇由于高标准基本农田面积日趋减少、农业基础设施老化、损毁的问题比较突出，抗御自然灾害的能力明显下降，严重制约了新浜镇粮食综合生产能力的稳定和提高。为了改善村民生产、生活条件，促进农业产业化、规模化经营和土地资源的集约节约利用，新浜镇决定在新叶村申报实施奉贤区新浜镇市级土地整治项目。希望通过该项工作的开展，在保证项目区耕地数量不减少、质量不降低的前提下，改善村民的生活环境，提高其生活质量，同时也为该村的经济发展提供用地保障。

二、新浜镇土地整治项目基本情况

该项目地理位置位于上海市松江区新浜镇西端，东至白陈公路(许家草二号河、南杨三号河)；南至金山区交界(七仙泾、响水港)；西至金山区交界(白牛塘)；北至青浦区交界(徐南村)，共涉及新浜镇陈堵村、许家草村、林建村、南杨村。

项目规模上，项目区总面积708.45公顷，建设规模708.45公顷。项目预算总投资70 020.63万元，其中，土地整治费用11 301.43万元，搬迁补偿费用54 660.00万元，其他费用4 059.20万元。项目申请市级财政资金40 520.63万元，区级财政配套资金29 500万元。

项目建设内容主要包括以下工程。土地平整工程：包括坑塘填埋、田埂砌筑、拆除宅基地复垦，废弃沟渠填埋及河道取直所涉及的填挖土方等工程；灌溉与排水工程：暗管与沟的排布、河道清淤工程，涵管、涵洞及倒虹吸和渡槽等水工建筑建设；田间道路工程：田间路、生产路的修复和新修工程；农田防护与生态保持工程：田间道及河道两侧种植防护林带，护岸工程等；其他工程：避雨亭的修建等工程。

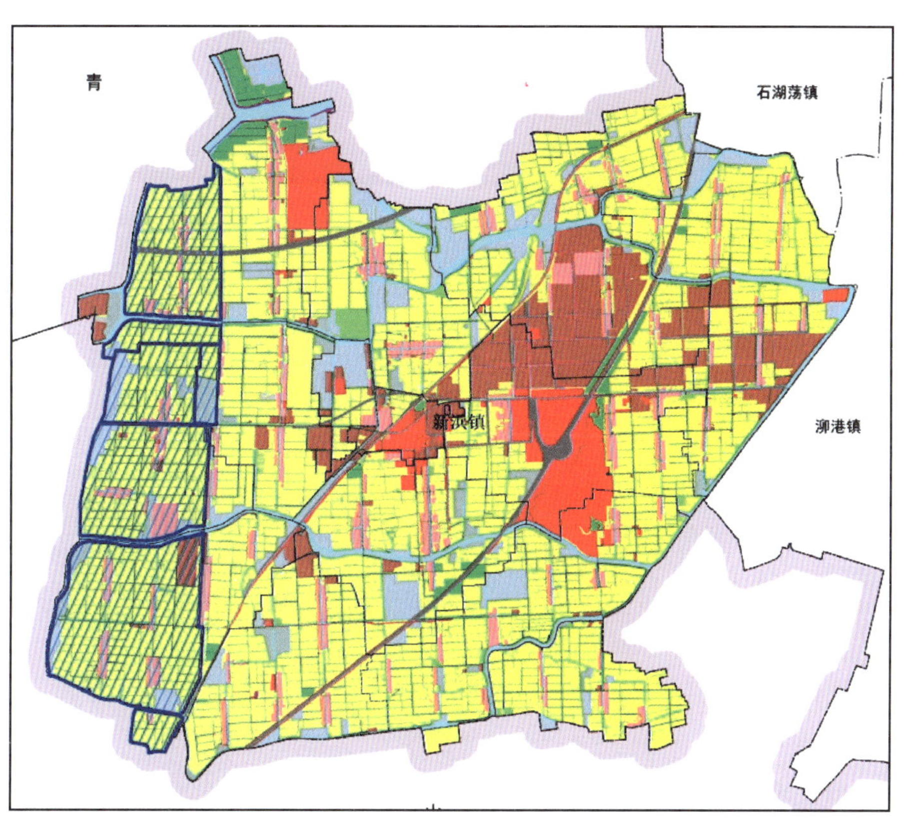

图 9-4
新浜镇土地整治项目位置图

项目区拟修复生产路

项目区拟清瘀金泾港

大寨河拟新建桥梁

图 9-5
项目建设内容

本项目建设总体目标是实现现代农业多功能、多元化发展，改善项目区农业生产、居民生活条件和农业生态环境，最终实现综合效益的提高。项目完成后新增耕地面积率达 6.53%。

三、新浜镇土地整治项目区土地利用现状

土地整治项目区规模即为新叶村村域内扣除安置地块和国有工矿及黄浦江水面面积，土地利用结构根据最新“二调”数据，统计到三级分类。

根据2012年12月30日土地利用现状数据，项目区内土地总面积为708.45 hm^2，其中，农用地面积为623.42 hm^2，占88.01%；建设用地面积为71.43 hm^2，占10.07%；未利用土地面积为13.61 hm^2，占1.92%。

表9-3　项目区土地利用现状表

土地利用分类(试行)				面积(建设规模)		
一级地类	二级地类	三级地类	地类编码	hm^2	亩	比例(%)
农用地	耕地	灌溉水田	111	478.94	7 184.07	67.60
		旱地	114	3.24	48.63	0.46
		菜地	115	70.25	1 053.79	9.92
		可调整园地	12K	5.18	77.77	0.73
		可调整林地	13K	17.40	261.03	2.46
		耕地小计		575.02	8 625.30	81.17
	其他农用地	畜禽饲养地	151	0.49	7.38	0.07
		设施农业用地	152	0.11	1.60	0.02
		农村道路	153	28.40	425.97	4.01
		坑塘水面	154	5.90	88.57	0.83
		养殖水面	155	0.47	7.02	0.07
		农田水利用地	156	12.33	184.93	1.74
		晒谷场等用地	158	0.70	10.55	0.10
		其他农用地小计		48.40	726.00	6.84
	农用地合计			623.42	9 351.30	88.01
建设用地	商服用地		21	0.06	0.86	0.01
	工业仓储用地		22	15.05	225.69	2.12
	公用设施用地		23	0.35	5.29	0.05
	公共建筑用地		24	0.43	6.43	0.06
	住宅用地	农村宅基地	253	38.29	574.29	5.40
		空闲宅基地	254	10.28	154.23	1.45
	交通运输用地		26	6.82	102.27	0.96
	水利设施用地		27	0.16	2.35	0.02
	建设用地合计			71.43	1 071.40	10.07
未利用地	其他土地	河流水面	321	13.61	204.08	1.92
	未利用地小计			13.61	204.08	1.92
总　计				708.45	10 626.78	100.00

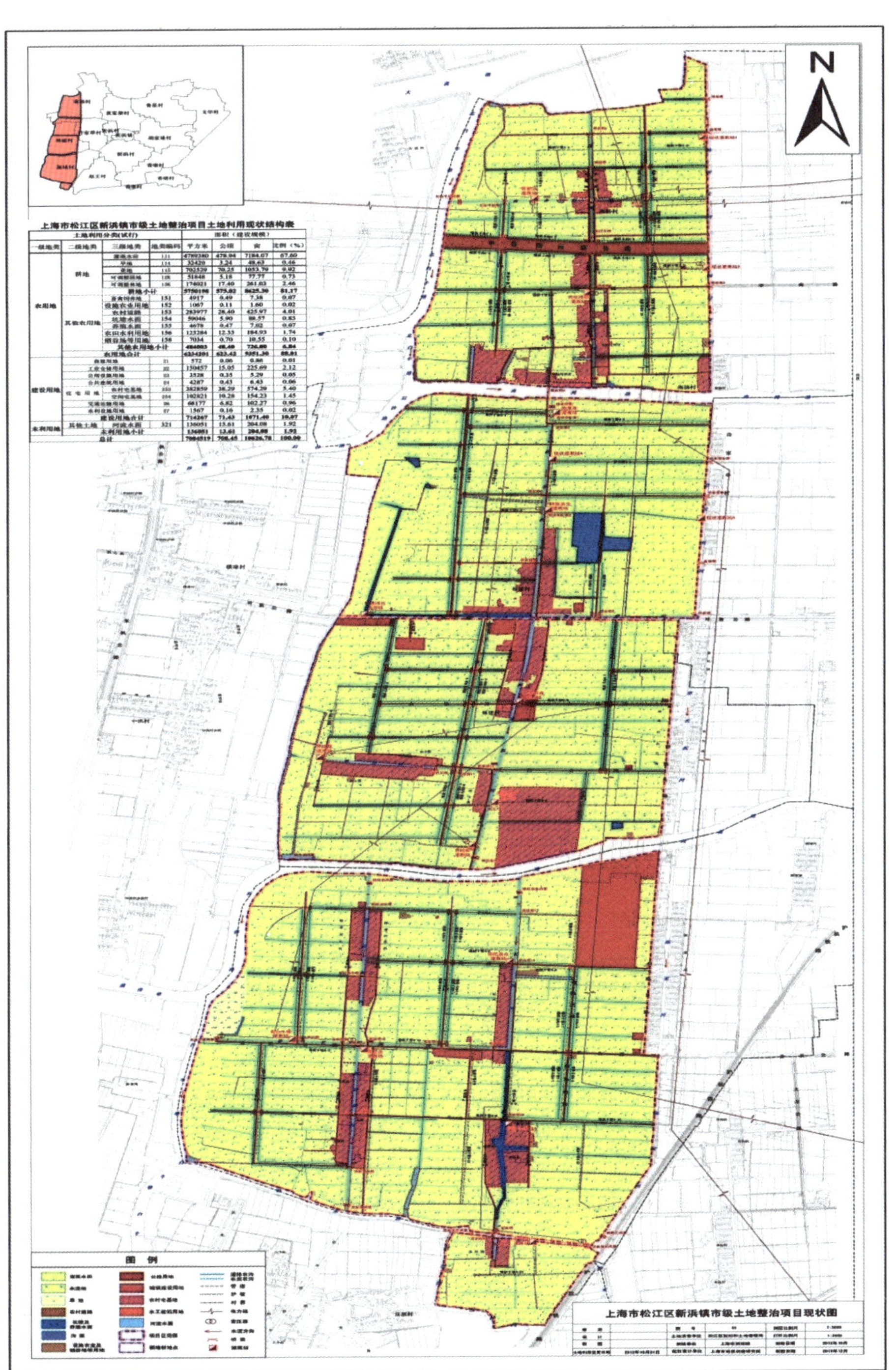

土地利用分类(试行)				面积（建设规模）			
一级地类	二级地类	三级地类	地类编码	平方米	公顷	亩	比例（%）
农用地	耕地	灌溉水田	111	4789380	478.94	7184.07	67.60
		旱地	114	32420	3.24	48.63	0.46
		菜地	115	702529	70.25	1053.79	9.92
		可调整[illegible]	[illegible]	51848	5.18	77.77	0.73
		可调整[illegible]	[illegible]	174021	17.40	261.03	2.46
		耕地小计		5750198	575.02	8625.30	81.17
	其他农用地	畜禽饲养地	151	4917	0.49	7.38	0.07
		设施农业用地	152	1067	0.11	1.60	0.02
		农村道路	153	283977	28.40	425.97	4.01
		坑塘水面	154	59046	5.90	88.57	0.83
		养殖水面	155	4678	0.47	7.02	0.07
		农田水利用地	156	123284	12.33	184.93	1.74
		晒谷场等用地	158	7034	0.70	10.55	0.10
		其他农用地小计		484003	48.40	726.00	6.84
	农用地合计			6234201	623.42	9351.30	88.01
建设用地	商服用地		21	572	0.06	0.86	0.01
	工矿仓储用地		22	150457	15.05	225.69	2.12
	公用设施用地		23	3528	0.35	5.29	0.05
	公共建筑用地		24	4287	0.43	6.43	0.06
	住宅用地	农村宅基地	253	382859	38.29	574.29	5.40
		空闲宅基地	254	102821	10.28	154.23	1.45
	交通运输用地		26	68177	6.82	102.27	0.96
	水利设施用地		27	1567	0.16	2.35	0.02
	建设用地合计			714267	71.43	1071.40	10.07
未利用地	其他土地	河流水面	321	136051	13.61	204.08	1.92
	未利用地小计			136051	13.61	204.08	1.92
总计				7084519	708.45	10626.78	100.00

图 9-6
上海市松江区新浜镇市级土地整治项目现状图

四、新浜镇土地整治的多功能效益分析

松江区新浜镇土地整治项目实施工程正如火如荼地进行着，项目实施过程中，还开展了表土剥离再利用试点，低碳循环利用、乡村风貌普查、农业面源污染治理等一系列试点，准备在市级项目的基础上打造迷你版郊野公园——乡野公园。

项目区土地整治规模 708.45 hm^2，项目区共有宅基地有证户为 1 127 户，有证宅基地面积 173 859 m^2，有证建筑物面积 193 646 m^2。

本项目规划对项目区内所有农户进行搬迁，总户数为 1 127 户。农户房屋搬迁补偿的总体思路是按照搬迁户申请实施以房换房即“拆一还一”的原则执行。另外结合成新，由所在村成立老干部、老党员、村民代表组成的评估、监督小组，对置换房屋按成新分等级及附属物补贴进行评估。经公示、置换户确认、无异议再公示后实施以房换房及差额补偿。

本项目农户房屋搬迁补偿的具体内容包括房屋置换补偿、房屋成新差额补偿、家用设备移装费、搬家补助费、临时过渡费等五方面内容。农户房屋搬迁补偿款不直接交付农户，采用与农民签订补偿协议，将搬迁补偿费用，以受搬迁户的委托用于安置房建设的形式进行操作。待交房时，根据签订的协议补偿款和置换房屋情况一次性结算。补偿标准参照上海市统一标准和当地原有搬迁补偿标准。

项目区现有房屋大都建造于 20 世纪 80 年代。在旧房的搬迁补偿上，要充分尊重被搬迁农户的意愿，采用公告、上门协商等方式听取被搬迁人的意见，制定规范统一格式的房屋搬迁安置协议书及搬迁勘丈、估价协议登记表，对搬迁过程实行“三公开”，要求搬迁面积丈量公开、搬迁补偿标准公开、补偿资金公开，目前项目区宅基地搬迁意愿度为 90%，且目前正在积极为农民做思想工作，尽量做到户户同意、个个签字。具体意义如下：

第一，通过农村建设用地整理和合理规划建设，可使农村居民点集聚布局，完善集镇、中心村的基础设施条件，提高公共设施服务率，有利于改善农村环境卫生，减少生态环境负荷。

第二，通过建设用地复垦，改善路、渠结构，兴建防护林网，促进自然景观建设，改善水土结构和田间小气候，增强抵御自然灾害的能力。

第三，通过田、水、路、林、村的综合开发建设，提高土壤肥力水平，改善农田水利设施和农作物生长环境，促进生态系统的稳定和土地生产力的提高，为建立生态农业奠定良好的生态基础。

图 9-7
项目区沟渠现状

图 9-8
项目区农作物生产环境

第四，通过在项目区主干河道和主要道路两侧种植水杉，在生产路两边种植低矮灌木，既改善了田间小气候，又提高了项目区环境质量和生态效益。

图 9-9
项目区生态环境

本项目总体建设目标为实现现代农业多功能、多元化发展，改善项目区农业生产、居民生活条件和农业生态环境，最终实现综合效益的提高。项目完成后新增耕地 46.45 hm^2，新增耕地率达 6.56%，同时，将市级土地整治项目建设与区镇农业发展规划和水利规划相结合，实现如下目标：

(1) 建设万亩高标准基本农田，促进高标准基本农田的持续利用

按照国土资源部 2012 年 6 月 20 日发布的《高标准基本农田建设标准》(TD/

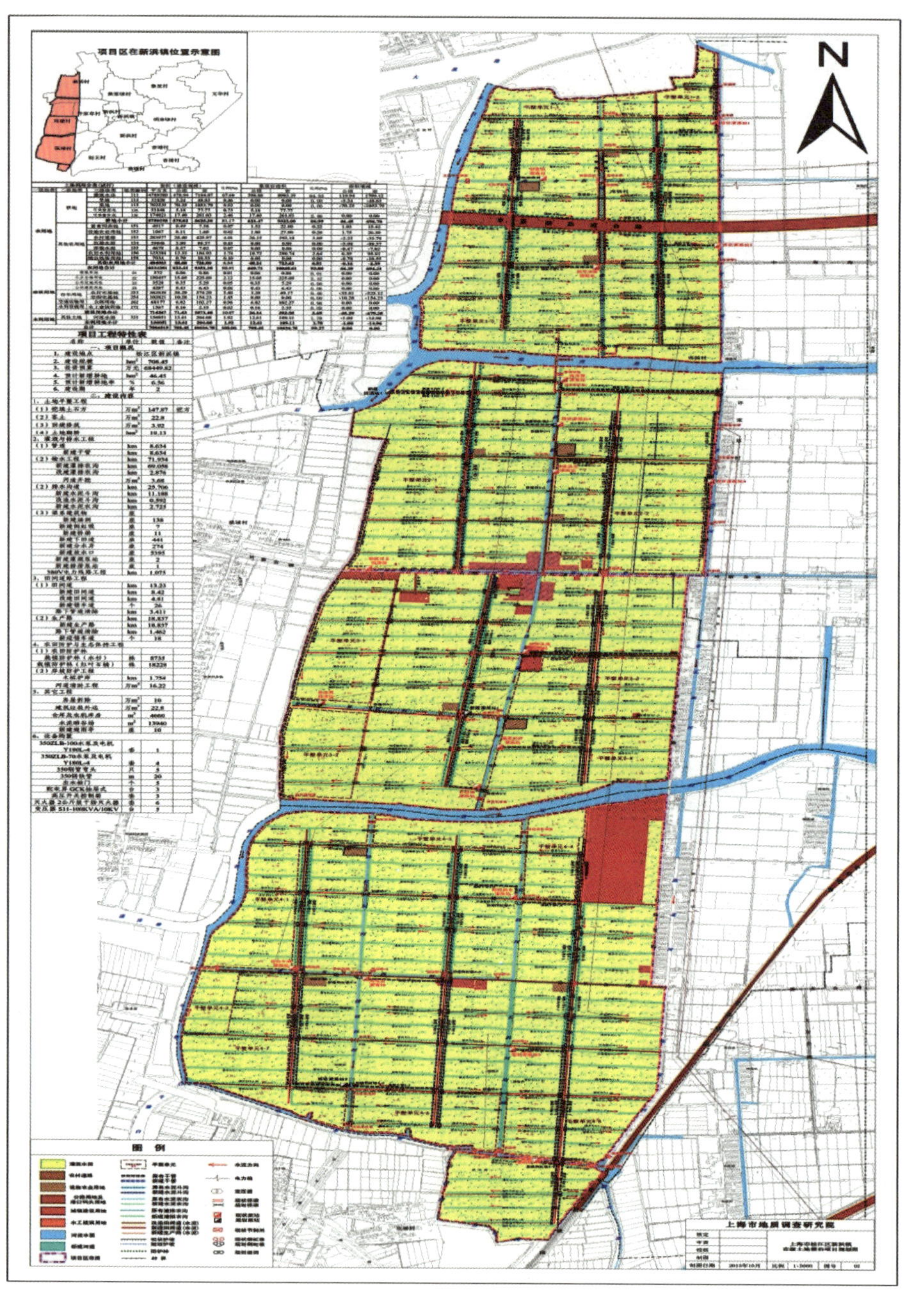

图 9-10 上海市松江区新浜镇市级土地整治项目规划图

T 1033-2012)要求,结合项目区优越的自然资源条件,大规模建设高标准基本农田,有效解决耕地分割细碎、农业基础设施不配套、耕地质量较低等问题,提高农业综合生产能力,促进高标准基本农田的持续利用。

(2) 开展村庄整治,优化城乡用地结构

新浜镇作为上海市九个新农村建设试点镇之一,本项目做到与新农村建设相结合,按照新农村建设的要求,着力开展村庄整治,合理开发利用村庄废弃地和腾退的宅基地,优化城乡用地结构,形成居住相对集中、农业规模发展的农村新格局。

(3) 发展生态现代农业,促进农业增效、农民增收

结合上海市"三农"工作综合试点区建设,全面推进家庭农场经营模式,建全农村土地流转制度,实行以种养结合家庭农场为主的生态农业规模化生产,推广应用现代农业科技,提高农业产业化水平,促进农业增效、农民持续增收。

(4) 完善设施配套,切实改善人居环境

通过实施农村土地整治,完善农村路网、供水、通电、通讯、广播电视以及生活垃圾、污水收集和处理等基础设施,改变农村"脏、乱、差"状况,实现布局优化、道路硬化、村庄绿化、环境净化的建设目标,切实改善人居环境。

松江区新浜镇土地整治项目是上海第二批启动的市级土地整治项目之一,项目将区域内的 1 127 户宅基地进行搬迁至镇区商品房,安置区地段极佳,位于新浜镇中心地段,距离镇政府仅 500 米,对面即是新浜镇文体活动中心,农民不仅可以在现代中乐业,更能安居。对区域内农田按照现代农业、休闲农业发展要求进行了统一规划。力争通过市级土地整治项目这一综合平台载体的示范作用,使新浜从远郊突围,率先探索出一条以民为本、四化同步、生态文明、文化传承的城乡一体化道路。

参考文献

[1] DG/TJ08-2079-2010. 土地开发整理工程建设技术标准[S].

[2] 财政部,国土资源部. 土地开发整理项目预算定额标准[Z]. 2012-01-5.

[3] 上海市规划和国土资源管理局,上海市绿化市容局,等. 上海市基本生态网络结构规划[Z]. 2010.

[4] 上海市规划和国土资源管理局. 关于印发《上海市市级土地整治项目和资金管理暂行办法》的通知[Z]. 2012.

[5] 上海市人民政府. 上海市土地整治规划(2011～2015 年)[Z]. 2013.

[6] 国土资源部. 全国土地开发整理规划(2001—2010)[Z]. 2003.

[7] 上海市规划和国土资源管理局. 上海市土地利用总体规划(2006—2020 年)[Z]. 2011.

[8] 上海市规划和国土资源管理局,上海市城市规划设计研究院. 上海市郊野公园布局选址和试点基地概念规划[Z]. 2012.

图书在版编目(CIP)数据

特大型城市耕地保护体系建设与实践/胡国俊主编. —上海:复旦大学出版社,2016.11
ISBN 978-7-309-12593-1

Ⅰ. 特… Ⅱ. 胡… Ⅲ. 耕地保护-研究-中国 Ⅳ. F323.211

中国版本图书馆 CIP 数据核字(2016)第 239674 号

特大型城市耕地保护体系建设与实践
胡国俊 主编
责任编辑/方毅超

复旦大学出版社有限公司出版发行
上海市国权路 579 号 邮编:200433
网址:fupnet@fudanpress.com http://www.fudanpress.com
门市零售:86-21-65642857 团体订购:86-21-65118853
外埠邮购:86-21-65109143
上海市崇明县裕安印刷厂

开本 787×1092 1/16 印张 13.75 字数 234 千
2016 年 11 月第 1 版第 1 次印刷

ISBN 978-7-309-12593-1/F·2312
定价: 50.00 元